# 政策立案の「技法」
── 職員による大学行政政策論集 ──

編著 伊藤　昇
立命館大学大学行政研究・研修センター

新野　　豊
片岡　龍之
門内　　章
寺本　憲昭
中村　展洋
辻井　英吾
竹田　佳正
細野由紀子

東信堂

# はじめに

　現在、日本の大学は国公私間に限らず、海外の大学とも厳しい競争関係に入っている。それは、教育研究、社会貢献、経営、管理運営、財政など大学のすべての機能と役割に及んでいる。「及んでいる」とは、個々の大学はすべての機能と役割において不易流行を踏まえながらも、大学改革が必要であり、それを継続しなければならないということである。このような競争関係すなわち大学改革の「競争」は、これまでほとんどと言っていいほど議論されてこなかった大学経営のあり方と機能を問題にしている。今日では、「学長のリーダーシップの発揮」、「法人機能の強化」などの表現のもとで「大学経営」が議論されている。そして、この議論は、当然、「大学経営」を実態化したものである管理運営の議論を呼び起こしている。

　管理運営の議論の一つは、これまで日常の管理運営の合理化や効率化など、その費用対効果をめぐって行われている。もう一つの議論は、むしろこれが今日的に本質となる問題であるが、大学経営を支える事務局のあり方と機能をめぐって行われている。

　大学経営を支える事務局のあり方と機能には相互に関連する二つの面がある。一つの面は、大学経営の方針やその戦略を実際の仕事や業務とし、その成果を創り出していくという経営から現場への流れであり、他の一つは、現場がその問題状況から問題を発見し課題化し、それを経営へ提起し、そして、それを政策的に解決し、成果を創り出すという現場から経営への流れである。この二つが相まって経営としての大学改革が実現する。この事務局のあり方と機能はその担い手という観点から、職員の新しいあり方とその力量の問題としても議論されている。

　職員の新しいあり方とその力量は「大学アドミニストレータ」あるいは「プロとしての職員」として総称され議論されている。この議論の論点を要約すれば、①問題の発見と課題の特定、②政策立案・提起、③成果の創り出

しである。

　立命館では、大学および大学経営を支える事務局のあり方と機能を研究し、「大学アドミニストレータ」あるいは「プロとしての職員」の育成のために、2005年度に大学行政研究・研修センターを立ち上げた。その主力事業として、職員の新しいあり方とその力量を育成しようとする大学幹部職員養成プログラムを開発した。

　大学幹部職員養成プログラムは、高等教育の今日的課題、高等教育行政、国公私の大学改革など（講義名「大学行政論Ⅱ」）と立命館学園の改革を支えてきた業務（講義名「大学行政論Ⅰ」）を学ぶ講義と政策立案演習で構成されている。政策立案演習は、プログラムの受講生が、職場の積年の課題やなんらかの事情で手のつけられなかった課題、あるいは学園の中期計画や重点などの課題を職場に落としこんだ課題をテーマとして、政策の立案によって解決を図ろうとするものである。演習であるので、その政策は「政策フレーム」的なものであるが、解決の方向と取組みの基本の筋道は提示している。

　政策立案の「技法」は、「具体の問題を、具体に解明し、具体に（政策的に）解決する」ことである。また、「技法」は問題の政策的な解決を図るための実践的なものであり、学術論文のような精緻な分析や論理立てを行うとするものではない。「技法」の最大のポイントは、問題の絞り込みである。

　「技法」は、先ず、「具体の問題」の絞り込みからはじまる。問題状況（問題群）から「解決すべき問題」を絞り込み、それをさらに「具体に（政策的に）解決する」問題として、すなわち「実践的に解決する具体的な問題」に絞り込む。そして、次に先行文献の研究だけでなく、アンケートやヒアリングさらには試算などさまざまな調査、研究によって、問題の構造や秩序立て（論理）を「具体に解明」する。最後に、問題を問題としている事象を「潰す」政策を立案し、「潰して」問題を解決し、成果を創り出す。

　「具体の問題を、具体に解明し、具体に（政策的に）解決する」には、三つの具体が問題にされている。ここでの具体には政策立案にとって二つの意味がある。一つは、事実や事象に政策の論理を語らせようとしていることである。他の一つは、事実や事象の「切り口」によって政策の論理が変わり、「（政

策的に)解決する」仕方が変わってくることである。問題を絞り込む「切り口」の発想や着想の独創性によって、「具体の問題」が特定され、「具体の解明」の新規性や独自性がうまれ、「具体に(政策的に)解決する」政策の構想と方法・手法の新しさにつながっていくことになる。

　本書は、大学幹部職員養成プログラムの政策立案演習の政策論文(大学行政研究・研修センター紀要「大学行政研究」創刊号2006年3月・二号2007年3月に掲載)の中から、その「技法」の「成果物」として、8篇の論稿を選んだものである。選択にあたっては、「技法」との関連で、問題の絞り込みの「切り口」の発想や着想に特徴がある、事実や事象を独自の論理により解明している、調査による政策の論理を事実や事象で語らせようとしているという三点のいずれかを満たしているもののうち、他大学の方々にも参考となり、大学の職員業務をご存じない読者にも、興味と関心を持って読んでいただけるものとした。なお、各論稿はそれぞれ独立したものである。

　各論文の性格や特徴はこれに尽きるものではないが、所収の論文をこのまとめの「柱」で分類すると、大雑把には次のように整理できる。
　・問題の絞り込みの「切り口」の発想や着想に特徴のあるもの
　　　　　　　　　　　　　　　　　　　　　　　　　政策論集1、3、6
　・調査による政策の論理を事実や事象で語らせようとしたもの　2、4、5
　・事実や事象を独自の論理により解明したもの　　　　　　　　　7、8
　さらに、今日の大学職員がどのような問題意識を持って仕事をしているのか、特に私立大学職員が学生の「学びと成長」をどのように捉え、政策化し、「仕事化・業務化」しようとしているのか、すなわち職員の業務における教育的側面についてもご理解いただけるものを選んだ。

　この点にかかわって重要なことは、職員が行う政策立案演習であるから、現在の職員の業務実態や事務体制から、管理運営系あるいは財務系のものであると一般には限定的に考えられているということがある。しかし、私たちの政策立案演習は教育研究系の政策立案を認めている。むしろ、奨励している。これは、今日の大学がおかれた教育研究の国際的な競争関係の中では、大学教員はより一層教育研究に自らの時間と力量を傾注し教育研究を推進す

べきであり、教員が教育研究の専門家としてどうしても担わなければならない行政（以下、「教育研究行政」という）以外は、職員が教育研究行政も担うべきだと大学行政研究・研修センターでは考えていることによる。職員が、大学論、学問論と大学自治論、教育研究の自由とその論理、学生・青年論、「学びと成長」論などの教育研究行政にかかわる基礎（的）ないし専門（的）の知識と大学人としての見識を持ちうれば、教育研究行政を担えるものであると考えている。大学幹部職員養成プログラムはそのような新しい職員像、さらにいえば教（員）職（員）協働を展望している。各論稿は、間接に教育研究行政にかかわる論点を含んだものである。本書に先駆けて出版された「もうひとつの教養教育——職員による教育プログラムの開発」（近森節子編著　2007年　東信堂）は、直接に教育研究系の論稿を取り扱っている。教育研究系の政策立案業務を担う新しい職員像や新しい職員の業務領域に興味や関心をお持ちの読者は、本書と併せて、是非、ご一読いただければ幸いである。

　大学行政研究・研修センターの大学幹部職員養成プログラムの政策立案演習の試みが、また、その「技法」が、さらには論文が政策としてどこまで成功しているかどうかは、読者諸氏のご判断にお任せするが、少なくとも立命館の職員は、「大学アドミニストレータ」あるいは「プロとしての職員」といわれるように、①問題の発見と課題の特定、②政策立案・提起、③成果の創り出しに向けて、歩みはじめたことをご理解いただければ幸いである。

　最後に、各論考は、立命館における問題を解決しようとする政策論文であるが、その取り上げているテーマは、今日の大学そして職員（業務）にとって共通する重要な課題である。この意味で、政策論文は、他大学の方々にとっても、問題の「切り口」と政策の方向性など「技法」だけでなく、内容も問題解決の一つの「モデル」として参考になるものと考えている。

2007年8月

伊藤　昇

# 目　次／政策立案の「技法」——職員による大学行政政策論集——

はじめに ……………………………………………………………伊藤　昇…ⅰ

## 総　論

### 政策立案の「技法」…………………………………………伊藤　昇… 5
　はじめに …………………………………………………………………… 5
　1. 政策立案演習の仕組み ………………………………………………… 6
　2. 政策立案演習のポイント ………………………………………………15
　3. 政策論文の構成と政策の実行可能性 …………………………………44
　おわりに ……………………………………………………………………48

## 大学行政政策論集

### 1　教育力強化の取組みを前進させるための新たな仕組みづくり
　　　——教育成果の評価・検証指標の開発に向けて …………**新野　豊**…55
　Ⅰ. 研究の背景 ……………………………………………………………55
　　1. 教育評価時代の到来 …………………………………………………55
　　2. 求められるPDCAマネジメントサイクルにそった組織運営 ………55
　　3. 立命館大学における自己評価・検証の取組み ……………………56
　Ⅱ. 研究の目的 ……………………………………………………………57
　Ⅲ. 研究の方法 ……………………………………………………………57
　Ⅳ. 教育評価、指標とは何か ……………………………………………57
　　1. 教育評価とその活用方法 ……………………………………………57
　　2. 成果を測る指標とは何か ……………………………………………58
　Ⅴ. 立命館大学における教育力強化の取組みの概要と課題分析 ………61
　　1. 教育力強化の取組みの概要と成果 …………………………………61
　　2. 指標分析による教育力強化の取組みの分析 ………………………63
　　3. インタビュー調査による教育力強化の取組みの分析 ……………68
　　4. 他大学の指標活用方法との比較 ……………………………………70

5．分析から見えてくる教育力強化の取組みの課題 …………………71
Ⅵ．先行事例・研究の分析………………………………………………………72
　1．マネジメントサイクルを活用した教育改善に対する
　　　理解促進の事例 ………………………………………………………72
　2．学部・教学機関の理念や重点課題と設定する
　　　指標の関係が明確な事例 ……………………………………………73
　3．データの可視化による事業改善の事例 ……………………………74
　4．一括収集で主観的情報の指標を活用している事例 ………………75
　5．指標を組み合わせて活用した事例…………………………………75
Ⅶ．研究のまとめ………………………………………………………………76
Ⅷ．教育力強化の取組みに関わる政策提起…………………………………77
　1．教育力強化に関わる新たな検証シートの提起 ……………………77
　2．新たな指標の開発と提供 ……………………………………………79
　3．PDCAマネジメントサイクルに関わる理解を促進する
　　　執行部研修の実施 ……………………………………………………80
Ⅸ．おわりに ……………………………………………………………………80

## 2　学部学生の海外派遣促進政策について……………片岡　龍之…83

Ⅰ．研究の背景…………………………………………………………………83
　1．「確かな学力」・「豊かな個性」に対する社会的要請と
　　　海外留学 ………………………………………………………………83
　2．全学協議会確認事項を踏まえた2007年度までの
　　　派遣目標と現在までの達成状況……………………………………84
Ⅱ．研究の目的と意義 …………………………………………………………86
Ⅲ．研究の方法 …………………………………………………………………86
Ⅳ．問題点の整理 ………………………………………………………………87
　1．不足しているニーズ調査……………………………………………87
　2．留学に際しての障壁・制約の存在 …………………………………88
　3．実態把握ができていない留学による教育効果 ……………………88
Ⅴ．調査結果の分析と考察……………………………………………………88
　1．障壁・制約の実態……………………………………………………88
　2．海外留学プログラムに対する学生のニーズ ………………………94

3. 既存の海外派遣プログラムの教育効果の検証……………………101
　　4. 早稲田大学の取組み………………………………………………106
　Ⅵ. 研究のまとめと政策提起……………………………………………107
　　1. 政策のポイント……………………………………………………107
　　2. 目標達成のために…………………………………………………108
　　3. 残された課題──「多文化交流キャンパス」の実現に向けて………111

## 3　教員評価制度を通じたシラバス改善に向けた提言──立命館アジア太平洋大学を事例に………………門内　章…113

　Ⅰ. 研究の目的……………………………………………………………113
　Ⅱ. シラバスの定義と役割および項目…………………………………114
　　1. 「シラバス」と「科目概要」の違いとその関係………………………114
　　2. シラバスの役割……………………………………………………115
　　3. シラバスの構成項目………………………………………………118
　Ⅲ. シラバスの事例研究──ハーバード大学のシラバス………………120
　　1. ハーバード大学におけるWEBページの構成……………………121
　　2. ハーバード大学のシラバスの特徴………………………………121
　Ⅳ. APUにおけるシラバス………………………………………………122
　　1. 2名の外国人教員へのインタビューのまとめ……………………122
　　2. 2名のAPU学生へのインタビューのまとめ………………………125
　Ⅴ. 学生のシラバスアンケートから見るAPUシラバスの評価…………127
　　1. これまでのシラバス検討のまとめ…………………………………127
　　2. アンケートの設計と対象…………………………………………128
　　3. アンケートの集計と分析…………………………………………128
　Ⅵ. まとめ──政策提起…………………………………………………131
　　1. APUシラバスの充実改善にむけた提起…………………………131
　　2. 教員評価制度における「シラバス評価の着眼点」の作成…………132

## 4　学生活動の効果検証──オリター活動（上級生による新入生支援組織）をケースに……………寺本　憲昭…135

　Ⅰ. 研究の背景……………………………………………………………135
　Ⅱ. 研究の目的……………………………………………………………136

1. なぜオリター活動をケースに取り上げたのか、2つの仮説………137
   2. 調査分析で重視する観点 ………………………………………137
 Ⅲ．研究の方法 …………………………………………………………138
 Ⅳ．オリターについて …………………………………………………140
   1. オリター制度概要 ……………………………………………140
   2. オリター制度に対する大学支援 ……………………………143
 Ⅴ．調査分析結果と報告 ………………………………………………144
   1. オリター登録書・報告書の分析 ……………………………144
   2. オリター客観評価 ……………………………………………148
   3. オリターインタビュー ………………………………………149
   4. 新入生評価 ……………………………………………………150
   5. その他調査 ……………………………………………………151
   6. データからみる学部ごとのオリター団の特徴と課題 ……152
   7. ピア・サポートの仕組みにかかわる他大学・全国の動向 …153
 Ⅵ．研究のまとめと政策提言 …………………………………………154
   1. 調査分析のまとめ ……………………………………………154
   2. 政策提言 ………………………………………………………155
 Ⅶ．残された課題 ………………………………………………………160

5 立命館アジア太平洋大学（APU）における国際学生寮の教育効果とレジデントアシスタント養成プログラムの開発について……………………中村　展洋…163
 Ⅰ．研究の背景 …………………………………………………………163
   1. 立命館アジア太平洋大学の留学生寮（APハウス） ………163
   2. APハウスの管理運営 …………………………………………163
   3. レジデントアシスタント（RA）の役割 ……………………164
   4. レジデントアシスタント（RA）の選考 ……………………164
   5. 現在のRA養成プログラムとその問題点 ……………………165
   6. APハウスの新たな展開とRA力量向上の必要性 …………166
 Ⅱ．研究の目的と方法 …………………………………………………167
   1. 研究の目的 ……………………………………………………167

2. 研究の方法 …………………………………………………168
　Ⅲ. 寮生実態とAPハウスにおける教育的意義 …………………169
　　1. 寮生アンケートに見る寮生実態 …………………………169
　　2. 元RAヒアリング調査にみるRAの成長と求められる能力 ……171
　　3. 現役RAに対するアンケート調査に見るRAの意識 ………174
　Ⅳ. 米国の大学におけるRA養成プログラム ……………………175
　　1. タフツ大学におけるRA養成プログラムとRAマニュアル …176
　Ⅴ. まとめ——政策提起 ……………………………………………177
　　1. RA養成プログラムの創設 ………………………………178
　　2. RA活動の単位認定 ………………………………………181
　Ⅵ. 残された課題 ……………………………………………………184
　　1. RAのモチベーションと単位制授業料制度 ………………184
　　2. APハウスにおける教育プログラムの開発 ………………184

6 「学生との関わり」により養成される職員力量の
　　考察と立命館職員のキャリアパスの検討 …………辻井　英吾…187
　Ⅰ. 研究の背景 ………………………………………………………187
　Ⅱ. 研究の目的と意義 ………………………………………………187
　　1. 研究のねらい ………………………………………………187
　　2. 職員と学生との関わりの重要性 …………………………188
　Ⅲ. 研究の方法 ………………………………………………………189
　Ⅳ. 本学における職員と学生との関わりの現状 …………………190
　　1. 職員と学生との関わりの現状 ……………………………190
　　2. 本学の政策文書にみる職員と学生との関わりの役割・効果 ……191
　　3. ヒアリングから見る職員と学生との関わり
　　　　——職員ヒアリングの結果から ……………………………191
　　4. ヒアリングから見る職員と学生との関わり
　　　　——学生ヒアリングの結果から ……………………………193
　　5. ヒアリング小括 ……………………………………………194
　Ⅴ. 職員アンケートの実施とその分析 ……………………………196
　　1. アンケートの概要と回答状況 ……………………………196

2. アンケートの分析……………………………………………………196
　　3. アンケートまとめ……………………………………………………203
　Ⅵ. 政策提案──キャリアパスの仕組み……………………………………204
　　1. 学生実態の把握と問題発見、課題解決力量の向上を目的
　　　 とした実践交流とケーススタディ ……………………………………204
　　2. カウンセリングマインド研修の充実 ………………………………205
　　3. ヒューマンスキル研修の強化 ………………………………………205
　　4. マネジメント力量の向上 ……………………………………………205
　　5. 異動、配属………………………………………………………………206
　Ⅶ. 残された課題（本研究結果とキャリアパスとの関わり）……………207
　おわりに……………………………………………………………………………207

# 7　立命館大学における施設管理運営の高度化施策に関する研究 ……………竹田　佳正…209

　Ⅰ. 研究の背景 ………………………………………………………………209
　Ⅱ. 研究の目的と方法 ………………………………………………………210
　Ⅲ. 立命館における施設整備の到達点と現状の課題 ……………………210
　　1. 財政支出における課題 ………………………………………………211
　　2. 施設整備に関する課題 ………………………………………………211
　Ⅳ. 立命館の施設におけるコスト評価 ……………………………………212
　　1. 衣笠キャンパスにおける建物ライフサイクルコストの分析 ……212
　　2. 立命館2018年問題 ……………………………………………………214
　Ⅴ. 国立大学等における施設運営管理の現状 ……………………………216
　　1. 施設管理組織の実態 …………………………………………………217
　　2. 国立大学法人における施設整備 ……………………………………218
　Ⅵ. 立命館の施設管理運営高度化施策の提言 ……………………………219
　　1. 管理運営の現状と21世紀における管理運営の
　　　 目指すべき方向性………………………………………………………219
　　2. 立命館におけるファシリティマネジメント手法の
　　　 確立と2つの基本施策の提案 ………………………………………220
　Ⅶ. 基本施策1：「学園施設を総括的に管理する
　　　 統括管理型FMの実施」………………………………………………221

Ⅷ．基本施策2：「組織的PDCAサイクルを実現するFM手法に基づく
　　　業務サイクルの構築」——新組織体制とそれぞれの役割 ················ 222
　　1．「戦略・計画」「評価」—— FM統括室(仮称)の創設(FM機能の確立) ······ 222
　　2．「施設整備」 ·········································································· 226
　　3．「運営管理」 ·········································································· 227
　Ⅸ．結び——大学施設を担う職員の人材育成について ······················· 228

# 8　職員におけるブランド価値調査とブランド発信政策の研究 ················································ 細野由紀子 ··· 231

　Ⅰ．研究の背景 ·············································································· 231
　　1．大学ブランドが重視される時代 ············································· 231
　　2．立命館における「ブランド」と社会的評価 ································ 232
　　3．ブランド構築の必要性——職員が語るブランド ························ 234
　Ⅱ．研究の目的 ·············································································· 234
　Ⅲ．研究の方法 ·············································································· 235
　Ⅳ．インターナルブランディングの重要性 ·········································· 235
　　1．インターナルブランディングが重視される理由 ························ 235
　　2．大学におけるインターナルブランディング
　　　——職員業務における「ブランド感覚」と大学ブランド ············ 236
　　3．インターナルブランディングがもたらす効果——先進事例から見る
　　　インターナルブランディングの必要性 ····································· 237
　Ⅴ．職員意識実態調査 ····································································· 238
　Ⅵ．職員への意識調査の分析結果の概略 ·········································· 239
　　1．職員が理解・意識している「立命館ブランド」の価値 ··············· 239
　　2．職員が考える「ブランド戦略」(価値規定)の重点 ···················· 240
　　3　業務における発信スタイルと職員の「ブランド感覚」 ··············· 244
　　4．調査結果からみた立命館大学におけるインターナル
　　　ブランディングの到達点と課題 ············································· 245
　Ⅶ．職員を核としたインターナルブランディング政策 ························· 246
　　1．ブランド浸透ツール開発 ····················································· 248
　　2．外部への発信、外部の評価の内部へのフィードバック ·············· 249
　　3．全学の広報マインド醸成と外部への効果的な発信 ···················· 249

| Ⅷ. 残された検討課題 …………………………………………………250
| Ⅸ. おわりに ………………………………………………………251

あとがき……………………………………………………………………255
執筆者紹介 ………………………………………………………………258

# 政策立案の「技法」
―― 職員による大学行政政策論集 ――

# 総論

# 政策立案の「技法」

伊藤　昇

## はじめに

　本章は、立命館大学の大学行政研究・研修センターの大学幹部職員養成プログラムの2年間の政策立案演習の経験から、演習論文として政策をまとめる「技法」を、業務においても活用できるようにして、まとめたものである。わずか2年の、しかも受講生37名の政策立案演習の経験をまとめたものであるので、その整理に濃淡や未整理な部分があり、内容が役立つものであるのか心もとないところがある。しかし、受講生の政策立案の検討を効率的なものとし、政策をより実効性のあるものとするために、そして、大学職員が職場で政策立案を検討する際に、いくばくかの参考になることを願ってまとめた。

　政策を練り上げる際の重要なポイントは、①政策テーマの具体的な絞り込み（「解決すべき問題」から二つの手法による「実践的に解決する具体の問題」の絞り込み）、②問題となっている現実から、それを問題としている構造と論理の実証（「現場・現実から具体に」）、③問題の構造と論理を変え、新しい現実を創り出すという視点（政策論理の具体性と政策の実効性）である。

　本章は、政策テーマとなる「実践的に解決する具体の問題」の絞り込みに焦点をあててまとめた。実際の演習での政策の検討は、以下で整理する過程を行きつ、戻りつしながら進行するものである。今後、さらに政策立案演習の経験を積み、「技法」をより実際的で総合的なものとし、職員の政策立案のマインドと力量を高めることに資するものとしたい。

　また、本章では、大学という「業界」の基本的な知識や理論、それぞれ

の業務の専門的な知識、また、政策を仕事に組み上げる力量については、言及していない。

なお、本章は「政策立案演習の『技法』——『実践的に解決する具体的な問題』の絞り込み」（立命館大学　大学行政研究・研修センター紀要『大学行政研究　創刊号』pp. 273～286　2006年3月）を大幅に加筆修正したものである。

## 1. 政策立案演習の仕組み

### (1) 大学幹部職員養成プログラムの構成

先ず、大学幹部職員養成プログラムの概要を紹介する。大学幹部職員養成プログラムは、初年度、2年度と、毎年少しずつプログラムを改良している。ここでは、2007年度のプログラムについて概要を紹介する。

2007年度大学幹部職員養成プログラムは、調査統計、特別演習(サブゼミ)、大学行政論(講義)、政策立案演習の四コマで構成され、毎週金曜日の午後に開講されている。

大学行政研究・研修センターと大学幹部職員養成プログラムの詳細は、大学行政研究・研修センター紀要『大学行政研究　第二号』所収の拙稿「立命館大学　大学行政研究・研修センターの2年間を振り返って——大学幹部職員養成プログラムを中心に」をご覧いただきたい。

#### ①定員とゼミナールへの配属

受講生の定員は18名である。その内訳は、立命館の専任職員16名、株式会社クレオテック（学校法人立命館が設立した会社）の社員1名、立命館生活協同組合の職員1名である。

政策立案演習では受講生はそれぞれ3名の専任研究員のゼミナールに分属する。専任研究員は、プログラムの運営とともに、受講生の政策立案演習の「指導」に責任を負っている。また、政策立案演習の授業には、専任研究員のほかに1名の客員研究員が参加している。

プログラムの初年度であった2005年度には、専任研究員のほかに、教員(教授)であるアカデミック・アドバイザーが配置されていた。アカデミック・

アドバイザーは、特に政策立案演習のテーマの絞り込みや政策論文の検討やまとめ方の指導に中心的な役割を果たし、政策立案の運営モデルを開発した。

### ②調査設計と特別演習（サブゼミ）

調査統計（午後1時から2時30分）は、前期セメスターは調査設計、後期セメスターは統計解析を学習する。この科目は、政策を立案する上で、政策テーマの対象の実態分析が必要であり、その基本を学ぶものとしている。

政策立案演習の「特別演習（サブゼミ）」（午後2時40分から3時40分）は、各専任研究員のゼミ毎に、受講生の研究テーマや発表の事前学習や討議、あるいは前回の大学行政論の講義についての意見交換などを行っている。

### ③大学行政論

大学行政論（午後4時から5時30分（60分の講義と30分の質疑））は、前期セメスターの「Ⅰ」と後期セメスターの「Ⅱ」の二部構成となっている。「Ⅰ」は、立命館の学園・教学・業務創造についての講義であり、主に部次長が所管の部の取組みを学園史のなかに位置づけ、その発展（経緯と到達点）と今日的な課題などを講義する。「Ⅱ」は、大学を取り巻く状況や今日的な課題あるいは高等教育行政の動きなどの講義であり、その分野の碩学や関係者から講義を受ける。

受講生には、「Ⅰ」では講義テーマと関連したテーマについて、「Ⅱ」では講義を受けて「考えたこと」について、A4版一枚にまとめるレポート（月曜日提出）が毎回課される。受講生と聴講生から提出されたレポートはメールで全員に配布され、講義の受け止めや問題意識の交流に役立てられている。レポート提出は、講義を復習するあるいは深める上でも、受講生の文書作成の訓練としても、大きな効果がある。

大学行政論は、学園のこの間の取組みや大学職員として大学を取り巻く諸問題について、基本的な知識を得るだけでなく、受講生が、政策立案演習の自らの政策テーマを、大学を取り巻く諸課題とのかかわりや学園史における位置づけを考える上で、有益な情報を提供している。

### ④政策立案演習

　政策立案演習は、夕食休憩の後、午後6時から7時30分あるいは8時頃まで行われる。受講生は、次の三つの柱を基本として政策テーマを設定する。テーマは、それぞれの職場や学園の問題や課題であり、その政策的な解決をはかろうとする実践的なものである。

- さまざまな理由でなかなか手がつけられなかった問題
- 歴史的な慣行や制約をこえて抜本的にその解決を図ってみたいという積年の課題
- 学園の基本政策や重点課題を部課の課題として受け止めた課題

　職場で解決の目途が立っているような問題や、問題はすでに具体的に特定できていて、あとは政策化だけというような、調査や研究を必要としないテーマは取り扱わないことにしている。

　受講生は、テーマを1年（実際には4月から12月）かけて調査、研究し、問題の解決を図る政策として論文をまとめる。この論文を政策論文と呼称している。政策論文は「政策提起文書」でもある。それらの「文書」は、それぞれ関係する機関での検討を経て、学園行政として実行できると判断されたものは実行され、また、条件、体制等が整わず実行できなかったものは、政策の趣旨を新たな問題や課題あるいは論点の提起として、各関係機関において受け止められている。政策論文は大学行政研究・研修センター紀要『大学行政研究』に掲載され、学園の政策アーカイブスとして学園政策を豊富化している。政策アーカイブスは、「大学行政学」や「大学職員（・業務）論」の研究の検討材料としても活用することができる。

　政策立案演習には、このような政策論文の作成のほかに、これまで問題や課題は認識されていても、その実態が客観的に調査されなかったものについて、（大がかりな）調査を行い、具体的にその実態と問題点を明らかにし、検討課題や政策課題を提起する調査報告書の作成がある。本章では、政策論文の作成に焦点をあてて整理する。

　なお、受講生には、論文作成の当然の前提として、政策テーマにかかわる調査による第一次資料作成と日本語文章能力検定二級の取得を義務づけている。その他に、TOEIC受験、大学行政管理学会の入会と研究発表など

も義務づけ、職員としての総合的な力量の養成にも留意している。

#### ⑤政策立案演習最優秀論文と聴講生
　大学幹部職員養成プログラムは、幹部職員に必須な政策立案能力の養成であることから、プログラムの修了は、課長昇進の検討の際の一つの条件ともなっている。そして、最優秀論文の受講者には、さらに力量を向上させるために、1年間の「外国留学」の権利が付与される。
　大学幹部職員養成プログラムには、受講生のほかに10名前後の他大学職員の方などが聴講生として参加されている。聴講生は、政策立案演習の演習論文の作成は認められてないが、大学行政論の質疑やレポート提出、政策立案演習の討議への参加が認められている。聴講生の討議参加やレポートは、学外の視点からの広がりと深まりを加えることになり、プログラムの活性化に貢献するものとなっている。

### (2) 政策立案演習の仕組みと特徴
　政策立案演習は、テーマの政策的な解決を図ろうとする極めて実践的なものである。そこでの基本は、「具体の問題を、具体に解明し、具体に(政策的に)解決する」(ゼミ生は「具体三原則」と呼んでいる)ことである。その実践性は、職場の「具体の問題」を、職場を離れて特別演習(サブゼミ)や政策立案演習で「クロス・ファンクション」的に検討したり、また、職場でもさまざまな形で上司や同僚とも検討したりして、「具体に解明し、具体に(政策的に)解決する」ところにある。これらの一連のプロセスは「アクション・ラーニング」的であるともいえる。

#### ①政策立案演習の仕組み
　政策立案演習では、受講生は3回発表することになる。
　第一回発表(4月～6月。15分以上18分以内)では、絞り込んだ政策テーマと研究構想を発表する。第二回発表(6月～7月。15分以内)では、それまでの調査、研究状況を報告し、最終政策案の構想を発表する。第三回発表(11月～12月。15分以内)では、まとめた政策を論文として発表する。

第一回発表では、政策テーマ、その問題状況あるいは背景、テーマの持つ学園や高等教育における意味・意義や位置づけ、研究方法、調査や研究の計画、政策構想などを説明する。第二回発表では、それまでの調査や研究で判明したこと、その中から新たに浮かび上がってきた新たな調査や研究の課題、最終政策論文までの調査や研究の計画、最終論文の組み立てと政策の概要などを説明する。第三回発表では完成した論文すなわち政策を提案する。第三回発表は後に述べるように審査される。

　最終の第三回を除いて、受講生は、専任研究員、客員研究員、他の受講生や聴講生との討議によって、発表内容を修正したり、補強したりする。政策の検討において最も重要なことは、第一回発表までの政策テーマの絞り込みと研究方法の決定である。

　受講生にとって、他の受講生の政策テーマと発表は、大学行政論Ⅰの講義とあいまって、全学的な問題意識・課題の交流や学習となり、全学的な視野や視点の育成に寄与するとともに、政策策定過程のさまざまな局面、例えば政策テーマの絞り方、問題解決の政策への練り上げ方、調査や研究の方法とそのまとめ方などの学習となっている。こうして受講生は、将来の「幹部職員」として、「未知」の問題に対して全学的な視野や視点から政策的な「解」を創り出す力量を育んでいく。

　受講生の発表には、受講生の上司である課長と次長の同席が義務づけられている。上司は、受講生の発表を受け、第一回発表（5分以内）でその政策テーマの全学的あるいは職場における意義や意味など、第二回発表（5分以内）では新たに解明できた政策上の手がかりや政策立案の見通しなどを、第三回発表（3分以内）では政策の実効性や実現可能性などをコメントすることになっている。

　受講生は、大学行政管理学会に入会し、政策立案演習での進行とは別に、学会の全国研究集会（毎年9月）において政策テーマの研究発表を行っている。このために政策論文は基本的に9月までに仕上げなければならない。受講生は、全国研究集会での研究発表と全国の会員の方々の質疑や意見によって政策の内容を掘り下げ、秋の調査や研究の課題を研ぎ澄まし、あるいは豊富化し、その完成度を高めている。これは、大学院生が、学会で発

表しながら論文を練り上げ、完成度を高め、博士論文としてまとめていく作業と似ている「工程」である。

### ②政策立案演習の特徴

政策立案演習には大きな特徴が三つある。

一つめの特徴は、これまでに述べたように、「具体の問題を、具体に解明し、具体に（政策的に）解決する」政策を立案するゼミ（演習）であるという実践性である。

政策立案演習の政策論文が学部や研究科のゼミ（演習）の「研究論文」と異なる点は、一つには、職場や学園において実践的に解決を迫られている「具体の問題」を政策テーマとして設定していることである。二つには、論文の検討を、文献などによる「理論的な整理」だけではなく、政策的な解決の視点から、問題である事象について具体の調査、研究に基づき行うものとしていることである。すなわち論文の検討とは政策づくりそのものであり、調査、研究も政策を立案するためのものである。三つには、政策立案演習では、「新しい知見」ととともに、あるいは「新しい知見」よりも、「具体に（政策的に）解決する」ことを重視している。論文の完成度とは政策としての完成度であり、政策としての問題解決の実効性である。その中心は問題解決の論理の具体性である。総じて「実学」性にある。これらの点で、政策立案演習の論文は、新たな知見の発見を主たる役割とする「研究論文」とは、その狙いを明確に異にしている。

なお、「具体の問題を、具体に解明し、具体に（政策的に）解決する」という政策立案演習の実践性は、職員の仕事ぶりを、PDCAサイクルから成果志向的な「目標－成果」検証の業務サイクルに発展させる可能性を持っている。これは次の節で説明する。

二つめの特徴は、受講者は第一回の発表を15分以上18分以内で、第二・三回発表は15分以内で行わなければならず、受講者のプレゼンテーション能力を練磨することである。受講生は、時間超過の認められないこの短い時間内に、「具体の問題を、具体に解明し、具体に（政策的に）解決する」という「具体の論理」を簡明に発表しなければならない。ここでは結論、主

張点を先に述べ、許された時間内で「具体の論理」のポイントを説明しなければならない。抽象的な論理や理論で「あそぶ」時間も、「そもそも」から始めて結論に至る語り口の時間もない。また、「具体の論理」で語るため、論理の甘さや飛躍などが明確になり、逆に高い論理力が求められる。このようにして、受講生はプレゼンテーション能力を練磨していく。

　三つめの特徴は、本節①で述べたように、受講生の発表に職場の上司である課長と次長が同席し、それぞれの受講生の発表を補佐し、援助することである。上司の同席は政策テーマの性格からきている。前述したように、政策テーマが職場や学園の問題や課題から立てられ、その検討は政策的解決に向けた実践的なものであり、提起する政策は実効性のあるものでなければならない。政策の実践性や実効性を確保するために、受講生の調査、研究の過程において、職場の上司である次長や課長の援助と指導が必要である。これが同席を求める一つの理由である。二つめの理由は、受講生の政策テーマが職場や学園が解決しなければならない政策課題であるということは、テーマの政策的解決には職場として、行政上何らかの「責任」あるいは「コミットメント」を有しているということである。課長や次長が受講生の発表に同席し、討議にコミットすることによって、この「責任」あるいは「コミットメント」を担保することになる。さらに、もう一つの理由がある。これは政策立案演習の「重要な狙い」でもある。それは、受講生は調査や研究、そして政策をまとめる第一の責任を個人として負っているが、課長や次長が発表に同席しコメントすることによって、受講生の調査や研究に職場全体として協力し援助する（しなければならない）体制を確立させようとしていることである。これは、職場に調査・研究型業務スタイルあるいは政策立案型業務スタイルの導入・定着を図り、職場を「学習する組織」として創り上げようとする意図からきている。この「学習する組織」を担保する仕組みは、受講生は論文の仕上がりを上司や職場との関係で問われ、上司は受講生の政策の仕上がりによってその援助と指導が問われるという関係にある。

　加えて、第四の特徴としてあげてもよいことがある。それは、受講生の最終発表と論文が審査されるということである。受講生の最終発表と論文

は、総務担当常務理事と職員部次長によって審査される。この審査では、課長あるいは次長のコメントも審査対象としている。これは、課長と次長が政策立案演習に同席するという意味の重さを反映させたものである。優秀な3本の論文が優秀論文賞を得る。この3本の論文は、理事長、専務理事、常務理事の最終審査を受け、うち1本が最優秀論文賞を得る。前述したように、最優秀論文賞の受講生は1年間「外国留学」し、さらに職員として力量を向上させる機会が与えられる。

### ③ PDCAサイクルと「目標－成果」検証サイクル

政策立案演習に取り組んでいく中で、特に職員が個々の業務遂行において成果を創り出すということを重視すると、PDCAサイクルより成果を重視する、あるいは成果をより意識する業務サイクルを開発する必要があるのではないかと考えるようになった。

大学職員の業務に関しても、企業等と同様に、PDCAサイクルを回せといわれている。政策立案演習の「具体の問題を、具体に解明し、具体に（政策的に）解決する」という立て方から、PDCAサイクルだけでいいのかという疑問がでてくる。

例えば次のような疑問である。「目的はおおよそわかった。あとはPDCAを回せば」というように、最も重要な目的やその到達点を測定・評価する目標の詰めた議論を弱めていないか。あるいは、成果を創り出すためには「PD」の創意工夫、知恵が必要であるが、それが「CA」を回せばことが進むというようになっていないか。さらに計画の調整、修正、補強などが成果を目指して行われているとしても、PDCAサイクルを回せば成果が「生まれてくる」というように、成果の創り出しの追求が弱められていないか。PDCAが議論される実務の場面では、計画実行の点検や進捗管理、それによる計画の調整、修正、補強に重点があるように見受けられ、PDCAが業務プロセスのマネジメントに「矮小」化されていないか。

総じて、PDCAは、目的や目標を実現するという成果を創り出す手段のはずであるが、それが自己目的化し「ひとり立ち」している、あるいは業務サイクルの「万能薬」のようになっている印象があるということである。

企業の場合、PDCAは、目標や成果である利益、売上げ、シェアなどの数値目標をクリアする手段としてサイクルがまわっている。大学の業務は、このような構造あるいは仕組みになっていないのではないか。すなわち、大学（とその業務）は定性的な目的が多く、定量的な目標の設定が難しい。そのため、目的はあっても、その達成度を測定、評価する基準や指標である目標がない（ことが多い）。目的達成の度合いは、「（一定の）前進がみられる」あるいは「（一定の）改善がみられる」など、定性的で抽象的な表現が多い。そのために、成果として、何が、どこまで、「前進」あるいは「改善」されたのか、また、残された課題は何であるのかが不明となることが多い。大学評価が具体の改善・改革につながりにくい大きな理由の一つはここにある。逆にいえば、大学評価を改善・改革につなげるためには、具体の目標と成果が必要条件となる。具体の改善・改革とその成果がこれまで以上に社会的に要求されている今日の大学評価の中で、業務を遂行し具体の成果を創出するには、PからはじまるPDCA業務サイクルに加えて、目的(goal)、そして目的の達成度を何らかの形で測定、評価する目標 (objectives) からはじまり、それをクリアし、目的の実現である成果で終わる業務サイクルが必要であり、そして重要である。このような「目標－成果」検証の業務サイクルは、大学間競争と大学評価の時代において、的確かつ具体に今日求められている業務の重要なあり様を表現している。そのポイントは目標の（具体の）設定である。

　「目標－成果」検証の業務サイクルに引きつけて「具体の問題を、具体に解明し、具体に（政策的に）解決する」を整理すれば、次のようになる。すなわち、「具体の問題」の解決が目的となる。問題を問題としている構造と論理とそれらの事実（要素）を「解明」し、それらをどこまで「潰す」のかということが目標となる。その「潰し方」が政策である。そして、「潰す」ことが「具体に（政策的に）解決する」ことであり、その結果として創り出される新たな事象が成果（＝目的）の実現となる。「潰し方」である政策を、ヒト・モノ・カネと時間のレベルで具体化したものが計画である。

　これを業務の流れに沿って整理すると、「具体の問題」に目的と目標を見定め、「具体に解明し」、政策を提起し、それを「P」として計画（具体）化し、

PDCAサイクルを回し、「具体に(政策に)解決」し成果を創り出すということになる。目標を具体なものとし、具体の成果を追求すれば、それは必ず「目的－目標－PDCA－成果」のサイクルとしなければならない。「目標－成果」検証の業務サイクルには、PDCAサイクルが目標と成果をつなぐものとして位置づけられ、目的や目標の実現という成果を創り出す手段であるというPDCAの役割を一層明確にする。

「目標－成果」検証の業務サイクルは、目標と成果という業務のポイントを強調しながら、PDCAサイクルを内包し、また、目的はあっても目標がない(ことが多い)大学と職場の意識改革を進めるものになる。

このように、「具体の問題を、具体に解明し、具体に(政策的に)解決する」ことは、「目標－成果」検証の業務サイクルとPDCAサイクルを回すことでもあり、職員の仕事ぶりを変える可能性を持っている。仕事ぶりを変えるためには、先ず、政策立案演習は「具体の問題を、具体に解明し、具体に(政策的に)解決する」ことを、職場において業務の発想として、業務の指針として定着させなければならない。次に、より成果志向的に目標と成果を意識し、強調する「目標－成果」検証の業務サイクルを組み立て、成果を引き出すPDCAサイクルを回すという業務スタイルを定着させることが必要である。

現在、職員の仕事ぶりをめぐって議論されている、「アドミニストレータ」あるいは「プロとしての職員」の仕事に重要な力量の一つは、問題、課題に対して目標を具体に設定し成果を創り出す「目標－成果」検証の業務サイクルを回せることであろう。この意味で、政策立案演習は、政策として目標と成果の具体のイメージを示すという意味で、「アドミニストレータ」あるいは「プロとしての職員」の第一歩となる演習でもある。

以下に政策立案演習のポイントと考えるものを整理していく。

## 2. 政策立案演習のポイント

政策立案演習は演習ではあるが、そのテーマ設定の柱からいっても極めて実践的に政策を作り上げるものである。これは大学職員が業務において

政策を練り上げていく過程とほぼ同じことである。そこで、以下に政策立案演習での経験を踏まえて、政策を練り上げていくにあたってのいくつかのポイントについて、特にテーマの絞り込みを中心にその「技法」を整理する。整理は「技法」を先ず述べて、その後に例を適宜示す。例は本稿のテーマである職員の政策立案能力にかかわるものを中心に、現在の大学において重要な課題である教育力強化とした。これらの例は現在各大学が取り組まれている課題であるが、未だ政策的に解決されていないものである。そのため例が「技法」を典型的に示すようなものとなってないことがある。読者がこの二つの課題を考えられる際に「技法」とともに、例の「さばき方」もその政策的な解決にむけてのヒントとして少しの参考になれば幸いと考えている。

　「技法」はあくまでモデルとしての「技法」であり、現実の複雑な学園や業務の課題を政策化する際には問題と課題に合わせて「技法」を創造的に活用することが大切である。

## (1) 問題の絞り込みと問題の構造

　政策立案演習の政策が「目標－成果」検証の業務サイクルをも回すものとするためには、目標の設定が特に重要である。目標とは目的の達成度をはかる指標や基準である。目標の設定には目的を事前に設定しなければならず、目的の設定には解決すべき問題が必要である。目標、目的の設定は、つまるところ問題を設定することになる。それは実践的には問題を「設定する」というより解決すべき具体の問題として「特定する」ことである。

　目標が設定できないということは、往々にして問題を一般的、抽象的に設定しているからである。例えば、教育力強化は確かに現在の大学の問題であり、課題である。しかし、政策立案演習と実務の視点からいうと、このレベルの捉え方は一般的、抽象的であって、問題でも課題でもない。これは、教育力を強化しなければならないという問題意識であろう。問題は、問題意識から教育力強化の「具体の問題」へどう絞り込むかである。「具体の問題」とは、問題意識から教育力強化の問題状況を探り、そこから基本的あるいは本質を示していると考えられる問題群を特定し、その中の何

かを解決すれば問題群の問題を解決でき、教育力を強化することのできるものである。この「何」かまで問題を絞り込めば、目標は具体性を持ち、成果も具体の事象としてイメージできるものとなる。まさに、「具体の問題を、具体に解明し、具体に(政策的に)解決する」ことができる。この「何」かが政策立案演習の政策テーマとなる。

　絞り込みの流れを図式的に整理すれば、「問題意識→問題状況(問題群)→『解決すべき問題』(課題)→『実践的に解決する具体的な問題』(最終の政策テーマ)」となる。この説明は次のようになる。

　現実から問題を切り取る視点が問題意識である。問題意識によって解決しようとする現実が見えてくる。この見えてきた現実が問題状況である。問題状況は、さまざまな問題が無秩序に輻輳しているように見えるが、それが現実である限り、さまざまな問題はいくつかの問題群(事象)としてまとまっている。個々の問題群は、下位のより具体の問題によって構成されている。問題は事実で構成されている。問題状況は「問題群－問題－事実」の階層構造を成している。また、この階層構造は、一つの問題群は複数の問題で構成され、問題も複数の事実で構成されている。問題、事実は、それぞれが「一つの固まり」を成している。問題にはある事実を解決すれば、その問題が解決するという問題の本質となる事実がある。同じく、問題の「一つの固まり」にもこの問題を解決すれば、問題群の問題が基本的に解決するという問題群の本質となる問題がある。この階層構造の論理は、問題意識の切り口によって規定されている。当然、切り口が違えば、問題の階層構造は異なるものとなる。

　以上のことを本稿のテーマである職員の政策立案能力について、絞り込みの「図式」にそって説明する。

　先ず、問題意識は、大学はなぜ改善・改革が具体に進まないのであろうかということである。それは、目的があっても、その達成度を測定、評価できる目標がないことが多いからである。そのために、問題の、何が、どこまで解決されたのか、すなわち改善・改革の進み具合が具体に測定、評価されず、次に何をすればよいのかが具体に判明しないことになる。改善・改革が具体に進まないのは、大学に「目標－成果」検証というサイクルが

ないことである。これが問題状況である。

　この問題状況は次のような問題群としてまとめることができる。教育や研究にはそもそも測定、評価できるような数値目標や定量的な目標に馴染まないことが多いということを前提に、そもそもそのような目標設定を探索しようとしていないことがある。また、「解決すべき問題」としての課題の整理はするが、それにとどまり、何を、どのように、どこまで解決するかという「実践的に解決する具体の問題」の設定に弱いことがある。さらに「目標－成果」検証のサイクルを促進するための教育や研修、報奨などの制度、システムがなく、文化も形成されていないことがある。さらに、職員はそもそも事務の効率的な処理が仕事で、政策的に改善・改革を図り学生の「学びと成長」を高めるという価値観、発想自体もなかったという根本の問題もあるのであろう。このように、問題状況には風土や文化、業務の組み立て方、業務手法、仕事観（像）など、いくつかの問題群としてまとめることができる。

　問題群の中に問題状況の焦点となるものがあり、喫緊に解決を図らなければならないものがある。これまでの業務の経験や実態、現状などから、それは「目標－成果」検証の業務手法であると特定する。そうすると、「目標－成果」検証の業務手法の問題群を構成している問題は次のように整理することができる。

　それは、そもそも目的と目標の違いを知らないという基礎的な知識の問題、何を、どのように、どこまでを明らかにするために問題の実態を把握し分析するという業務の手法の問題、問題の実態把握と分析から目標を設定し「目標－成果」を検証できる政策を練り上げる力量の問題、政策を実行するために必要な条件・体制のシミュレーション、費用対効果の試算、スケジュール化など計画にかかわる問題、実行における「目標－成果」検証のためのPDCAサイクルをまわす問題などである。

　これらの問題から、問題群である「目標－成果」検証の業務手法にとって本質の問題をなし、政策テーマとなる問題を特定することが次の仕事となる。特定とは、その問題を解決することができれば、他の問題も関連して検討できる、あるいは解決できることになるという問題を探すことであ

る。この例では、目標を設定するための必須の作業であり、政策の枠組みを規定する、すなわち、何を、どのように、どこまでを明らかにするために問題の実態を把握し分析するという業務手法の問題が、これにあたる。

　次に、問題の実態把握と分析の業務手法を問題としている事実を整理しなければならない。事実とは、具体には問題の実態把握と分析における職員業務の現場の現実の実態である。それには次のようなことがある。問題のこれまでの資料を見つけ出し、取り組みや到達点の歴史的な整理ができないこと、関係者への事前の問題整理のヒアリングを行わないこと（行えないこと）、既存の資料などで他大学と比較し問題の社会的な位置づけや質の整理ができないことなど、一連のプレ調査ができないことである。すなわち、プレ調査によって問題の歴史性と社会性、あるいは今日的な特性などを踏まえた問題解決への「あたり」をつけるという業務感覚や業務スタイルがない。だから何から手をつけたらいいかわからないことになっている。こういったことのために、何を把握しどう分析すれば問題解決のイメージや仮設を立てることができるのかの見当がつかず、実態把握・分析のためのアンケート調査の調査票の設計ができず、当然、効果的な集約や統計的な解析は思いもつかないということになる。このように、職員業務の現場の現実の実態から、問題を構成している事実が浮かび上がってくる。これらの事実が、業務実態把握と分析の手法という問題を構成している。これらの事実の中から、それを解決すれば問題の多くが解決され、問題が解決すれば問題群の基本的な問題が解決されるというある事実を特定することが問題の絞込みである。

　絞り込みとは、この階層構造にそって本質となる「問題群－問題－事実」を探索することである。探索は三段階で行われる。三つの段階は、実際には行きつ戻りつしつつ進められる。第一段階は、問題群のうちから、問題意識の切り口からみて本質な解決となる問題群あるいは今日的な課題から喫緊に解決すべき本質となる問題群を選び出し、特定することである。これが「解決すべき問題」となり、一般的に使用されている「課題」という言葉が意味しているものである。

　第二段階は、課題である問題群を構成している問題の中から、一つある

いは複数の問題を取り上げ、それらを構成している特定の事実を変えればその問題が解決し、その問題が解決されることによって、問題群の問題が基本的に解決するという本質の問題を特定することである。これが「実践的に解決する具体の問題」であり、最終の政策テーマとなる。

　第三段階は、「問題－事実」の解明である。これは、問題の仕組み（＝構造）と問題の発現の仕方（＝論理）を明らかにし、それらを担っている事実を特定することである。この構造と論理、そしてそれを担っている事実を「潰す」仕方が政策となる。

　先の例でいえば、第一段階の「解決すべき問題」すなわち課題は、「目標－成果」検証のサイクルを定着させるための「目標－成果」検証の業務手法（の開発と定着）である。第二段階の「実践的に解決する具体的な問題」は、問題の実態把握と分析である。

　第三段階の「問題－事実」の解明は次のようになる。事実とは、問題の実態把握と分析という個々の職員における業務の実態である。業務実態上の最大の問題は、プレ調査を行い、そこで判明した事実から問題解決の方策のイメージや仮設の「あたり」を探ることである。「あたり」をつけるために、これまでの業務経験や手元にある過去の資料や公表されている他大学の資料などから、業務実態としてある事実がなぜ生じているのかを「なぜ」を繰り返して種々原因をさぐり、それを関係者へのヒアリングなどで固めていくというプレ調査を行う。こうしたプレ調査から、結論的に、問題の実態把握と分析ができないという業務実態には、プレ調査で判明した事実を「原因－結果」のロジック・ツリーで整理できないという問題の仕組み（構造）があり、このことが問題解決の方策のイメージや仮設を立てることができないという問題として発現（論理）している。この「あたり」を付けることができれば、「あたり」を実証あるいは検証するアンケート調査などの本調査を設計することができる。当然、その設計は「あたり」の実証あるいは検証のための集約や解析の筋道を組み込んだものとなる。そして、本調査の実態把握と分析によってその対象となっていた問題が解決されることになる。

　この例では、問題の実態把握と分析の業務手法の問題の解決は、プレ調

査を行い、プレ調査で判明した事実を「原因－結果」のロジック・ツリーで整理し、問題解決の方策のイメージや仮設を立てることができるようにする手法あるいは力量を開発し、その定着をはかる政策を立てることである。こうして「目標－成果」検証の業務手法が定着し、大学の日常的な改善・改革が具体に進むことになる。

　　＊本稿を問題の絞り込みの論理にそって大きく整理すれば、「1-(2) 政策立案演習の仕組みと特徴」の「②政策立案演習の特徴」の「具体の問題を、具体に解明し、具体に（政策的に）解決する」が「解決すべき課題」であり、同じく「③ PDCA サイクルから『目標－成果』検証サイクルへ」の内容が、本稿の問題群の位置にあり、「2 政策立案演習のポイント」が「実践的に解決する具体的な問題」であり、その各項が「問題－事実」にあるという構成になっている。

## (2) 「解決すべき問題」の私立大学における位置づけ

　「解決すべき問題」は「私立大学論」あるいは私学の基本的な観点である「学費の重み」から説明されなければならない。

　ここでわざわざ「学費の重み」から説明されなければならないとしたのは、政策立案演習の政策が、学生の学費で基本的に運営され、資源・資金に多くの制約がある私立大学あるいは私学の政策としての"色合い"を持ち、先ずは学生の「学びと成長」を豊富化するものに収斂するようにする必要があるからである。換言すれば、政策論文の成果は、「学費の重み」にこたえ、学生の「学びと成長」を促進することに帰着するものでなければならないからである。これは、私立大学あるいは私学の職員として仕事をする上での基本的なスタンスである。

　「学費の重み」とは、学園の営為が学費に見合うものとして、学生(・生徒)の「学びと成長」を直接、間接にすすめるものでなければならないという観点である。この観点は、立命館の職員にとどまらず、教員を含めて、また、株式会社クレオテックの社員であっても、立命館生活協同組合の職員であっても、さらに広く私学に関係するすべての者に等しく共通するものである。

　私立大学は基本的に学費で運営され、学費に見合う「学びと成長」を学生に具現させなければならない。私立大学は、次の式で表すことができる。

　「私立大学＝(教育×学生（サービス）×進路就職×学費)×(研究＋社会貢

献（サービス）＋‥）」

　この式は私立大学の原点・基本を示している。式の意味は次の三点にある。それは、先ず、式は掛け算であるので、この内の1つの項目でもゼロになれば、私立大学は私立大学ではなくなることである。次に、学費は前の括弧の中にあり、教育、学生あるいは学生サービス、進路就職の関係において、すなわち「学びと成長」との関係において、「対価」性を持つものとして学費があることである。三つ目は、研究や社会貢献サービスを後ろの括弧の中に入れ、原則的には学費で賄われるものでないとの基本的な視点を示していることである。

　この式を前提に、「学びと成長」と学費の「対価性」という問題意識あるいは「切り口」から現実を切り取ると、学費の「対価性」は次の三つの不等式でそれぞれ具体的に問われることになる。

　(A)　社会的に高い評価の教育研究の内容と水準＞学費水準
　(B)　正課・課外・正課外の『学びと成長』と進路就職の実現＞学費水準
　(C)　教育、学生生活、業務など学生へのサービスの内容と水準＞学費水準

　この不等式は、他大学・競合校と同じ学費水準であれば、A、B、Cの前の項目が他大学・競合校よりも本学が進んでいると、「学生が感じている、考えている、評価している」のであれば、成立する。また、A、B、Cの前の項目が他大学・競合校とほぼ同じような内容と水準であれば、本学の学費が他大学・競合校の学費より低額であれば、成立する。現在の国私間競争を考えれば、国立大学との関係では、左辺に私立大学の「特色・強み・個性」など固有の「付加価値」の一項を加え、右辺の学費水準を国私間学費格差に置き換えて、不等式の成立を考えなければならない。いずれにしても、「学びと成長」と学費の「対価性」という問題意識あるいは「切り口」は、他大学・競合校比較による三つの不等式のうち、一つ、二つあるいは三つの不等の度合いという形で特定の問題状況となる。そして、その問題状況について、他大学・競合校との比較でどのように不等であるのか、あるいはないのかと問題を列挙し、それを整理したものが「問題群－問題」となる。こうした問題群の中で、不等を直接あるいは間接に際立つものとする問題

群、あるいは今日的な課題から喫緊に不等を際立つものとしなければならない問題群が、「解決すべき問題」となる。この「解決すべき問題」は、職員からみれば「学びと成長」が業務の内容として「全国最高あるいは一流のレベル」であるのか、あるいは「特色・強み・個性」を持つのかという、業務の他大学比較における社会的位置や「市場」や競争におけるポジションから問題を位置づけ、課題を設定することでもある。こうした問題意識からはじまり「解決すべき問題」の設定へという一連の過程は、問題解決の私立大学としての独自の意義や意味の具体的な掘り下げ作業でもある。

　例えば、Bの不等式が他大学・競合校との関係で問題であり、「学びと成長」のレベルを上げる教育力の強化を問題状況として設定する。しかし、教育力の強化には、専門教育、教養教育、語学教育などの問題群があり、また、それぞれについて「教育目的・目標－シラバス－受講登録－受講－成績評価」という履修の流れにかかわる問題、教育方法・教授力と授業評価など学生の学習促進を図るFDという問題、カリキュラム体系、科目構成・配置、教員体制などの教育体制という問題などの多くの問題がある。

　「問題群－問題」を単位とする階層構造の中から、どの階層の、どのレベルの「問題群－問題」を「解決すべき問題」として設定するのかが問題になるが、それは問題意識の具体的な掘り下げ、すなわち現実や実態をどこまでつかんでいるかによる。教育力についていえば、問題意識の具体性は、学生の実態の中にある教育にかかわる「不便・我慢・妥協・諦め」などの不満の現実であり、その現実の中で不等を際立たせている問題群、あるいは今日的な課題からみて喫緊に不等を際立つものとする問題群が「解決すべき問題」となる。

　先の例でいうと、学生の不満として、これまでの調査などから低回生の基礎専門教育において、板書が乱雑、講義に具体的な例証がなく理論の積み重ねだけでわかりにくい、シラバスの授業計画や教科書と関係なく授業がすすむ、講義時間内に講義が完結しないなど、FDにかかわるものが多く集約されているのであれば、基礎専門教育のFDが「解決すべき問題」となり、とくに学生が事前に講義のイメージをもてないことが受講の混乱を招いているということであれば、解決すべき事実、すなわち「実践的に解

決する具体の問題」は、シラバスの授業計画や教科書と関係なく授業がすすむことであり、ここに焦点をあてたFDの開発が政策テーマとなる。そして、開発されたFDの取り組みによって、学生が事前に授業のイメージを持つことができ、予習など授業準備も可能となり、授業が充実したものとなり、Bの不等式が成立するようになる。「解決すべき問題」あるいは「実践的に解決する具体の問題」を解決する私立大学における政策とは、学費の「重み」にこたえ学費の「対価性」を高めるものとして具体に位置づけられ、成果が不等式の不等をより成立させるものでなければならない。

また、問題意識の切り口によっては、問題が問題群となる。例えば、学生の学習促進を問題状況として設定すると、FD、シラバス、自習室など施設などが問題群となり、シラバスについていえば、シラバスの記入項目、その内容、授業中のシラバス活用、学生へのアサインメントなどが問題となり、シラバスの内容や活用や利用などの実態が問題を担っている事実となる。

## (3)「解決すべき問題」の特定による今日的な「論」の提起

このように3つの不等式との関係において位置づけられる「解決すべき問題」を特定していく過程が、私立大学における問題の今日的な意味や位置を明らかにすることになる。それは不等式が他大学・競合校との比較から問題を引き出そうとしているからである。競争関係における「優位・劣位」を問題とすることは、その問題そのものが今日性を持っていることになる。政策立案演習の受講生の政策テーマの背景と意義や意味の説明の中に、今日的な「論」としての位置づけを読み取ることができる。

次に、政策立案演習の受講生の政策テーマは、前述したように、「さまざまな理由でなかなか手がつけられなかった問題」、「歴史的な慣行や制約を超えて抜本的にその解決を図ってみたいという積年の課題」、「学園の基本政策や重点課題を部課の課題として受け止めた課題」など[*]である。このような政策テーマの性格づけとそれを政策的に解決を図ろうとする受講生の政策論文は、今日的な問題や課題の提起となり、政策論文の「具体の問題」の解明と政策論理の組み立ては、今日的な教育「論」、管理運営「論」、

職員・業務「論」としての性格を有している。政策立案演習では、政策テーマと政策論文の持つ今日的な高等教育や学園における意義や意味の整理を行い、今日的な「論」としての提起を明確にしている。このように、政策論文が今日的な「論」としての性格を有していることから、大学行政研究・研修センターは、政策論文を学園の政策アーカイブスとし、そこから帰納的に実践的な「大学行政学」の確立を目指すことも可能となる。

  ＊所収の論文が取り組んでいるテーマは、なかなか手がつけられなかった問題として、教育成果の評価・検証、FM手法に基づく業務サイクル、職員による正課としてのRA養成プログラム開発があり、積年の課題として、学生活動の効果検証と「学との関り」による職員成長過程の解明があり、学園の重点や今日的な課題として、学生の海外派遣促進、教員評価項目におけるシラバス着眼点、ブランド発信がある。

## (4)「解決すべき問題」から「実践的に解決する具体的な問題」への絞り込み
### ①「実践的に解決する具体の問題」への絞り込み

　政策立案演習の目的は、問題の発見とその評論でなく、問題を政策的に解決するところにある。政策的に解決するとは、問題状況であった現実が変わる（なくなる）ことを意味している。この変わる（なくなる）問題状況の本質の問題を、「実践的に解決する具体の問題」と「定義」する。これが「具体の問題」となり、政策テーマとなる。また「実践的に解決する」ことを、問題の仕組み（＝構造）と発現の仕方（＝論理）を担っている事実を「潰す」とも表現している。

　ここでの問題は、「解決すべき問題」から「実践的に解決する具体の問題」をどのように絞り込むかである。そのポイントは、「解決すべき問題」の解決された現実のイメージすなわち「あるべき姿」の具体性である。それは、「解決すべき問題」を解決すればどのような現実となるのか、あるいは「解決すべき問題」の解決とはどのような現実のことをいうのかと、「解決すべき問題」を掘り下げることによって鮮明になる。こうして「あるべき姿」が具体的に煮詰まれば煮詰まるほど、「あるべき姿」は具象化され「現実の姿」となり、それと問題である現実との「違い」が解決しなければならないものとなる。そして、「違い」の解決を具体の指標や基準でも捉えることができるものとなる。「目標－成果」検証でいう目標とは、この具体の指標や規

準を指している。こうして具体的な問題の解決は具体となる。この具体がどこまで具体であるのかは、後に「問題の実証」として整理する。

　「2-「(1)　問題の絞り込みと問題の構造」の例でいえば、「解決すべき問題」は「目標－成果」検証の業務手法に疎いことである。目標が設定できないのは、問題となっている実態の把握とその分析ができないからであり、「実践的に解決する具体の問題」は業務実態把握とその分析となる。業務実態の把握と分析ができないのは、プレ調査で判明した事実を「原因－結果」のロジック・ツリーで整理できないからである。これがその問題の仕組み（構造）である。「原因－結果」のロジック・ツリーが組み立てられないので、プレ調査で判明した事実から問題解決のイメージや仮説を立てることができないことになる。これが問題の発現の仕方（論理）である。事実を「潰す」とは、プレ調査で判明した事実を「原因－結果」のロジック・ツリーで整理し、仮説を立てることができるようにすることである。これが「解決すべき問題」が解決された「あるべき姿」である。「あるべき姿」と現実との「違い」は、「原因－結果」のロジック・ツリーで整理できるかどうかであり、仮説を立てることができるかどうかである。具体の実態で問題の仕組みと発現の仕方を解明するためにはプレ調査が必要である。

　政策立案演習の経験でも、「解決すべき問題」を設定し、そこから鮮明に「実践的に解決する具体の問題」を絞り込み政策テーマを設定した受講生の政策は、政策として具体の論理に裏づけられた実効性の高いものとなっている。このような絞り込みの過程を省略し、頭の中に漠然とある政策イメージを「問題」としたりすると、「実践的に解決する具体の問題」が設定できず、後述する問題の実証と具体の分析ができず、「具体の問題」を解決する論理が具体なものとならない。その結果、「政策」は何かの本から引っ張ってきた問題の「評論」や解説となり、あるいは抽象的な「政策大要」や政策課題の並列となる。上の例でいうと、「目標－成果」検証の業務手法の開発という「解決すべき問題」のレベルが政策テーマとなると、目標管理制度と大幅な権限委譲の導入、PDCAサイクルの導入、あるいはニュー・パブリック・マネジメント研究から「拝借」してきた手法などの政策課題の羅列に終始してしまい、「具体の問題を、具体に解明し、具体に（政策的に）解決する」

政策立案演習での政策論文とはならない。

このように具体を強調すれば、それは問題の解決にはなるが、改善のレベルであり、改革やイノベーションというべき抜本的な政策は出てこないのではないか、という疑問が提出されることが予想できる。改革やイノベーションも、それが現実を変えることであるならば、変えるべき現実から「遊離」できず、その政策も具体なものであるはずである。改革やイノベーションといわれているものの核心は、乱暴に言えば、「解決すべき問題」を発見する問題意識、あるいは「実践的に解決する具体の問題」を絞り込む視点や着眼点が、それまでの枠組みを超えた新しいもの、あるいはまったく異質なものであると考えることができる。重要なことは、改善であろうが、改革であろうが、「実践的に解決する具体の問題」を「目標－成果」検証とPDCAの業務サイクルを回し、新たな現実を創りだし、学園を前に進めることである。

**②絞り込みの二つの手法**

「実践的に解決する具体の問題」の絞り込みには、大きく二つの手法がある。

一つは、これまで「目標－成果」検証の業務手法の例で説明してきたように、具体的に「解決すべき問題」が設定できている場合、あるいは、これまでは何らかの形（積年の課題や手つかずの問題など）で「解決すべき問題」が与件としていた場合である。これらの場合には、この問題がなくなれば「あるべき姿」が現出するところまで、「解決すべき問題」を具体的に次々と掘り下げていって「実践的に解決する具体の問題」を絞り込むということになる（手法「その一」）。

次の手法は、「解決すべき問題」を大学の今日の課題性から引き出し、そこから「実践的に解決する具体の問題」を絞り込もうとするものである。それは、大学の今日的な課題性から「解決すべき問題」を設定し、その問題の「あるべき姿」を設定し、それと現実とのギャップから「実践的に解決する具体の問題」を絞り込むことである（手法「その二」）。例えば、これは、大学の国際化という今日の大学の課題から、教育の国際的通用性という「解

決すべき問題」を設定し、日本語の壁という障害がなく外国人学生と日本人学生が共に学ぶ大学の姿を「あるべき姿」として設定し、英語で授業を行う国際標準のカリキュラムと教育プログラムを開発することを「実践的に解決する具体の問題」として絞り込むというようなことである。

　この二つの違いは、手法「その一」は与件である「解決すべき問題」の実態や現実から、「何が、なぜ、どのように問題なのか？」と次々と問いかけ、「実践的に解決する具体の問題」を探索するのかということであり、手法「その二」は今日的な課題性という「フィルター」にかけて「解決すべき問題」を先ず設定し、「今、何が、どのように求められているのか？」と問いかけ、「どのように」（「あるべき姿」）と実態や現実のギャップを探索し、そこから「実践的に解決する具体の問題」を絞り込むのかということである。前者の絞り込みの手法は、「具体の問題」の本質へのアプローチであり、後者の絞り込みの手法は、今日的な課題性としての問題の「あるべき姿」からのアプローチである。

　前者のアプローチにおいて、問題の本質の政策的解決が今日的な課題性の具体的な解決でなければ、その政策の今日的な実効性はないことになる。また、後者のアプローチにおいて、今日的な課題の「あるべき姿」からの問題の解決が現実の問題の本質的な解決でなければ、同じくその政策も今日的な実効性はないことになる。いずれの方法にしても、その解決の帰着は同じものとなる。

　なお、ここまでの検討において注意が必要なことは、手法を含めてこれまでの政策テーマの絞り込みが論理によってのみすすめられていることである。この段階の政策テーマの絞り込みは、政策立案演習の「具体の問題を、具体に解明し、具体に（政策的に）解決する」ことの「具体の問題」の設定についてのことであり、その「具体の問題」の実証と「具体の解明」は次の段階の作業になる。

　その前に、二つの手法について以下に手法的に説明する。

### 1) 手法「その一」──現場や現実からの絞り込み（「*」）

　手法の「その一」は、「解決すべき問題」を「何が、なぜ、どのように問

題なのか？」と次々と問いかけ、具体的に掘り下げていって、「実践的に解決する具体の問題」を絞り込むものである。すなわち、「『解決すべき問題』の何が、どのように問題なのか？」と問い、その答えに対して、また、「それは、なぜ問題なのか？」と問う。この「なぜ」という問いを繰り返し、「解決すべき問題」を「実践的に解決する具体の問題」へと絞り込み、それを政策テーマとする手法である。先に示した職員の政策立案能力の例にそって絞り込みの過程を示すと、次のようになる。

「解決すべき問題」は、「目標－成果」検証の業務手法であった。この問題に対して「それは、何が、どのように問題であるのか？」と問い、それに対して「目的と目標の区別ができていないことが問題である」と答える。そして、「なぜ区別ができないのか？」と問い、それに対して「目標とは目的の達成度を測定・評価する基準であることが具体的に認識されていないからである」と答える。「なぜ、具体的に認識されないのか？」と問い、これに対して「何を変えれば問題が解決され、目的が達成できるかということが、現場や現実の具体にそって把握されていないからである」と答える。ここでも、「なぜ具体に把握されないのか？」と問い、これに対して「問題となっている実態の把握とその分析ができないからである。だから、何を、どこまで、どのように変えるかということがわからない」と答える。

さらに続けて、この答えに対して「なぜ、実態の把握と分析ができないのか？」と問い、これに対して「実態の把握とその分析ができないのは、調査に入る前のプレ調査が有効に機能していないからである」と答える。さらに「なぜ、有効に機能しないのか？」と問い、これに対して、「プレ調査で判明した事実から、問題である結果を引き起こしている原因を特定するという『原因－結果』のロジック・ツリーで整理できないからである」と答える。さらに、「なぜ」と問い、「ロジック・ツリーで整理する知識や手法を知らないからである」と答える。これで一つ、問題の事実が判明した。そして、「知らないことがどのようなや問題を引き起こしているのか？」と問い、これに対して「整理できないから、何を、どこまで、どのように変えるのかという問題解決の方策のイメージや仮説が立たず、どこまでという目標が設定できないことになる」と答える。ここにいたって、「目標－成

果」検証の業務手法は問いの繰り返しによって一つの論理として、次のように整理できることになる。

　「目標－成果」検証の業務手法は、問題の実態把握とその分析が問題である。これを「実践的に解決すべき具体の問題」と特定し、政策立案のテーマとする。問題の実態把握とその分析の問題は、プレ調査で判明した事実から、問題を引き起こしている原因を特定するという『原因－結果』のロジック・ツリーで実態を分析し、そこから「何を、どこまで、どのように変えるのか」という問題解決の方策のイメージや仮説が立てることができれば、問題を解決することができる。こうして、「何を、どこまで、どのように変えるのか」が明確になれば、「目標－成果」検証が具体に可能となり、「目標－成果」検証の業務手法が開発されたことになる。この問題の政策は、『原因－結果』のロジック・ツリーで整理する手法と、そこから問題解決の方策のイメージや仮説が立てる手法を立案することである。

　この手法の第一の特徴は、「解決すべき問題」が存在する現場や現実から、「何が、なぜ、どのように問題なのか？」を初めの問いとして、次々に「なぜ」を具体に問いかけることにより、現実、現場、現物などの具体から離れずに問題を解明していくことである。第二の特徴は、問いが成功裡に続き答えを導きだせば、「実践的に解決する具体の問題」の問題性（何が、なぜ、どのように）が具体に明らかになることから、政策の論理と組み立ては「何」の「なぜ」と「どのように」をアイデアを出して具体に解決すればよいことになり、比較的容易に具体なものになる。

　　＊この手法の成功例がある。それは、トヨタの生産現場で行われ、問題解決の秘訣となっている「現場現物主義」と「なぜを5回繰り返す」ことである。トヨタは、生産現場で不都合や問題があれば、ラインを止め現場で現物をみて、そこで原因を究明し、二度と起こらないように手を打ち、現場で解決する（「現地現物主義」）。そのために、現実の問題に対して「なぜ」を5回繰り返し問い詰めていく（「なぜを5回繰り返す」）と、真実の原因つまり真因という本質的な問題がでてくるとしている（以上の記述は『プレジデント』2005/9/12号から）。このことだけが理由ではないが、こうしてトヨタは高品質・高生産性を確保している。この手法は、政策立案演習が「具体の問題を、具体に解明し、具体に（政策的に）解決する」としていることの別表現でもある。このような問題の絞り込みの方法は、学校法人においても、企業においても、そう大きく変わらない。変わるのは、組織の特性による問題解決の具体的な組み立てである。大学は企業から積極的に学ぶべきである。

**2) 手法「その二」——「あるべき姿」からの絞り込み**

　次の手法は、今日的な課題性を切り口に「解決すべき問題」を設定し、その問題の「あるべき姿」(どのようにあるべきなのか) をイメージし、それと実態や現実とのギャップを探索し、そこから「実践的に解決する具体の問題」を絞り込み、それを政策テーマとして設定するものである。今日的な課題性の選択とその「あるべき姿」のイメージが、この手法のポイントである。「あるべき姿」は「2-(2)『解決すべき問題』の私立大学における位置づけ」で示した不等式を成立させることと考えれば、手がかりはいくつもある。

　例えば、高等教育行政や政策の目的や目標の中から、不等式の成立が危ぶまれるものを今日的な課題とし、それを「解決すべき問題」として特定し、その「あるべき姿」と実態や現実のギャップから「実践的に解決する具体の問題」を絞り込み、それを政策テーマとする。これは先の大学の国際化や教育の国際的通用性の例がこれにあたる。

　また、他大学の先進的な取り組みや比較分析から、「全国最高あるいは一流レベル」を目指す、あるいは「特色・強み・個性」ある位置を目指すという競争上のポジショニングを不等式を成立させる「解決すべき問題」として特定し、ポジショニングの「あるべき姿」と実態や現実のギャップから「実践的に解決する具体の問題」として政策テーマを絞り込む。これは、世に言うベンチ・マーキングやベスト・プラクティスの手法である。

　さらに、現在、義務づけられている認証評価機関の評価項目と基準の中から、不等式の成立から大きな問題のあるものを引き出し、それを「解決すべき問題」として特定し、その「あるべき姿」をイメージし、それと実態や現実とのギャップから「実践的に解決する具体の問題」として政策テーマを絞り込む。例えば、大学基準協会認証評価の主要点検・評価項目（大学・学部）において、その「3 学士課程の教育内容・方法等」の「(1) 教育課程等」の「(授業形態と単位の関係)」に、「A群　各授業科目の特徴・内容や履修形態との関係における、その各々の授業科目の単位計算方法の妥当性」という項目がある。単位計算方法は、設置基準の第21条に示されている。それによると1単位は45時間の学修を必要とし、そのうち講義は15時間から30時間の範囲で大学が定める時間の授業をもって1単位とするとある。1単

位には授業時間以外の学修が15時間から30時間含まれていることになる。ここから「単位計算の妥当性」にかかわる「解決すべき問題」を授業時間以外の学修時間を確保することとし、その「あるべき姿」を予復習を前提とする授業と置き、「実践的に解決する具体の問題」をシラバスにおけるアサインメントの指示とその学生の自習を組織することとする。これは教育そして単位の国際的通用性の問題の一つでもある。同様に、中央教育審議会の答申内容や競争的資金の判定基準を、例えば「大学評価の項目と基準」に作り変えて、政策テーマを絞り込むこともできる。その他にも、社会的要請や父母、卒業生の要望・要求などからも、同じような手順で政策テーマを絞り込むことができる。

　この手法の第一の特徴は、政策テーマが今日的な課題性を直接に有することである。このことは、問題あるいは政策テーマの今日的な「論」の整理が比較的簡単にできることを意味している。第二の特徴は、課題の「あるべき姿」が、高等教育政策の目的・目標を一歩先んじて実現する、他大学の到達点を追い抜く、「全国最高あるいは一流レベル」を確保する、「特色・強み・個性」などのポジショニングを確保する、認証評価機関などの評価項目の評価基準をクリアするなど具体的であり、そのため政策目標を具体的に設定できるところにある。第三の特徴は、このことにより、目標の到達を具体的に測定、評価でき、政策のなかに「目標－成果」検証の組み入れが可能となり、政策の実効性が確実で具体的なものとなることである。

### ③政策テーマのスクリーニングと「残された課題」

　政策立案演習は、受講生の政策マインドを高め、政策立案能力を育成することに主眼がある。このために受講生は、必ず政策立案を実体験しなければならない。しかし、受講生は、仕事をしながら、調査、研究し、最終的に政策を練り上げなければならないという厳しい時間的な制約の中にある。この制約の中で、政策を必ず立案できるようにするために、設定した政策テーマを次に述べる時間と力量のスクリーニングにかける必要がある。

　第一のスクリーニングは、上司、職場の援助、協力などを得るとしても、受講生が時間の制約の中で調査、研究し、政策を練り上げ、論文を仕上げ

ることができるところまで、「実践的に解決する具体の問題」をさらに絞り込むことである。受講生は、1年間の政策立案演習では、調査、研究の試行錯誤を繰り返しながら何度も調査、研究をすすめる余裕はない。

　第二のそれは、言わずもがなであるが、力量をはるかに上回るような問題の解決や政策の設計はできないため、政策テーマは自ら（と上司と職場）の力量で解明でき、政策化できるものとすることである。

　このスクリーニングにあたっては、受講生は、政策案の粗いイメージや「仮設」を立て、調査や研究のイメージを練り上げ、「研究計画」の概要を持つことを「強制」される。これらのイメージや仮説、そして概要がなければスクリーニングがそもそもできないことになる。こうして受講生は「実践的に解決する具体の問題」の政策イメージを固めていくことになる。スクリーニングは、政策立案演習の可能な限り早い時期に行うべきである。

　先の例で、「解決すべき問題」を「目標－成果」検証の業務手法とし、「実践的に解決する具体的な問題」すなわち政策テーマを問題の実態把握と分析とし、政策において「潰す」事実を、プレ調査で判明した事実を「原因－結果」のロジック・ツリーで整理できないという問題の仕組み（構造）と、プレ調査から問題解決の方策のイメージや仮説を立てることができないというも問題の発現（論理）と、「あたり」をつけた。しかし、この「あたり」を実証あるいは検証するためには、これまでの学内の実態調査と分析の事例収集と分析、アンケート調査などの本調査の設計と集約分析、政策の設計のための先進事例の調査と分析、ロジック・ツリー、仮説と調査設計、調査の統計解析などの政策としてまとめるための知識や手法の調査研究などの膨大な作業が必要となる。このため、これらの負荷（時間と労力など）と受講者、職場の力量を勘案し、上司やゼミ担当の専任研究員とも相談し、政策において「潰す」事実を、プレ調査で判明した事実を「原因－結果」のロジック・ツリーで整理できないという問題に絞ると判断する。そこで、改めて、「実践的に解決する具体的な問題」を「問題の実態把握と『原因－結果』のロジック・ツリーによる分析手法の開発」と置きなおし、職員の業務実態における「原因－結果」のロジック・ツリーにかかわる「問題－事実」の詳細なプレ調査を行い、より絞った具体な政策を検討することになる。

このように政策テーマのスクリーニングを強調するのは、政策立案演習の政策論文には政策として現場や現実の改善・改革を図る二つのジッコウセイ（実行性と実効性）を確保しなければならず、その確保のできる範囲で政策論文を仕上げようとしているためである。このスクリーニングは、業務における政策提起は、当然、問題や課題の論評、評論ではなく、また政策課題の並列でもなく、そこでは成果を具体に創り出し、積み上げていくものでなければならないことから、一層具体に行わなければならない重要な作業である。

　スクリーニングにより、プレ調査で判明した事実を「原因－結果」のロジック・ツリーで整理する手法の政策を提起することになるが、その次に必要とされる「原因－結果」のロジック・ツリーの整理を受けての問題解決の方策のイメージや仮設を立てる手法の政策提起は残された課題となる。この課題を政策論文の「残された課題」というような項目で明記しておくことが必要である。

　さらに、政策テーマは、「解決すべき問題」のなかから「実践的に解決する具体の問題」として絞り込まれ、それをさらにスクリーニングによって絞り込んだものである。そのため、政策は「実践的に解決する具体の問題」に関連する「問題群－問題」の他の課題や問題のすべてを政策的に解決するものではない。政策論文では、これらの残された課題について論文で敷衍しておくことも必要である。

　政策立案のスクリーニングは、これら以外にも、一般的には体制、予算（財政）などの制約条件がある。これらを無視すれば、政策はわかるがとても実行できないものとなる。政策の実行可能性の点から、制約条件には注意が必要である。これらの制約条件を固定的なものとしておくのか、それ自体さえ政策立案の中で可変なものとするのかは、政策目的による。

　政策立案演習の論文は、政策化あるいは政策のフレームまでを論文として要求している。実行計画にかかわるこれらの制約条件までを論文の中で解明、解決するものとしてはいない。

　なお、このような条件的なスクリーニング以外に、代替案の評価というスクリーニングもあるが、政策立案演習では代替案のスクリーニングは、

政策テーマのスクリーニングによって「代用」している。

### (5) 政策論文の検討のすすめ方

「実践的に解決する具体の問題」として政策テーマが決定すれば、調査、研究に入り、政策論文をまとめることになる。以下に、このまとめに際して留意すべき事項を簡潔に整理しておく。

#### ①問題の実証——問題の所在（本質）と仕組み（＝構造）と発現の仕方（＝論理）

これまでの作業によって、「実践的に解決する具体の問題」である政策テーマは、スクリーニングによって政策的解決の粗いイメージが持てるところまで絞り込まれてきた。しかし、ここからは、頭の中の論理の世界から具体の世界に入る。「実践的に解決する具体の問題」の問題としてのありかは、未だ具体的に実証されていない。問題のありかとは、問題の所在と構造と論理のことである。問題の所在とは、政策テーマである「実践的に解決する具体の問題」が問題群において本質の問題であることをいう。問題の構造と論理とは、問題の仕組みと発現の仕方である（「仕組み＝構造」と「発現の仕方＝論理」）。問題の実証とは、所在と構造と論理を具体に解明することである。すなわち、調査した事実と研究した事柄、それらの関係によって、問題の所在、構造、論理を語らせることである。

ここで先ず行わなければならないことは、調査、研究しようとしている問題が、その問題を問題としている本質の問題であることを、今一度、調査、研究によって具体的に実証することである。問題の絞り込みの手法の「その一」でいえば、「何が、なぜ、どのように」問題なのかを実証することであり、手法の「その二」でいえば、「あるべき姿」と現実のギャップがどのようにあるのかを、実証することである。

次に、問題を問題としているその仕組みと発現の仕方、そしてそれらを担っている事実を明らかにすることである。これは、アンケートやヒアリングなどの調査による。調査は試行錯誤的なものになる。「あたり」をつけて、あるいは「あたり」をつけるために、何度かのプレ調査を行い、その結果、最も有効な調査の設計と方法を判断し、第一次資料を作成する。そのデー

タを解析し、具体の事実で問題の仕組みと発現の仕方を説明できれば、問題の実証ができたことになり、あとは政策に仕上げるのみになる。すなわち、問題が「今、このようにしかじかある」(問題の所在と構造と論理)。次にそれを「このように変える」(構造や論理の変更。事実の「潰し」)。そのために「これとあれをこう仕組む」(新しい構造と論理を創る＝政策論理の具体性)。このように政策が「浮上」してくる。「このように変える」が最終の政策テーマとなり、「これとあれをこう仕組む」ことが政策の内容となる。こうして政策の具体性が確保されることになる。

　今までの例でいえば、問題の所在(本質)は職員業務の実態としてある問題の実態把握と分析ができないことである。問題の仕組み(構造)は、プレ調査を「原因－結果」のロジック・ツリーとして作成できないことである。問題の発現の仕方(論理)は、問題解決の方策のイメージや仮説の「あたり」をつけることになる「原因－結果」のプレ調査を行えないことである。

　この例では、典型的な教訓となる事例がないので、先ず、これまで行われている問題の業務実態と分析を収集し、そこで行われているプレ調査の実態と「原因－結果」のロジック・ツリーとして作成できない業務実態を明らかにする。次に、プレ調査の「あたり」なしに問題の実態把握と分析をすすめ、「潰す」べき事実の解明ないし政策が提起されている事例を、いくつかのパターンあるいはモデルとして提示し、実態分析が分析となっていない状況を具体に示す。このようにして、問題の構造と論理を具体に示す。

　その上で、これまでの典型的な実態分析を取り上げ、プレ調査で判明した「原因－結果」のロジック・ツリーを前提に問題解決の仮説を作り出し、調査法の知識や手法を活用してアンケート設計を行い、総計解析の手法も使用してその集計と分析を行い、仮説を検証あるいは実証し、問題を解決するモデルを作成する。

　このモデルの一連の問題の実態把握と分析における「原因－結果」のロジック・ツリーの流れから、プレ調査、調査設計、統計解析の典型的な手法を示し、その手法を身につけ活用するように仕組むことが政策を提起することである。この政策の具体性は、プレ調査の実態分析、これまで業務で行われていた問題の実態分析状況の分析、典型的な実態分析を取り上げ

た仮説モデル的な「理想的な実態分析」の提示などによって確保されている。政策のジッコウセイ（実行性と実効性）は、「潰す」べき事実の具体の分析によって担保されることになる。

政策は、実証された問題の具体を超えて具体であることができない。「実践的に解決する具体の問題」の「実証」が具体であればあるほど、政策論理の具体性と政策の実効性が高くなる。そして後述するように、政策論理の具体性と実効性の高さは、行政機関が政策論文の政策の実行を判断する際に極めて重要な判断材料となる。

政策論理の具体性と政策の実効性の高さは、一貫性をもった具体の論理で、実証された問題の仕組みと発現の仕方とそれを担っている事実を実践的に「潰せる」のかどうかによる。逆に言えば、一貫性を持った具体の論理とは、政策テーマのスクリーニングの段階で「実践的に解決する具体の問題」の政策的解決の粗いイメージとしてあったものを、問題の実証によって判明した問題の仕組みと発現の仕方を担っている事実で、具体に説明することができるかどうかである。この具体の論理の一貫性を見つけることが、問題の実証の作業が目指すものである。

### ②教育政策分野の「問題の実証」——「逆順」の手法

「実践的に解決する具体の問題」の実証が曖昧であると、すなわち、本質である問題とその仕組みと発現の仕方を担っている事実をつかみきれないと、「具体の問題」の所在（本質）と問題である構造、論理が「具体に解明」されず、「具体に（政策的に）解決する」焦点が定まらないことになる。すなわち、政策論理の具体性と政策の実効性が確保できないことになる。このような政策立案は、政策立案というより政策課題（「解決すべき問題」）の「大要」あるいは並列になり、それらの課題の「評論」となる。これでは政策立案演習がもとめる政策論文とはならない。

特にこの実証にかかわって注意を要することは、カリキュラムや履修システムの改革など教育分野の問題に政策テーマを、設定しようとすると、「実践的に解決する具体の問題」まで絞り込まずに「解決すべき問題」の段階で、その全体的な問題状況と「あるべき姿」と「教育の論理」から、頭の

中の論理の世界で「演繹」的に「政策」を捻り出すことができるということである。そうすると、「実践的に解決する具体の問題」が具体に解明されないままに「政策」が作り上げられることになる。しかし、「『解決すべき問題』→『実践的に解決する具体の問題』」の絞り込みは、頭の中の論理の世界ではなく、問題の実証という具体の世界である。そこで重要なことは、「実践的に解決する具体の問題」の問題の所在（本質）、仕組み（＝構造）、発現の仕方（＝論理）を具体で実証することである。この作業のない、「演繹」的に捻り出された教育分野の「実践的に解決する具体の問題」は、それが本質の問題であるのかどうか、さらには「潰す」べき構造や論理も、不明のままである。これは、「解決すべき問題」としての目的はあっても、「実践的に解決する具体の問題」の「潰す」べき構造や論理という目標がないということである。その結果、いろいろ取り組んだという総括はあっても、「それでどうなった」という前進や効果・成果が具体に特定できず、「今後、どうする」という具体の改善・改革が提起できないことになる。

　例えば、今日、大学の教育力強化が多く議論されている。これをめぐって、初年次教育プログラム、教養教育と（基礎）専門教育の体系、履修相談・指導、受講登録制限、授業方法、ティーチング・アシスタント、シラバス、成績評価、授業参観、授業評価、進級制など、カリキュラムやFDを含めて日本のこれまでの大学教育のすべての問題、課題が取り上げられ、さまざまに議論されている。そして、これらの問題、課題は、他大学の先進的取り組みや欧米の大学教育の実践、さらには学術的な研究などから、「演繹」的に「政策」を捻り出すことができる。

　上記の例示からシラバスを取り上げると、米国の大学の典型的な事例からそれらの項目を参考に自学のシラバス・モデルを政策として提起することができる。しかし、このような政策の提起は、そもそもシラバスが授業目的・内容・方法など科目の授業にかかわる「契約書」的な性格を有していることについての教員、学生の認識不足からはじまり、教育力強化の観点から、現行のシラバスが、毎時限の授業テーマの提示の曖昧さと参考論文・文献提示の不備、1単位45時間の学修という単位制に見合う予復習のアサインメントの不備、自学自習を促進することになっていない成績評価基準

の不備など個々のシラバスの内容にいたるまで、「何が、なぜ、どのように」問題であるのかという自学における現在のシラバスの問題点(問題の本質、仕組み、発現の仕方)が解明されていないことになる。このような中でのシラバス・モデルの提起は、「潰す」べき事実を「どのように、どこまで、潰す」のかが不明であり、その結果、モデルの実効性を測定できないことになる。また、米国の大学との受講登録、授業方法、授業規模など米国のシラバスを機能させている体制や条件の違いを無視して提起しても、日本におけるそれらの状況からモデルの実効性は疑問の多いものになる。こうして、シラバス・モデルは、モデルにおける記載項目という形態での政策課題の「大要」あるいは並列であり、モデルという形態での「評論」となる。

　このようなことから、教育政策分野において「逆順」の政策立案の手法を検討あるいは開発する必要がある。考えられる手法の一つは、手法の「その一」の変型であるが、教育成果・効果の定性性の「代替指標・基準」を探し出し、そこから問題のありかを「具体に解明」し、この解明した問題を「実践的に解決する具体の問題」として設定し、「潰す」事実を明らかにして政策を立案するという手法である。例えば、語学教育において、TOEICやTOEFLの「得点」を「代替指標・基準」として設定することである。

　考えられるもう一つの手法は、手法の「その二」の応用であるが、教育成果・効果の「あるべき姿」を創りあげ、その評価指標や基準を設定し、その指標や基準で現実を測定し、問題を実証し、それを「実践的に解決する具体の問題」として設定し、政策を立案するという手法である。例えば、教育の国際化の「あるべき姿」として留学の派遣、受入の状況や、英語による授業などを想定し、留学の派遣、受入や英語による授業など数値目標を設定することである。シラバスの例で言えば、この手法は、自学におけるシラバスの「実践的に解決する具体の問題」を「1単位45時間の学修という単位制に見合う予復習のアサインメントの不備」として、その実態を調査し、シラバスが予復習を提起できていない問題の本質、仕組み、発現の仕方を解明し、予復習の時間を増加させるシラバスの作成をシラバス・モデルとして提示するということになる。

　政策の命は実効性にある。そして実効性は、効果や成果を測定でき評価

できることによって確保される。教育分野は定性的な目的が多く、目標による成果・効果の測定、評価の検証の困難な分野である。しかし、教育の「目標－成果」検証とその手法の開発は、社会から最も求められている大学評価の重要な課題である。教育分野の多くの問題は、教育の「目標－成果」検証などのように、その課題性は以前から認識されていた「手のつけられなかった問題」「積年の課題」である。大胆に問題提起的に取り組める政策立案演習においてこそ、教育分野において、その問題のありかを実証する分析方法や、何らかの「代替指標・基準」や評価指標・基準など目標設定の方法を開発して、教育政策の政策目的を測定・評価できる目標に落とし込み、政策の実効性を確保するものとしなければならない。

　政策立案演習は、教育効果を「測定」できる教育政策の立案にむけて、毎年、教育分野を政策テーマとする政策立案演習の政策論文に挑戦し、その経験を蓄積しなければならない。「2－(4)『解決すべき問題』の特定による今日的な『論』の整理」で述べたように、実効性を測定できる教育政策は、まさに今日的な「論」である「解決すべき問題」であり、私立大学の教育力強化の視点からも、学園の教職協働を一段高いレベルに引き上げる視点からも、喫緊の重要な課題である（「おわりに」を参照）。

### ③アンケートやヒアリングなどの調査――目的的かつ論理的な設計

　問題の実証や政策的解決の粗いイメージ（「仮説化」）の検証にかかわって、アンケートやヒアリングなどの調査を実施しなければならない。2・3期生には論文作成のために自ら調査した一次資料の使用を義務づけた。

　政策立案演習の政策論文の調査は、何が問題であるのか、あるいはどのような問題があるのかなど、問題を発見しようとする類のものではない。調査は、プレ調査などでつけた「あたり」を改めて問題のありか（所在、構造、論理）としてどのように実証するのか、一貫性のある具体の論理で政策の荒いイメージ（「仮説」）をどのように（説明し）検証できるのかを明らかにするものである。それは、実証あるいは検証という明確な目的と論理をもって行われるものであり、その分析は、政策論理の具体性と政策の実効性を担保するものである。そのために、調査の設計は、何を、誰に、どのように、

どこまで、訊ねるのかなどを、調査のプレ・テストの結果を十分に踏まえて、集約の「テマ・ヒマ・カネ」をも考慮して行わなければならない。また、クロス集計をするなら、当然、そのことをも事前に考慮にいれて設計しなければならない。また、調査結果の正当性の確保のため、実証すべき内容の反証についても考慮する必要がある。膨大な調査やあれもこれも訊ねる調査は、その目的や論理が曖昧になり、果ては資料の膨大さや複雑さに圧倒され、単純集計の羅列に終わる危険性が高い。また、統計解析手法を使用する場合は、より専門的な設計と調査目的と解析手法の適合性の事前の専門的な検討が必要になる。

調査の結果、新しい問題や予想外の問題が発見され、調査の目的と論理を考え直さなければならないこともある。その時には「解決すべき問題」の検討段階まで遡って、再度、作業をやり直すことになる。

特に、これからの職員は、どの部署に配属されても政策立案力量が必要である。そのためには、調査の設計と統計解析の基礎的な知識とスキルが必要となる。2期生から、これらの講義や実習を大学幹部職員養成プログラムに取り入れている。

### ④政策化と政策論文のフレーム

政策化とは、実証した、あるいは検証した問題の所在や政策の粗いイメージ（「仮説」）を5W3H（誰が、なぜ、何を、どこで、いつ（までに）、どのように、どこまで、いくらで）に準拠して、政策として組み立てることである。政策立案演習では、そのすべてでなく、2W2H（なぜ、何を（目的）、どのように（仕組み、仕掛けや方法など）、どこまで（目標））を具体にするように求めている。その他の3W1H（誰が、どこで、いつ（までに）、いくらで）は、計画の問題として特に求めてはいない。

なぜ Why（背景、意味や意義）
何を What（目的）　　　　　　　　政策のポイント
どのように How（仕組み、仕掛けや方法など）　（論理の具体性と実効性）
どこまで How many（目標）

誰が Who
いつ（までに）When
どこで Where
いくらで How much
｝実行（計画）のポイント
（合理性・効率性・経済性）

　政策化にとって重要なことが二つある。一つは、「どのように」問題を解決し、新しい現実（「あるべき姿」）を創り出だしていくのかという政策の論理を、具体に織り込むことである。すなわち、仕組み（＝構造）と発現の仕方（＝論理）とそれを担っている事実によって、政策の論理を物語らせることである。次は、政策がその目的を達したかどうか、「あるべき姿」が実現したかどうかを測定する基準あるいは指標としての目標を設定していることである。目標は、仕組み（＝構造）と発現の仕方（＝論理）とそれらを担っている事実をどのように「潰す」のかということである。これは、政策の完成度の検証指標としても、実効性の基準としても、可能な限り具体なものとする必要がある。

　政策化にあたっては、さらに次の三つのことに留意しなければならない。

1) 政策化にあたって、他大学、外国の大学の先進あるいは先行の事例を調査、研究しなければならない。政策テーマによっては、企業などにおける同類あるいは関連する取り組みの調査、研究も必要になることがある。これは、絞り込みの手法の「その二」で「全国最高あるいは一流レベル」や「特色・強み・個性」という競争ポジショニングによるものとして示した作業であるが、それだけでなく、先進あるいは先行の事例から批判的に学び、政策の完成度や実効性を高めるということからも、政策立案にとって必須の作業である。

2) 検討している政策と、関係・関連する現行の政策や現在検討されている学園課題との政策的方向性との関係である。政策立案演習の論文は、政策的な整合性あるいは統一性を図らなければならない。ここで重要なことは、これらの整合性あるいは統一性をさらに一歩進めることである。それは、検討している政策を他の政策や学園課題と相乗関係を生む関係に位置づけ、政策の広がりやその実効性をより確かなものと

することである。検討している政策が、他の政策や学園課題の「前段」として、それらを一層効果的なものにしたり、あるいは「後段」として他の政策や学園課題を受け、それらの目的を一層高いレベルに引き上げたり豊富化するものであれば、それぞれの政策の相乗効果が生まれ、問題はより広く深く解決されることになる。このような政策間の「目的－手段」の連鎖は、資源に制約のある私立大学にとっては特に重要なことである。この連鎖は職員の全学視点によってつくられるものであることに留意が必要である。

　なお、政策論文が、抜本的な改革や「イノベーション」的なものである場合は、これらのことを留意する必要はない。逆に、関係・関連する現行の政策や現在検討されている学園課題の政策的方向性の「変更」を、「残された課題」「関連する課題」として論文で指摘する必要がある。

3) 政策のフレームで除いた3WIHを含む政策の実行にかかわることである。政策の実行には、それに必要な「ヒト・モノ・カネ」の編成、新たな資源の組織化や確保、情報流通・事務の流れの組み立てが必要である（計画化）。さらに政策がこれまでの枠組みや考え方を超える抜本的な提起であるなら、そのための意識改革や新しい組織文化の醸成も必要となる。政策とは、それが現実を変えることであるならば、本来、このような広がりや総合性を持つものである。政策立案演習の論文では、受講生の時間的な制約や政策立案の演習であるという性格から、ここまでの検討は要求していない。これらの具体的で詳細な検討は、必要ならば行政機関における検討として行うことになる。しかし、少なくとも政策論文では、「関連する検討課題」などの節を起こし、その中で、あるいは「おわりに」の中で、これらの問題や課題の中で特に重要な事項がある場合には、それを整理し提起しておく必要がある。これは、政策検討過程における射程の広さにかかわる問題である。

## 3. 政策論文の構成と政策の実行可能性

### (1) 政策論文の構成
政策論文の構成はほぼ以下のようになる。

    研究の背景－「解決すべき問題」の意味や位置づけと、その背景、今日的な「論」への問題提起など
    研究目的－政策テーマ（「実践的に解決する具体の問題」）とその意義や意味
    研究方法
    研究内容－問題の実証と仮説の検証
    研究のまとめ－政策提起、政策論理の具体性と政策の実効性など
    残された課題－関連する検討課題など

政策論文は、紀要『大学行政研究』に掲載するものとし、本文2万字程度とし、注、図表、参考文献を含めて15頁（A4版、40行×40字）以内としている。

特に重要な政策の実効性は、「実践的に解決する具体の問題」の実証を受けて帰納的に展開する論理の具体性の度合いにかかわっている。論理の具体性に格別の注意が必要である。政策論文は「何を、どうする」に焦点をあてて簡明に書かなければならない。また「立命館用語」など学内の独特の言い回しは、学外の読者が読んでも解るように言い換えが必要である。

### (2) 政策論文の完成度と政策の実行可能性
政策立案演習において政策論文として完成度の高いこと（政策の実効性の高いこと）と、その政策の行政上の政策実行の「価値判断」は別のものである。

「1－(1) 大学幹部職員養成プログラムの構成」において、政策テーマは、それぞれの職場や学園にかかわる「さまざまな理由でなかなか手がつけられなかった問題」や「歴史的な慣行や制約をこえて抜本的にその解決を図ってみたいという積年の課題」、あるいは「学園の基本政策や重点課題を部課の課題として受け止めた課題」などであるとしている。この政策テーマ

の性格から、現在の業務の延長線上や現行の枠組みの中で政策的に解決できる課題は、職場の業務として検討するものであり、政策立案演習の政策テーマとして扱わないものとしている。このことは、換言すれば、政策立案演習の政策論文は、大なり小なり現在の業務の延長線上や枠組みを超えて、学園の「イノベーション」的な政策を立案していることになる。ここに、政策立案演習での政策論文として完成度の高いことと、その政策の行政機関としての「価値判断」が、別のものとなる可能性がでてくる。これは、行政機関では現行の条件・体制や予算などの枠組みと無関係に政策の実行を判断することは難しいからである。

　他方、政策立案演習は、前述の通り、「幹部職員」として必要な政策立案能力を養成し高めることを直接の狙いとしながらも、職場に調査・研究型業務スタイルあるいは政策立案型業務スタイルの導入と定着をはかることも狙いとしている。これらの狙いを確かなものとするためには、政策立案演習の政策論文を単に「イノベーション」的な問題提起のみに終わらせずに、行政機関の政策としても実行され、その成果によって学園に貢献できるものとすることが、必要かつ重要である。

　政策論文が行政機関によって実行されるかどうかは、行政機関としての独自の判断基準があるとしても、まさに大学幹部職員養成プログラムの成果の実践性が実践的に問われていることになる。同時に、実践に裏づけられた「実学」として「大学行政学」の確立を目指している大学行政研究・研修センターの「実学」性も問われていることになる。

　問われていることは具体的に三つある。

　第一に、演習論文の政策が、その実行の形は多々あるとしても、実際に学園の教育研究、管理運営の前進や発展に役立つかどうかである。これは、政策論文の実践性と受講生の政策立案力量を問うている。本書に収録している受講生の政策論文は、大学幹部職員養成プログラムの実績の一端である。これらの論文の二つの「ジッコウセイ」(実行性と実効性) がどの程度のものであるのかどうかは、読者のご判断にお任せすることになる。

　この問いで確認しなければならない重要なことは、現在の職員には政策論文のような政策立案力量が求められ、完成度は別にして、現在の職員は

実際に政策を立案しなければならないということである。そして、それらの政策や政策論文の政策が実際に学園で実行されることである。現在の実績の対象となるのは、学内の行政機関の検討期間の確保から、一期生の論文である。一期生の論文19本のうち、特に教育分野の論文11本のうち3本が、行政機関においてその実行が検討され、「ほぼ実行」される予定であり、数本の論文は、その問題提起や視点が教育研究機関において受け止められ、検討されている。学生・管理運営系等の論文8本のうち5本はその問題提起や視点が関係機関で別の形で政策化されたり、検討されたりしている。二期生の論文のうち、1本は学部独自の判断で実行されているものがある。ここにこれからの職員の可能性と役割があり、「職員像」の方向があり、そして、学生の「学びと成長」と大学の発展の可能性がある。このようにみるのは、楽観すぎる見方であろうか。この見方こそが、実は政策論文の実践性と受講生の政策立案力量という問いの中にはある"本質的な問い"である。大学行政研究・研修センターは、この問いに答えるものとして設立され、今、大学幹部職員養成プログラムを通じて答えようとしている。

　第二に、政策立案演習の有効性である。「座学」でなく「実学」であるとした「実学」性が、政策論文の行政機関による実行の問題として、象徴的に問われている。

　第三に、大学行政研究・研修センターは政策立案演習の政策論文を政策アーカイブスとし、それを研究材料として「大学行政学」や「大学職員（・業務）論」を創り上げようと考えているが、実践に裏づけられた「実学」としての「大学行政学」研究の一つの有力な研究材料足りうるのかどうかということである。「実学」としての「大学行政学」の成立が問われている。

　政策論文の「実行」の実績によって、これらの問いに答えるためには、政策論文の完成度を次の二点で高めなければならない。その第一は、政策論理の具体性と実証性である。第二は、政策の実効性である。この二点は、「実践的に解決する具体の問題」の実証の問題であり、政策の実行により新しい現実（「あるべき姿」）が生まれるという成果の見通しの蓋然性の問題である。この二点における高い完成度は、行政における政策の実行の蓋然性を高めることになる。アンケートやヒアリングの目的的かつ論理的な設

計が極めて重要な作業となる。さらにいえば、「目標－成果」検証の業務サイクルとして、政策論文の政策が仕事として組み立てられるかどうかという問題でもある。そのためにも、日常的な仕事において、「具体の問題を、具体に解明し、具体に（政策的に）解決する」ことと「目標－成果」検証の業務サイクルを業務スタイルとしなければならない。この意味で、政策立案演習は今日的な「職員像」の重要な力量を育成しようとしている。

### (3) 調査報告書

　政策立案演習は、「具体の問題を、具体に解明し、具体に（政策的に）解決する」政策論文が中心である。他方、これまでに学園の課題としては認識されていたが、その実態を客観的に調査し、その実態と問題点を明らかにし、検討課題や政策課題を提起あるいは整理する調査報告書も政策立案演習の論文である。この場合は、調査対象の問題の実証や特定が研究テーマとなる。

　調査報告書は、問題があることはおおよそ共通理解であるが、それが具体的にどのような実態で、どのような問題が存在しているのか、問題の構造、論理はどのようなものであるのか、問題を解決する糸口はどのあたりにあるのかなど、実態と問題とその政策的な課題を解明するものである。ここでは、アンケートやヒアリングなどの調査とその分析が主な手法となる。調査報告書においても、調査の目的と論理、すなわち実態、問題の所在・構造・発現の論理、政策課題についての仮説が重要である。仮設とそれに基づく調査設計と解析が調査報告書の水準を規定する。

　調査報告書の目的は、調査によって予想されている（いた）実態、問題、政策課題を具体的に確認するとともに、調査によって予想外のあるいは新しい実態や問題と政策課題を発見することである。確認や発見は、「実践的に解決する具体の問題」の具体的な実証であり、問題を「具体に解明」することである。調査報告書は、その後において行われる「具体に（政策的に）解決する」ための政策の検討に、その方向と指針を示すことになる。この調査報告書を受けた政策は、実証された問題に基づく政策論理の具体性と政策の実効性の高い、すなわち政策としての完成度の高いものとなる。

また、調査報告書は、その調査範囲が広く調査内容が精緻であればあるほど、複数の政策、さらには総合的な政策体系の立案を可能とすることもある。これらの意味で政策論文と同等の重要性を有している。行政において、施策の検討に入る前に予算として調査費が付けられ実態等が調査されるのはこのことによる。調査報告書は、1期生の論文の中に、文武両道をテーマに体育会クラブの所属学生に全数調査を行い、実態と問題・課題をまとめた1本があるだけである。しかし、教育分野においては、教育改革の実効性を具体にあげるためには多くの調査課題があり、実態把握と分析に基づく「潰す」事実を解明する調査報告書の必要性は大きい。。

　調査報告書の構成は以下のようになる。

　　　調査の背景－現在の問題状況と今日的な「論」への問題提起
　　　調査の目的－「解決すべき問題」とその意義と意味
　　　調査の方法
　　　調査の分析－実態の特定と問題の構造と論理の分析
　　　調査のまとめ－政策の論理と課題の摘出
　　　残された課題－調査から判明する政策（と計画）の方向とイメージ

## おわりに

　2年の政策立案演習の経験から、「具体の問題を、具体に解明し、具体に（政策的に）解決する」ことを中心に、政策論理の具体性と政策の実効性の確保の視点から政策立案の「手法」をまとめてきた。しかし、「はじめに」で述べたように、政策立案の「手法」の説明は濃淡さまざまであり、また見落としていることも多々あると考えている。さらに、重要な意義を持つ教育分野の問題の実証と政策立案、政策イメージの仮説化とその検証、アンケートやヒアリングなどの調査の設計、さらに調査報告書の作成などでは、いくつかの問題を指摘したレベルにとどまっている。これは、受講生の多彩で真摯な取り組みを十分に汲み上げて整理しきれなかった私の力量によるものであり、受講生の取り組みの弱さではない。

　これらの政策立案にかかわる「手法」やノウハウなどの解明は、今日の

大学に要請されている教育力、研究力、学生力、さらに業務力の強化や地域・社会・国際貢献事業などの大学づくりに対して、職員が「アドミニストレータ」として、「プロとしての職員」として、教職協働を主体的に機能させ、政策を立案し、実行し、成果を創り出していくためには、避けて通れないものであり、今日の職員の力量として必要とされている。

　これに関連して、政策立案演習において注目すべきことは、職員が「学費の重み」や「学びと成長」の促進の観点から、教育分野の政策論文に取り組んでいることである。その成果は、『もうひとつの教養教育——職員による教育プログラムの開発』(東信堂 2007) として発刊されている。

　教育分野の政策検討や立案は、職員の新しい業務範疇の開発としても、今後の大学のあり方としても重要な意味を持っている。これまで教育分野の政策検討や立案は、「政務次官」である教員を中心に行われ、職員はその事務局と教育研究行政を担う「事務次官」であった。教育分野の政策論文は、いまだ端緒的であっても、新たな職員の業務範疇として教育分野の政策検討と立案へ、一歩踏み込もうとしている。これは、職員とその業務の新しい質を示すものである。

　職員が教育分野の政策提起を行える「力量」を有するなら、それは教職協働を新たな水準に引き上げるものとなる。それは、これまでの職員は管理運営系業務の「政務・事務次官」と教育研究分野の「事務次官」を担い、教員は教育研究分野の「政務次官」を担うという「分業・協業」のもとでの教職協働から、職員が教育研究系の実態分析とその政策的解決の力量をつけ、教員と共同・協同・協働して「政務次官」的にカリキュラム体系や教育プログラムを開発し、科目を設計するなど、名実ともに「共同・協同・協働」の教職協働へと発展させることである。いうなれば、職員が教育研究分野の「『政務次官』的事務次官」の役割を担うということである。このような教職協働は、教員の教育行政へのかかわり方をいい意味で合理化することになり、教員が一層、教育研究に専念できる条件・体制を作ることにもなる。これは新しい大学と教職協働のあり方の提起である。

　このような意味において、政策立案の「技法」をまとめた本章は、政策立案という「切り口」での「職員（力量）論」でもある。「実学」としての「大

学行政学」を開発する大学行政研究・研修センターは、これらの「技法」を含め、「大学行政」とそれを担う新しい職員像（「アドミニストレータ」や「プロとしての職員」）を具体的に解明しなければならない。この「手がかり」が本書に収録した受講生の政策論文である。

　なお、大学行政研究・研修センターの2年間の取組みについては、拙稿「立命館大学　大学行政研究・研修センターの2年間を振り返って――大学幹部職員養成プログラムを中心に」（大学行政研究・研修センター紀要『大学行政研究　第二号』2007年3月）に詳しい。大学幹部職員養成プログラムの取り組みにみられる（た）新しい職員・業務像についても整理している。関心のある方はこれも参考いただければ幸いである。

　大学幹部職員養成プログラムは、政策立案演習による政策論文、調査報告書を作成するだけでなく、政策テーマの絞り込みとその論文作成過程が、新しい職員・業務像の開発でもある。このようなものとしても、是非、受講生の論文をお読みいただければ編者として望外の幸いである。

政策立案演習
政策立案のプロセスの概念図

```
┌─────────────────────────────────────────────────┐
│ さまざまな理由でなかなか手がつけられなかった問題      │
│ 歴史的な慣行や制約をこえ抜本的にその解決を図ってみたいという積年の課題 │
│ 学園の基本政策や重点課題を部課の課題として受け止めた課題 │
└─────────────────────────────────────────────────┘
```

┌──────────────┐
│ 学費の「対価」性  │
│ （問題意識）    │
└──────────────┘

┌──────────────────────────────────┐
│ 社会的に高い評価の教育研究の内容と水準        │
│ 正課・課外・正課外の「学びの成長」と進路就職    │
│ 教育、学生生活、業務の学生サービスの内容と水準  │
│ （問題状況）                          │
└──────────────────────────────────┘

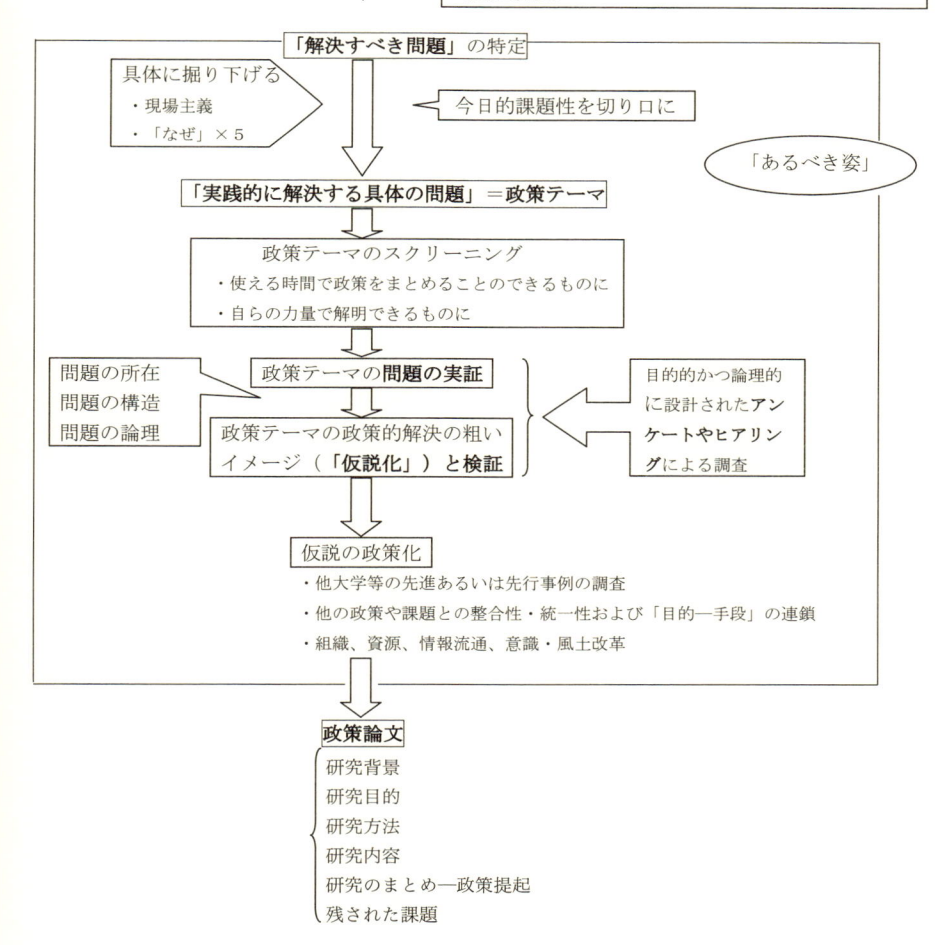

┌─────────────────────────────────────────────────┐
│           「解決すべき問題」の特定                   │
│                                                 │
│  ┌──────────────┐                                │
│  │ 具体に掘り下げる │    ┌─────────────────┐       │
│  │ ・現場主義     │    │ 今日的課題性を切り口に │       │
│  │ ・「なぜ」×5   │    └─────────────────┘       │
│  └──────────────┘                                │
│                                      「あるべき姿」  │
│                                                 │
│      「実践的に解決する具体の問題」＝政策テーマ          │
│                                                 │
│      ┌─────────────────────────────────┐         │
│      │ 政策テーマのスクリーニング              │         │
│      │ ・使える時間で政策をまとめることのできるものに │       │
│      │ ・自らの力量で解明できるものに           │         │
│      └─────────────────────────────────┘         │
│                                                 │
│ ┌──────────┐  ┌───────────────┐  ┌──────────────┐ │
│ │ 問題の所在 │  │ 政策テーマの問題の実証 │  │ 目的的かつ論理的 │ │
│ │ 問題の構造 │  │                │  │ に設計されたアン │ │
│ │ 問題の論理 │  │ 政策テーマの政策的解決の粗い │ │ ケートやヒアリン │ │
│ └──────────┘  │ イメージ（「仮説化」）と検証 │ │ グによる調査    │ │
│                └───────────────┘  └──────────────┘ │
│                                                 │
│              ┌──────────┐                        │
│              │ 仮説の政策化 │                       │
│              └──────────┘                        │
│  ・他大学等の先進あるいは先行事例の調査                 │
│  ・他の政策や課題との整合性・統一性および「目的―手段」の連鎖 │
│  ・組織、資源、情報流通、意識・風土改革                  │
└─────────────────────────────────────────────────┘

┌──────────────────┐
│ 政策論文           │
│ ├研究背景          │
│ ├研究目的          │
│ ├研究方法          │
│ ├研究内容          │
│ ├研究のまとめ―政策提起 │
│ └残された課題        │
└──────────────────┘

# 大学行政政策論集

# 1 教育力強化の取組みを前進させるための新たな仕組みづくり
── 教育成果の評価・検証指標の開発に向けて

新野　豊

## Ⅰ. 研究の背景

### 1. 教育評価時代の到来

　1980年代以降、英国などにおいて導入されたニューパブリックマネジメントは、その後多くの国のあらゆる公的部門に対して顧客の視点から成果をあげることを徹底して要求するようになった。また、1990年代末から頻発したエンロン事件などの不正会計事件を契機に、企業での内部統制や情報の公開などに関わった法整備が米国や日本で行われ、あらゆる組織においてCSR（企業の社会的責任）やこれに含まれるコンプライアンスといった概念が重要視されるようになっている。

　教育の分野においても、ユネスコやOECDによって近年、高等教育の質保証に関するガイドラインや、国際的な枠組みづくりなどが提唱されるようになった。日本も例外ではなく、1991年の大学設置基準の改正によって「自己点検・評価」が努力義務となった後、外部評価や第三者評価などが次々に導入され、2002年の学校教育法の改正では、すべての大学に認証機関評価が義務づけられた。

　また、中央教育審議会答申「我が国の高等教育の将来像」には、各大学がその個性や特色を一層明確にするとともに、学習者の保護や国際的通用性の保持のために高等教育の質保証が重要であることが謳われている[1]。

### 2. 求められるPDCAマネジメントサイクルにそった組織運営

　このような大学の個性化と高等教育の質保証の要請によって、大学は建

学の精神や教学理念に基づいて個性ある教育プログラムを設計し、その評価・検証をしながら教育活動を改善するために、Plan（計画）、Do（実践）、Check（評価）、Action（改善）マネジメントサイクルにそった組織運営を行うことが求められるようになった。

## 3. 立命館大学における自己評価・検証の取組み

　立命館大学では1992年から立命館大学自己評価委員会が設けられ、2004年には大学基準協会による認証機関評価を受審した後、2005年度より大学評価室が設置された。また、立命館大学における特徴ある評価・検証の取組みとして、1948年から実施されている全学協議会があげられる。とくに、1979年度以降、4年に一度、全学の構成員によって実施される全学協議会では、教学を含む学園運営のあり方について活発な総括と議論がなされて、その後の4年間のビジョンが形成される。

　しかし、これまでの全学協議会での議論は、キャンパス移転、新大学・新学部等設置といった大規模な大学改革や教学改革に関する大きな課題についての議論が主であった。そのため、社会的要請に対応した具体的目標の設定や、評価・検証指標の設定のもとで教学内容を改善していく取組みに弱さがあった。

　2003年度の全学協議会では、大学が目指す学生像が「自分が決めた領域でより高い峰を目標に挑戦するとともに、常に『かけがえのない自分』であることに誇りを持ち、オリジナリティあふれる創造性とリーダーシップを発揮しながら自らプロデュースできる人材を目指すこと」とされ、その実現に向けて高い教養的基礎と基礎専門力量を身につけることができる「確かな学力」形成を重視した学びの構造をつくり上げ、その形成の上に立って「豊かな個性」を涵養することが確認された[2]。教学部では、これらのやや抽象的な課題を具体的な評価・検証指標にもとづいたPDCAマネジメントサイクルにのっとって達成するために、教育力強化の取組みを2005年度から実施した。ここでいう教育力とは、全学協議会で確認された「確かな学力」を形成し「豊かな個性」を涵養する組織的力量である。教育力強化の取組みは後述のとおり、先進的かつ大きな成果をあげたが、「教育は

数値で評価できるものばかりではない。企業の論理で進めると失われるものも大きい」ことが指摘され、「評価の作業に追われて改善する余裕がなくなる恐れがある」などの課題も提起された[3・4]。

## II．研究の目的

　本研究の目的は、このような課題に対応し、立命館大学における教学改善をより発展させていく一環として「教育力強化の取組みを前進させるための新たな仕組み」を策定することである。教育力強化に向けた評価・検証システムは、教育現場にその質を絶えず改善していくためのマネジメントサイクルを導入するために必要なものである。本研究においては、教育をめぐる質保証・改善に関わる社会的な動向や立命館大学内での教育力強化の取組みの成果と課題を踏まえながら考察を進める。

## III．研究の方法

本稿では次のような観点で研究をすすめる。
1. 教育評価やそこで用いられる評価検証指標、マネジメントサイクルについての多くの先行研究・事例をもとに、教育評価やマネジメントサイクルに関わる現状を明らかにする。
2. 設定された評価・検証指標の分析やインタビューによって、教育力強化の取組みの課題を明らかにする。
3. 国内外の先行事例・研究をもとに、同様の取組みの到達点と課題を知り、教育力強化の取組みの新たな展開について政策提案する。

## IV．教育評価、指標とは何か

### 1．教育評価とその活用方法
**(1) 教育評価の現状と定義**
　これまで多くの大学で教育評価が行われてきたが、その内容や定義につ

いて検証した先行研究も多い。江原によれば、アメリカにおける大学評価について、「画一的な基準で評価するのではなく、大学の個性や特色を育成する方向で評価するという姿勢」が基本となって行われており、①主観評価、②量的指標、③評価尺度、④記述的個別分析などによって、多様な評価が行われているとしている[5]。

また、高等教育における教育評価には「『教育活動と直接あるいは間接的に関連した各種の実態把握のすべて』が含まれており、たとえば、大学や学部が実施する入学試験や、教員が実施する期末試験、あるいは学生による授業評価も教育評価活動の一部である」とされている[6]。

### (2) 評価の活用方法

このように、高等教育における教育評価の現状が多様である一方、1980年代以降、米英などではこれらの評価を予算配分に反映する事例が出てきた。アメリカでは、1990年代に公立高等教育機関や州政府に対する説明責任の要求が増したことで、パフォーマンス・レポーティング（実績の報告）、パフォーマンス・バジェッティング（実績による予算形成）、パフォーマンス・ファンディング（実績による資金配分）の３つのパフォーマンスイニシアティブが生まれ、今日に至っている[7]。

わが国における認証機関評価は、その結果が公開されることからパフォーマンス・レポーティングであり、21世紀COEプログラムや特色ある大学教育支援プログラムをはじめとする各種GPや本学における教育力強化予算（教育力を強くするための特別の予算枠）は、パフォーマンス・バジェッティングである。

パフォーマンス・バジェッティングやファンディングは、全体の予算額が小さくなるとその効力を発揮しなくなることが指摘されており、パフォーマンス・レポーティングが持つ公開と説明責任による質の向上という効力に、常に注目しておく必要がある。

## 2. 成果を測る指標とは何か
### (1) 先行研究に見る指標活用の類型

大学教育における教育成果の評価・検証指標については、山崎等による研究においていくつかの定義や分類が紹介されている[8]。

教育成果指標（パフォーマンスインジケータ）とは、「公的な営みの中の状態又は結果についての具体的情報であり、しばしば代理となるものさしを使って、間接的な概念を提供するのに使われる」（イェール・ジョーンズ）、「一つのシステムの定性的ないし定量的なパフォーマンスを測定するものさし」（クエイン）と定義されており、その指標は概ね下記のように分類されている。しかし、これらの分類については特にどの指標をどの類型に分類するかで解釈がわかれるところである。ここではバークと串本の類型を例示する[9]。

表1-1　バークらによるインジケータとモデルの類型

| | |
|---|---|
| インプット | 短大から大学への編入、新入生の学力状況 |
| プロセス | 教員授業負担、授業選択の自由度、職業訓練、初等中等教育との連携 |
| アウトプット | 残留率・卒業率、短大から大学への編入、卒業必要単位・年数 |
| アウトカム | 就職状況、資格試験成績、教職員の多様性、満足度調査、学力テスト得点 |

表1-2　串本による指標取得方法の類型

| | |
|---|---|
| 一括収集で客観的情報 | 進路情報や進学先、国家資格、受賞、学会発表、卒業研究など |
| 一括収集で主観的情報 | 学生アンケートや教員アンケート、卒業生アンケート、就職先企業アンケートなど |
| 分割収集で客観的情報 | 学生の成績など |
| 分割収集で主観的情報 | 学生による授業評価、教員による授業評価など |

企業等では結果（成果）指標だけではなく、結果を想定するために事前に取得する中間指標に加えて、どのように行動するかという指針を示す行動指標などを用いて評価・検証を行っていることが紹介されている。米国で注目されているマネジメントシステムであるバランス・スコアカードで活用される業績評価指標も、アウトプット指標、インプット指標、アウトカムズ指標の3種類であり、長期的な成果を中間段階で予想することができ、早い段階でプログラムや計画の修正を行うことができる中間指標と、長期的に見て成果があったかを測る結果指標をバランスよく組み合わせることも主張されている[10]。

## (2) 米国における適格認定評価基準の変化に見る指標活用の動向

このように成果を測る指標には様々なものがあるが、それらのうちどのような類型が重視される傾向があるかを、米国の評価機関による適格認定評価基準の変化から検討する。

Association to Advance Collegiate Schools of Business（以下、AACSB）は、1991年から実施してきたカリキュラム中の細かい科目指定などで構成されていた評価基準を、2003年に変更して、「コミュニケーション能力」「倫理的理解力と論証能力」などの学習保証項目について、それらの能力を得るための学習目標の設定とその達成度の測定を重視するようになった。指標活用基準では、課題の成果や試験の結果等を直接指標、学生へのアンケートなどを間接指標として分類したうえで、間接指標を単独で活用することはできないこととなっている[11]。

また、2005年に米国リベラル教育協会（AALE）の適格認定を受けた国際基督教大学では、その自己点検報告書の作成にあたって、

① ICU学生学習意識調査（Student Engagement Survey）
② 4年生卒業時調査
③ 教員向けライティング調査（Writing in the ICU Curriculum Survey）
④ 教員向けICUにおけるリベラル学習に関する調査

などの各種アンケート調査を実施して、学生たちの学習成果（ラーニング・アウトカムズ）を明らかにしたが、各種の主観的調査のみでそれらを評価することには限界性があることも指摘されている[12]。

このように適格認定評価基準では、どのような成果が上がったかというアウトカムズ指標が重要視されるようになってきている。米国では、様々なアウトカムズ検証テストが開発されているが、日本においても、TOEFL®、TOEIC®、日本語文章能力検定試験、経済学検定試験（ERE）、法学検定試験など、各分野の基礎的能力を測る試験が実施されており、これらの試験を複数回実施することによって学生の能力の伸長を測ることもできる。

ただし、アウトカムズにはこういった試験などによって可視化できる能力に加えて、価値観、自尊感情や批判的思考力など主観的な指標によって

判明する成果があることも指摘されている。

　大学は、ある特殊な能力のみを養成するのではなく、教学理念にそって価値観や態度などをはぐくむ場である。よってアウトカムズ指標の取得方法は、テストなどの客観的手法とアンケートなどの主観的手法の両方によって行われるべきである。

## V. 立命館大学における教育力強化の取組みの概要と課題分析

### 1. 教育力強化の取組みの概要と成果
#### (1) 教育力強化の取組みの概要

　教育力強化の取組みは、各学部の理念や育成を目指す学生像に基づいて、具体的な目的と目標（指標）を持った施策を立案（Plan）してそれを実行（Do）し、その成果を検証・報告（Check）しながら施策の内容を改善（Action）していく、PDCAマネジメントサイクルにのっとった取組みを目指したものである。

　実施にあたっては、各学部・教学機関から教育力強化の実施計画が記入された検証シートを、**表1-3**のような書式で集約した。こういった実施計画はこれまでは文書で作成されており、教育力強化の取組みでも当初は文書による提出を求めたが、集約された文書がやや抽象的であったことから、担当者が、記入項目が具体的かつ明確で記入内容を理解しやすい検証シートを開発し、内容を一部記入したうえで学部・教学機関に対して完成させるよう再度要請したのである。

　検証シートの作成に当たっては、①学力の保証（高い学力、ミニマム学力、国際化に適応する学力、情報化に適応する学力、その他の学力）、②進路・就職の保証、③アドミッションポリシーに沿った新入生の受け入れ、④研究者および高度専門職業人の養成、⑤学部が想定する学生像の育成の5つの分野に分け、分野ごとに主要な対象を決定したうえで、具体的な目標、方法、評価・検証指標を設定して、何年まで（2007年を限度）に達成する予定か、そのために必要な予算とその根拠を明示することを求めた。

表1-3　検証シート

| 学部が育成する学生像 | | | | | | | | 数値目標・達成年次 | | | | フィードバックの手立て | 備考 | 2005年度予算 | | 他の取組みとの関連性 |
|---|---|---|---|---|---|---|---|---|---|---|---|---|---|---|---|---|
| | 目的 | | 主要な対象 | 目標 | 方法 | 検証指標 | 全学共通で進める項目 | 2005 | 2006 | 2007 | 2007以降 | | | 要求金額（単位：千円） | 積算根拠 | |
| 学力の保証 | 高い学力 | | | | | | | | | | | | | | | |
| | ミニマム学力 | | | | | | | | | | | | | | | |
| | 国際化に適応する学力 | | | | | | | | | | | | | | | |
| | 情報化に適応する学力 | | | | | | | | | | | | | | | |
| | その他 | | | | | | | | | | | | | | | |
| 進路・就職の保証 | 学部教学と関連した進路保証 | | | | | | | | | | | | | | | |
| | 大学院進学の保証 | | | | | | | | | | | | | | | |
| | トップ進路の保証 | | | | | | | | | | | | | | | |
| | 高い就職率の保証 | | | | | | | | | | | | | | | |
| アドミッションポリシーに沿った新入生の受け入れ | | | | | | | | | | | | | | | | |
| 研究者および高度専門職業人の養成 | 研究力の保証 | | | | | | | | | | | | | | | |
| | 進路・就職の保証 | | | | | | | | | | | | | | | |
| 学部が想定する学生像の育成 | | | | | | | | | | | | | | | | |

　これらの表の提出を受けたうえで、副総長と教学部長が教学部を代表して各学部・教学機関の執行部に対して2～3度にわたるヒアリングや意見交換を行い、最終的に**表1-4**の要件で総計4億円の教育力強化予算の査定を行った。

表1-4　予算査定における評価基準

| 区分 | A評価 | B評価 | C評価 |
|---|---|---|---|
| 学部重点（全学協議会等で確認された学部における重点項目） | 予算配分 | 学部長責任予算（一定の予算額の中で学部長の裁量の中で執行できる予算）で判断する | |
| 全学重点（全学協議会等で協議された全学としての重点項目） | | | |
| 全学枠（全学で取り組むべき項目） | 予算配分 | 予算配分しない | |
| 対象外（重点項目に当てはまらない・実施ルールに当てはまらない項目） | 予算配分しない | | |
| 予算請求されていない項目 | 評価しない | | |

## (2) 教育力強化の取組みの成果と課題

 教育力強化の取組みは、取組みの主体を学部や教学機関単位とし、具体的な評価・検証指標の設定を求めたことで、下記のように多くの成果をあげた[13]。

① これまで教育を定量的に評価・検証することに慣れていなかった学部や教学機関が、PDCAマネジメントサイクルに基づく自己評価・検証の取組みを経験したこと。
② 学部長をはじめとした執行部が、リーダーシップを発揮して政策を取りまとめたこと。
③ 学部の教育目標や学生像をふまえて、学士課程教育全体を見通した政策を取りまとめたこと。
④ 予算(4億円)と関連づけることで、各学部・教学機関が組織的に取り組んだこと。
⑤ 各学部・教学機関が設定した評価・検証指標を『学園通信RS』(学部版)にそれぞれ掲載し、学生に配布を行って共有を図ったこと。

 しかし、教育力強化の取組み自体が、これまでの立命館大学における教育政策議論の中では経験の乏しい新しい取組みであったことから、学部や教学機関が設定した評価・検証指標が目的や目標に適しているか、適切な数値を設定できたかなど、改めて検証が求められる課題もある。

図1-1 『学園通信RS』教育力強化特集号

## 2. 指標分析による教育力強化の取組みの分析
### (1) 調査方法

 本研究では、教育力強化の取組みの際に各学部・機関が活用した指標の実態を知るため、一部の学部・教学機関が設定した評価・検証指標と、他大学が適格認定の際に活用した指標とを抽出し、先行研究の成果を参考に

しながら類型化してその特徴を探ることとした。

　①対象：文社系A学部（衣笠キャンパス：伝統型学部）
　　　　　文社系B学部（衣笠キャンパス：学際型学部）
　　　　　文社系C学部（びわこ・くさつキャンパス：伝統型学部）
　　　　　理工系D学部（びわこ・くさつキャンパス：伝統型学部）
　　　　　国際基督教大学自己点検報告書（比較対象として）
　②指標の類型化の基準

　活用された指標を以下の5つの類型に従って分類した。なお、項目や目標はあるが、指標が設けられなかった項目はすべて指標なしに分類した。また、予算査定の際に多くの指標に対してA～対象外までの評価がなされたが、予算申請と関係がなかった指標については作業がなされなかった。今回は、活用された指標全体について傾向を分析することが目的であるため、評価が加えられなかった指標についても類型化の対象とし、評価を軸とした分析の際には作業せずと分類した。

---

指標の類型1：指標の取得方法
　イ）一括収集で客観的情報　　進路情報や進学先、国家資格、受賞、学会発表、卒業研究など
　ロ）一括収集で主観的情報　　学生用カリキュラムアンケートや教員アンケート、卒業生
　　　　　　　　　　　　　　　アンケート、就職先企業アンケートなど
　ハ）分割収集で客観的情報　　学生の成績など
　ニ）分割収集で主観的情報　　授業アンケートなど
　ホ）取得方法が不明の指標
指標の類型2：指標の取得期間
　イ）単年度指標　　　　　　　指標を1年以内に取得できるもの（プログラム参加者数、合
　　　　　　　　　　　　　　　格者数、1年以内に取得可能な進路情報など）
　ロ）複数年度指標　　　　　　指標の取得が2年以上必要であるもの（2年以上の取得期間
　　　　　　　　　　　　　　　を必要とする卒業率や就職率など）
　ハ）指標取得の目処が不明確な指標
指標の類型3：項目に対する指標の活用数
　イ）単数指標　　　　　　　　一つのプログラムに1件のみで活用された指標
　ロ）複数指標　　　　　　　　一つのプログラムに他の指標と組み合わされて活用された
　　　　　　　　　　　　　　　指標
指標の類型4：行動・結果
　イ）行動指標　　　　　　　　プログラムに対して取り組む行動形式を指標化したもの
　ロ）結果指標　　　　　　　　プログラムの結果（成果も含む）を指標化したもの

1 教育力強化の取組みを前進させるための新たな仕組みづくり　65

| 指標の類型5：インプット・プロセス、アウトプット、アウトカムズ |
| --- |
| イ）インプット・プロセス　プログラム参加者数、FDプログラム、新規プログラムの実<br>　　　指標　　　　　　　　施や授業アンケートにおける満足度など<br>ロ）アウトプット指標　　入学試験倍率、進学率、卒業率、入学者の学力偏差値など<br>ハ）アウトカムズ指標　　試験（TOEFL® TOEIC® ERE）、難関試験の結果や合格者<br>　　　　　　　　　　　　数、就職率、授業アンケートや各種アンケートにおける達<br>　　　　　　　　　　　　成実感度など |

## (2) 活用された指標

4学部において活用された142件の指標をリスト化すると、**表1-5**のとおりとなる。入試志願者数などに加え、語学などの試験結果や就職、採用実績数などの結果指標が多いことがわかる。

### 表1-5　活用された指標

| 【入学にかかわる指標】 | | 【学生の単位取得などにかかわる指標】 | | 【各種試験実施・結果や学習成果にかかわる指標】 | |
| --- | --- | --- | --- | --- | --- |
| 入学偏差値・競争率 | 4 | 単位取得率・卒業率 | 7 | 語学試験受験者数・スコア | 13 |
| 志願者数（分野の指定あり） | 9 | 授業・プログラム参加者数 | 6 | SPI試験受験者数・スコア | 2 |
| 志願者の入学後の情報 | 2 | | | 特殊試験受験・合格数（学外の試験） | 4 |
| | | 【卒業・進路にかかわる指標】 | | 到達度試験受験・合格者数（学内の試験） | 14 |
| 【留学生にかかわる指標】 | | 特殊就職試験合格数（教職、国家Ⅰ種、指定企業など） | 11 | 授業アンケートなどでの到達度検証 | 7 |
| 受入数・率 | 3 | | | 成果物の量・質 | 7 |
| 海外派遣学生数・率 | 2 | 国家資格試験合格率・数 | 3 | | |
| | | 進路就職率 | 9 | 【その他】 | |
| 【授業にかかわる指標】 | | 早期卒業などの特別プログラム利用者数 | 4 | 認証評価審査委員を10名輩出する | 1 |
| 特別なクラスの開設数（英語開講など） | 5 | 大学院への進学者数・率 | 11 | | |
| 授業アンケートなどの満足度 | 3 | 大学院早期履修制度の利用者数 | 2 | | |
| 補助学生スタッフの配置数・質 | | | | | |
| 発表経験のある学生数 | 1 | 課程博士取得者の人数 | 3 | | |
| 【教育の取り組みにかかわる指標】 | | | | | |
| 成績公開やオフィスアワーなどの取り組み数 | 4 | | | | |
| Eラーニング利用率 | 1 | | | | |
| インターンシップ派遣数 | 2 | | | | |

## (3) 学部間の指標設定方法の比較

**表1-6**のとおり4学部の指標設定の方法を比較検討すると、学部や教学機関によって、評価・検証指標の設定方法や選択基準が様々であることがわかる。下記に各学部の特徴を紹介する。

　①文社系A学部

表1-6 指標の類型分類と学部間比較

| | A学部 | B学部 | C学部 | D学部 | 総計 |
|---|---|---|---|---|---|
| A評価 | 36.2% | 32.4% | 37.2% | 11.1% | 29.0% |
| B評価 | 17.0% | 58.8% | 7.0% | 6.7% | 20.1% |
| C評価 | 2.1% | 2.9% | 2.3% | 17.8% | 6.5% |
| 対象外 | 2.1% | 0.0% | 4.7% | 0.0% | 1.8% |
| 作業せず | 42.6% | 5.9% | 48.8% | 64.4% | 42.6% |
| 総計（件） | 47 | 34 | 43 | 45 | 169 |
| 一括収集で客観的情報 | 85.1% | 55.9% | 74.4% | 51.1% | 67.5% |
| 分割収集で客観的情報 | 2.1% | 26.5% | 2.3% | 6.7% | 8.3% |
| 分割収集で主観的方法 | 12.8% | 14.7% | 2.3% | 2.2% | 7.7% |
| 取得方法不明 | 0.0% | 2.9% | 0.0% | 0.0% | 0.6% |
| 指標なし | 0.0% | 0.0% | 20.9% | 40.0% | 16.0% |
| 総計（件） | 47 | 34 | 43 | 45 | 169 |
| 単年度指標 | 46.8% | 82.4% | 44.2% | 22.2% | 46.7% |
| 複数年度指標 | 53.2% | 8.8% | 34.9% | 26.7% | 32.5% |
| 指標の獲得目安不明 | 0.0% | 8.8% | 0.0% | 11.1% | 4.7% |
| 指標なし | 0.0% | 0.0% | 20.9% | 40.0% | 16.0% |
| 総計（件） | 47 | 34 | 43 | 45 | 169 |
| 単数指標 | 59.6% | 38.2% | 65.1% | 60.0% | 56.8% |
| 複数指標 | 40.4% | 61.8% | 14.0% | 0.0% | 27.2% |
| 指標なし | 0.0% | 0.0% | 20.9% | 40.0% | 16.0% |
| 総計（件） | 47 | 34 | 43 | 45 | 169 |
| 行動指標 | 0.0% | 17.6% | 9.3% | 13.3% | 9.5% |
| 結果指標 | 100.0% | 82.4% | 69.8% | 46.7% | 74.6% |
| 指標なし | 0.0% | 0.0% | 20.9% | 40.0% | 16.0% |
| 総計（件） | 47 | 34 | 43 | 45 | 169 |
| インプット・プロセス指標 | 27.7% | 29.4% | 32.6% | 24.4% | 28.4% |
| アウトプット指標 | 27.7% | 8.8% | 11.6% | 20.0% | 17.8% |
| アウトカムズ指標 | 44.7% | 61.8% | 34.9% | 15.6% | 37.9% |
| 指標なし | 0.0% | 0.0% | 20.9% | 40.0% | 16.0% |
| 総計（件） | 47 | 34 | 43 | 45 | 169 |

　どのような力をつけたかを示すアウトカム指標を多く設定している。また、徹底して結果指標を活用しており、就職率などの一括収集で客観的情報を多用している。就職率や卒業率などの比率が高いため、複数年度指標が多くなっているのが特徴である。

②文社系Ｂ学部

　早期に結果が出る単年度指標を多く活用している。また、一項目に対して複数の指標を活用している場合が多い。

③文社系Ｃ学部

　進路などに関係する複数年度指標が目立つ。どのような力をつけさせるか、というアウトカムズ指標が多く設定されている。

④理系D学部

指標を設定していない項目が目立つ。また、設定された指標の中では行動指標が多くなっている。

## (4) 評価による指標設定方法の比較

次に、どのような指標がどのような評価を受けたのかを分析する。表1-7は、各指標類型と評価査定結果のクロス表である。

### ①複数指標が評価されている

単数指標と複数指標の活用状況を評価の観点から見てみると、総数では圧倒的に単数指標が評価される割合が多いことが言える。

しかし、複数指標を活用した場合ではC評価や対象外評価を受けていないことから、相対的に見ると複数指標が高い評価を受けていることがわかる。一つの項目に対する活用指標が1件のみの場合、結果目標はわかりやすいが実行計画がわかりづらい場合や、行動計画は明瞭だがそれがどのよ

表1-7 指標の類型分類と評価

|  | A評価 | B評価 | C評価 | 対象外 | 作業せず | 総計 |
|---|---|---|---|---|---|---|
| 一括収集で客観的情報 | 73.5% | 61.8% | 27.3% | 100.0% | 70.8% | 67.5% |
| 分割収集で客観的情報 | 10.2% | 17.6% | 0.0% | 0.0% | 4.2% | 8.3% |
| 分割収集で主観的方法 | 16.3% | 14.7% | 0.0% | 0.0% | 0.0% | 7.7% |
| 取得方法不明 | 0.0% | 0.0% | 9.1% | 0.0% | 0.0% | 0.6% |
| 指標なし | 0.0% | 5.9% | 63.6% | 0.0% | 25.0% | 16.0% |
| 単年度指標 | 67.3% | 67.6% | 9.1% | 66.7% | 27.8% | 46.7% |
| 複数年度指標 | 32.7% | 23.5% | 18.2% | 33.3% | 38.9% | 32.5% |
| 指標の獲得目処不明 | 0.0% | 2.9% | 9.1% | 0.0% | 8.3% | 4.7% |
| 指標なし | 0.0% | 5.9% | 63.6% | 0.0% | 25.0% | 16.0% |
| 単数指標 | 69.4% | 35.3% | 36.4% | 100.0% | 59.7% | 56.8% |
| 複数指標 | 30.6% | 58.8% | 0.0% | 0.0% | 15.3% | 27.2% |
| 指標なし | 0.0% | 5.9% | 63.6% | 0.0% | 25.0% | 16.0% |
| 行動指標 | 6.1% | 14.7% | 0.0% | 0.0% | 11.1% | 9.5% |
| 結果指標 | 93.9% | 79.4% | 36.4% | 100.0% | 63.9% | 74.6% |
| 指標なし | 0.0% | 5.9% | 63.6% | 0.0% | 25.0% | 16.0% |
| インプット・プロセス指標 | 42.9% | 20.6% | 18.2% | 66.7% | 22.2% | 28.4% |
| アウトプット指標 | 14.3% | 20.6% | 9.1% | 33.3% | 19.4% | 17.8% |
| アウトカムズ指標 | 42.9% | 52.9% | 9.1% | 0.0% | 33.3% | 37.9% |
| 指標なし | 0.0% | 5.9% | 63.6% | 0.0% | 25.0% | 16.0% |

うな結果に結びつくかがわかりづらい場合など、プログラムの目標、指標、方法をわかりやすく説明することができないことや、より真剣に検討された項目には、多角的な指標が設定されていることが原因と考えられる。

**②単年度指標が評価されている**

指標の取得期間が複数年度にわたる場合は単年度に比して評価が低くなっている。データの取得に時間がかかる場合は、プログラム実施後数年たたないと評価・検証ができないため、曖昧な表現になってしまう傾向があったものと考えられる。

**③予算要求されなかったものは評価されていない**

評価作業が行われなかった指標が25％を占めるのは、評価が予算請求されたものに対してのみしか行われていないことに起因している。学部・教学機関も多くの場合これらの指標を『学園通信』に掲載しなかった。

**④一括収集で主観的指標が活用されていない**

指標の取得方法において、一括収集で主観的情報の指標がまったく活用されていないことがわかる。これは、本学内で統一して実施する教育成果に関わるアンケートの実施が十分行われていないか、活用されていないことが原因であると考えられる。

なぜ、このように学部・教学機関による評価の視点や指標の活用方法の偏りが生まれたのか、以下のインタビュー調査をもとに検証する。

## 3. インタビュー調査による教育力強化の取組みの分析

### (1) 調査方法

　① インタビュー対象

　　　文社系A学部　　事務長

　　　文社系C学部　　学部長

　　　　＊役職名はすべて当時

　② インタビュー項目、結果

　表1-8の通り。

## 表1-8　各学部担当者インタビューまとめ

| | 文社系A学部 | 文社系C学部 |
|---|---|---|
| 学部の理念・目的、育成する人材像の形成と共有方法 | カリキュラム改革の検討の際に十分議論は尽くされてきた。浸透しているかどうかは別にして、人材養成目標などはしっかりしていた。特に、就職に関する部分は、かなり責任を持って検討した。 | C学を学んで、C学部で働いている教員（専任教員の9割程度）は皆、C学部の役割について共通認識があると考えている。その上で、社会的状況やバックグラウンドの変化に応じてアレンジをするのである。現状は、就職はどうでもよい、などという教員はいない。そのような視点から、人材像も考えている。 |
| 実際の教育プログラムの検討方法 | 上記のとおり、改革の際の議論で概ね決定しており、あとはそれを実行する段階だった。教育力強化の取組みは、予算確保の側面からかなり労力をさいて取り組んだ。 | どのように政策を実現していくかは、スタイルが分かれるところであるが、自分の場合は、1回生の導入的授業を担当してきたこともあり、自分の感覚を大切に提案を行っている。ゼミなどを持って卒業生を出すと、その学生がなぜよくてなぜだめか、は皆わかってくる。加えて、一回生の大講義を持つことによって、現状が見えてくる。 |
| 自己評価・検証の際に必要であった評価・検証指標 | 検証指標は、事務室担当者から集約して、執行会議で何往復もしながら、設定した。就職の指標などは、すでに示していた。執行部会議がリーダーシップを発揮して設定した形である。ただし、リテラシー科目における日本語文章能力検定2級○人合格などは、教学部からの例示もあったので採用したが、本当にそれだけで力がついたと言えるのか、については議論のあるところでもあった。いわゆる結果指標で、中間指標、という考えはなかった。結果がでるまでに時間がかかるものもある。 | 現状は、C学検定試験を、ひとつの指標として設定した。必ずしも、この能力だけでよいなどとは思っていないし、理論派、実践派によって、教員の見方も違う。しかし、最低限カバーしなくてはならない幹であるという共通認識は得られている。近代C学はディシプリンが標準化されており、取り組みやすい分野だ。しかし、それは基礎的な知識の共有までであって、その上での専門的分野について測ることは困難だし、教員に全て統一化して取り組んでもらってもいない。就職などの結果指標は出せても、能力指標の設定は難しいのではないか。感覚的な部分になる。将来大物になる可能性があるかどうか、というスケールづくりは難しい。 |
| 教員、職員、学生への手ごたえや、反応、関心などどのようになっているか。 | そもそも当該学部はこれらの決定プロセスにおいてあらかじめ議論を尽くしているため、教員などからはこれ自身では反応はそれほど大きくない。また、学生に対して、これらの指標を見せることが元気が出ることなのか、はなんとも言えない。 | 学生からの反応は薄い。大学での学び方、と言うところも含めて導入でインプットをしなくては、反応を得るのは難しいだろう。この表を見てわかるのは、一部の学生ではないだろうか。 |
| その他 | 2008年度以降のプログラムについて。予算とのかかわりで、このプログラムを実施するのであれば、正課科目の取り組みとして恒常的に実施していくものと、GPのように特に正課外学習やパイロット的に実施するものと、スタイルを分けてもらえないと、安定してプログラムを実施できない。予算にかかわるサイクルをまわすのは、一年単位などではなく、4年などの一定程度まとまった期間で実施したほうがいい。また、当初は改革の内容にしたがって、予算と関係のないものも表に入れていたが、なんとなく消えていってしまった。 | 使用された表には課題があると思う。表に入れて見やすくするという趣旨はわかるが、拾える情報が減るというデメリットがあることを考えなければならない。表を作った人の描いたストーリーを、記入している人が共有しているのか、学部毎の特徴を本当に捉えられるのかが課題だ。また、今の本学の学生を見たときに、学生の層は様々だ。ある程度ターゲットを整理する必要もあるだろう。たとえば、体育会の学生、AOの学生などというように分けて、その上で、ミニマムリクワイヤメントを立て、検証していくのが良いかもしれない。 |

## (2) インタビュー内容の分析結果

### ①学生像や教育目標の明確化や指標の選択方法は、学部による個性が大きい

文社系A学部においては、学部カリキュラム改革と教育力強化の取組みが同期化されて進んだため、指標の設定が容易であった。また、文社系C学部においては、学部長の課題認識やリーダーシップも影響したようである。指標の設定方法も含めて事前の理解がまちまちであることから、各学部・教学機関によって大きな差が生まれている。

### ②学生からの反応は特に大きいとは言いがたい

教育力強化の取組みについては、『学園通信RS』の教育力強化特集号が学生に配布されているが、特段の反応は両学部とも感じていない。インタビューを行った学部以外で自治会等との協議の際に課題とされている場合もあり、かならずしも全学部とは言えないが、一般的な学生に対しての成果は当初の想定よりは大きくないと考えられる。

### ③教育改善のマネジメントサイクルにはやや懐疑的

各学部担当者は予算配分の仕組みが一定整理されたことは評価しているようだが、マネジメントサイクルを用いた教育改善については、やや懐疑的な考えを持っていることがわかる。

## 4. 他大学の指標活用方法との比較

本学の教育力強化の取組みで活用された4学部の指標分類と、国際的基準で適格認定を受けた国際基督教大学の自己点検報告書の中で用いられた指標分類とを比較する。

表1-9

| | 一括収集客観的 | 一括収集主観的 | 分割収集客観的 | 分割収集主観的 | 取得方法不明 | 総計 |
|---|---|---|---|---|---|---|
| インプット・プロセス | 35% | 0% | 21% | 38% | 0% | 34% |
| | 69% | 44% | 0% | 0% | 0% | 47% |
| アウトプット | 23% | 0% | 14% | 15% | 0% | 21% |
| | 8% | 0% | 0% | 0% | 0% | 1% |
| アウトカムズ | 42% | 0% | 64% | 46% | 100% | 45% |
| | 23% | 56% | 0% | 0% | 0% | 52% |
| 総計(件) | 114 | 0 | 14 | 13 | 1 | 142 |
| | 13 | 93 | 0 | 0 | 0% | 106 |

上段　立命館大学
下段　国際基督教大学（自己点検報告書のうち、特に教育成果に関わるAALEの認定基準1〜4で用いられた指標）

適格認定のための報告書で活用される指標と、教育力強化の取組みのような計画段階で用いられる指標を単純に比較することはできない。国際基督教大学は分割収集の指標を主観的でも客観的でも一切使っていないが、これは国際基督教大学が適格認定のために大学の教育成果を総合して自己評価しているのに対し、立命館大学は各プログラムの評価を行うための指標を設定しているからである。さらに、国際基督教大学は純粋に教育成果の評価を行っているのに対し、立命館大学は政策展開上、入学志願者数や卒業者数なども指標として用いているため、アウトプット指標の設定が必要となるのである。しかし、立命館大学が一括収集で主観的指標を一切使っていないのに対して、国際基督教大学は多く活用していることは特徴として指摘することができる。

## 5. 分析から見えてくる教育力強化の取組みの課題

これまでの分析から見えてくる教育力強化の取組みの課題は、以下のとおりである。

### (1) 教育評価やマネジメントサイクルを活用した教育改善に対する理解

インタビューや指標の設定の方法からは、マネジメントサイクルや評価・検証を通じて、教育改善を行うという発想が十分理解されていたとは言いがたい。特に学部や教学機関のリーダーにこのような仕組みについて理解を促す仕掛けが必要である。

### (2) 理念や重点課題項目と設定された指標項目の関係

教育力強化の取組みにおいては、その特徴である予算査定との関係から、個別の予算を必要とする教育プログラムを中心に評価・検証指標の設定や評価が行われており、全体の教育理念・目標との関係が見えづらい。現在のような個別事業に関わる指標だけでは項目羅列型評価となる可能性があり、学部・教学機関全体に対してマネジメントサイクルが機能するためには、学部や教学機関の理念・目標や重点項目と各項目の関係が明確である必要がある。

### (3) データの可視化による事業改善の達成

　教育力強化の取組みにおいては、特に重要なステークホルダーである教員、学生や社会への情報の共有がなされることの効果はそれほど見受けられなかった。評価・検証指標と進捗状況の共有の行い方を検討する必要がある。

### (4) 一括収集で主観的情報による指標の活用

　指標分析からは、一括収集で主観的情報による指標が活用されていないことが明らかになった。比較対象とした国際基督教大学では、情意的側面から学生の成長や態度の変化を測定する指標が活用されている。本学においては、このような調査はキャリアセンターや学生部が部分的に取り組んでいるが、教育に関わる情意的な成長を測る指標としては活用できていない。

### (5) 指標活用のルールづくりと組み合わせ

　指標の選択基準は各学部によって大きく異なり、担当者の指標に関する考え方によって指標が設定されている。また、ほとんどの指標が単独で活用されており、結果指標や行動指標が組み合わされて活用されていない。こういった指標設定では、想定していた取組みと成果の因果関係がつかめないという問題がある。さらに、学部によっては学生が卒業するまで成果がわからない指標しか設定されない場合もあり、指標活用のルールづくりが必要である。

　次節において、これらの課題の解決策を先行事例から検討する。

## VI. 先行事例・研究の分析

### 1. マネジメントサイクルを活用した教育改善に対する理解促進の事例

　マネジメントサイクルを活用した教育改善やそのための評価・検証指標の設定は、その趣旨が理解されたうえで行われる必要がある。

安岡は、各組織内で点検・評価を行う人材が目標に対する指標の設定の手法や、それらを改善に役立てるという趣旨を理解して作業に取り組むことが教育改善にとって重要であることを指摘しており[14]、日本私立大学連盟でも大学評価担当者養成プログラムを開催して、組織内で評価を行う人材の養成に取り組んでいる。

## 2. 学部・教学機関の理念や重点課題と設定する指標の関係が明確な事例
### (1) 理念にそった教育プログラムの展開

教育理念や目的にそって教育プログラムを開発し、評価・検証指標を設定するという視点に立つと、山口大学の取組みを参考とすることができる。

山口大学では、学部、学科の理念・目的に基づき、育成する学生像をあらわすグラデュエーション・ポリシー(以下GP)とアドミッション・ポリシーを策定している。

山口大学の特徴点は、GPの策定が以下の4点に留意して作成されていることである。

①目的は具体的に、達成したことを検証できる形式で記述すること。
②抽象的な言葉を用いず、行動目標(behavioral objectives)で記述すること。
③「知識・理解の観点」「指向・判断の観点」「関心・意欲の観点」「態度の観点」「技能・表現の観点」の5つの観点別に行動目標を記述すること。
④多くの学生の現実の進路(就職先)や将来像を意識して記述すること。

さらに注目に値するのはGPに基づいたカリキュラムマップが作成されており、カリキュラムマップ中に位置づけられる各授業においてもGPに基づいた到達目標を設定して、シラバスに記載していることである。

これらの仕掛けによって、その成果が具体的に挙証できるGPの達成に向かって、個々の授業や教育プログラムが貢献することとなり、PDCAマネジメントサイクルが個別の授業やプログラムとカリキュラム全体との両方で機能することとなる[15]。

### (2) 教育活動の最低基準の設定

イギリスでは、高等教育水準審査機関(Quality Assurance Agency for Higher

Education; 以下 QAA) が、「高等教育の学術品質・水準保証のための実践コード」(以下、実践コード) を公表し、教育・研究に関する学術的な水準と質を維持・向上させるために個々の高等教育機関がその責任を遂行するにあたって必要となる指針を示すものと位置づけられている[16]。実践コードは、学生の評価、プログラムの検証、キャリア教育などの10の領域からなり、それらの領域ごとに細かい実施基準が設けられている。

沖によれば、ここで示されている10領域にわたる実践コードは、教育・研究すべての領域に関して言及しているわけではないが、それぞれの機関の規模、理念、学部構成などを超えて高等教育機関として共通して重要視されるべき理念や責任を明確に示している点で注目されうる。

実践コードは、わが国でいえば各認証評価機関が設定している評価項目であり、本学内で言えば、全学協議会や「中期計画」に関わる確認事項である。

教育力強化の取組みにおいては、これらの確認事項や重点項目が学部・機関に必ずしも充分に意識されたとはいえなかったことから、対象外評価を受けた項目が出てきたと考えられる。教育力強化の取組みは、立命館大学における実践コードを示し、各学部・教学機関に最低限求められる水準を提示したうえで行われなければ、単なる学部・機関による予算獲得のための取組みになってしまう危険性を回避することができない。

## 3. データの可視化による事業改善の事例

「見える化」は遠藤が提唱している考え方である。事業改善のPDCAマネジメントサイクルが機能するためには、問題に関わる組織情報がステークホルダーに「見える化」することが重要であるが、その際は、必ずしも成果だけではなく、様々なトラブルなどのネガティブ情報も可視化することで事業の質をあげることが重要である[17]。

本研究にあたって、先に紹介した国際基督教大学と大学行政管理学会による大学経営評価指標を導入した室蘭工業大学への訪問調査を行ったが、これらの大学では評価の取組みがFDや教員の主体的参画の推進に貢献することや、各学科間で情報を共有することによって自学科の状況を知るこ

とができる、といった効果が報告されている。

　また、指標をデータベース化することで、組織内に共有して活用できるようにする取組みも行われている。特に名古屋大学においては、2001年度末に「名古屋大学マネジメント情報Ver1.0」を開発し、中期目標・中期計画の策定、遂行、評価ならびに法人の運営を支援する経営情報システムとして運用を開始した。これらの経営情報システムは戦略策定や評価の実施の際に大きな役割が期待され、米国では他大学や組織間のベンチマーキング（組織間比較）に活用されているが、多くの情報を即時に収集して、いかにわかりやすく表現するかは今後の大きな課題である[18]。

## 4. 一括収集で主観的情報の指標を活用している事例

　すでに紹介したとおり、国際基督教大学では米国リベラル教育協会の適格認定を受けるにあたって一括収集で主観的情報の指標を活用しており、室蘭工業大学においても大学経営評価指標を導入した際に学生調査や卒業生調査を実施している。

　立教大学では、2005年度から3年生を対象に、カリキュラム・学習環境アンケートを実施している。

　このアンケートは、単に正課活動だけにとどまらず、課外活動や大学生活全体、施設に対しての評価も含めて設問を行うことで、学生が大学に対して持っている印象や評価を全体的に把握することができるものである。

　立命館大学においても、キャリアセンターや一部の学部が卒業時ならびに卒業生対象の調査を実施し、また、学友会が新入生に対するアンケート調査を実施しているが、教育力強化の取組みの際にはこれらの指標は活用されていなかった。

## 5. 指標を組み合わせて活用した事例

　カリフォルニア州立大学モントレイベイ校は、教育や社会的貢献などに対する大学としての指針として戦略計画（Strategic Plan）を策定する際、具体的なOutcomesとSuccess Indicatorsを設定している。ここでいうOutcomesは、いわゆる結果（成果）指標であり、Success Indicatorsは行動指標である。

**表1-10 カリフォルニア州立大学モントレイベイ校の戦略計画**

| 戦略テーマ2：学生の学習 | |
|---|---|
| Outcomes | Success Indicators |
| （結果指標／複数年度指標） | （行動指標／単年度指標） |
| 1.5 それぞれの授業の学習成果と専攻での学習成果、大学としての学習要件が一貫した関係を持っており、卒業生や社会から評価される知識や技能となること。 | それぞれ（すべて）の授業の学習成果が、コースの学習成果や大学としての学習基準とのかかわりとともにシラバスに記載されること。 |

結果指標と行動指標を組み合わせることで、このような成果（結果指標）を出すためにどのような政策を実施する（行動指標）ということを、表形式で明らかにすることができる（**表1-10**）。

## Ⅶ. 研究のまとめ

　高等教育や公的機関を取り巻く社会的情勢から見て、大学・教育機関が教育の取組みの内容を明らかにし、その成果を評価・検証して公開することは必須条件となったといってよい。

　そうした状況のなか、立命館大学において取り組まなくてはならない評価・検証は、各学部・教学機関の教育水準を保証したうえで個性や特色を育成し、教育の質を向上させるための評価・検証である。そのためには、社会から求められる評価・検証に受け身で取り組むのではなく、自組織ならではの評価・検証、改善の仕組みをつくり上げる必要がある。本研究からは、本学独自の評価・検証指標の設定やマネジメントサイクルの構築にあたって、以下のことが明らかとなった。

(1) 認証評価の動向から見て、最終的な成果としてのアウトカムズ指標を活用することが求められている。

(2) 単にアウトカムズ指標のみを活用するだけでなく、行動指標などを併用して複数で活用することで、複眼的な評価を行うとともに、教育改善に活かすことができる。

(3) アウトカムズ指標はテスト結果などで取得する客観的成果とアンケート等で取得する情意的成果の双方を活用する。

(4) アウトカムズ指標を効果的に設定するためには、教学理念・目標や

育成する人材像が明確になっていることが重要である。
(5) 設定した指標は構成員に「見える化」することでより改善に結びつける。
(6) (1)〜(5)を実現するために評価・検証の意義を学部・教学機関の評価担当者や執行部が理解する。

## Ⅷ. 教育力強化の取組みに関わる政策提起

本研究の成果として3つの政策提起を行う。

### 1. 教育力強化に関わる新たな検証シートの提起

本研究でテーマとした教育力強化の取組みは2007年度全学協議会において総括され、2008年度からは新たな形式で実施されることとなる。そこで、2008年度以降は**表1-11**（次頁）のとおり「見える化」の視点を盛り込んだ新たな検証シートを活用することを提案する。

新たな検証シートは以下の要件で作成するものとする。
(1) 全学協議会であらかじめ教育理念・目標や育成する人材像を協議し、確認する。それらの目標は、学生がどのような状態になり、能力をつけるのか（アウトカムズ）を示すもので、アウトカムズ指標で挙証されうるものであることが必要である。この取組みによって育成する学生像と実施する項目との関係がより明確となる。
(2) 認証評価基準、立命館大学「中期計画」、全学協議会で確認された項目の3点を整理して重点項目を設定する。10項目程度まで数を絞った重点項目を、学士課程全体を入学、学習、進路などに分類した分野に対応させてあらかじめ設定するようにし、それ以外の項目については学部・教学機関独自に2〜3項目を設定する。この取組みによって、あまりにも多くの項目が設定されることによる内容の複雑化を避けるとともに第三者評価などへの対応も可能となり、評価疲れを防いで「見える化」を推進することができる。また、学園全体の質保証と、学部・教学機関の独自性の発揮を両立することが可能となる。

表1-11 新たな検証シート：ミッションシェアリングシート（記入例）

人材像　自らの考えを論理立てて説明することができる論理的思考能力を持った人材
　　　　平和と民主主義の理念を理解し、社会主体性をもって参画する意欲と責任感を持った人材
　　　　○○学の基礎的学説を理解し、実社会に応用できる人材

| 対応する人材像 | 項目 | 全学協議会確認項目 | 認証評価項目 | 中期計画記載項目 | カテゴリーキーワード | 対象 | 結果指標（アウトカム&アウトプット） | | | | | 中間指標 | | 備考 | 行動/中間指標 | | | | | | 必要な資源と制度 | |
|---|---|---|---|---|---|---|---|---|---|---|---|---|---|---|---|---|---|---|---|---|---|---|
| | | | | | | | 指標 | ベンチマーク(2007) | 2008 | 2009 | 2010 | 2011 | 2009年度取組中間指標 | 取り組み内容 | | 指標 | ベンチマーク(2007) | 2008 | 2009 | 2010 | 2011 | 資源 | 制度 |
| ○○学の基礎的な解説を理解して直視し、実社会に応用する実践（大学生）として直視し、実社会に応用する実践力ード） | 3. 学びやすい履修プログラムの確立 | | | | 学力 | 08 2回生 | 卒業論文作成・提出率 | 75% | | 85% | 90% | 95% | 3回生時ゼミ所属率85% | 1回生時ゼミ大会の発表を充実させる | ESによるプレゼンテーション指導会の開催 | 20回 | | 35回 | 35回 | 35回 | 特になし | |
| | | | | | 学力 | 全学生 | カリキュラムアンケートにおけるバズ到達目標を持つ学生の割合 | 45% | 70% | 80% | 85% | 90% | 授業アンケートにおけるバズバス科目到達目標の理解率 | シラバスに到達目標明示 | 事前に教員間でシラバス到達目標と教育の関係を明示実施 | 30% | | 70% | 80% | 90% | 100% | 特になし | |
| | | Ⅲ-1-① 各学部・研究科教育就職教育にけるカリキュラム設定を明確にし、プログラムを充実させる | 3-2 教育内容方法等 | | 進路 | 全学生 | 学部想定進路就職率 | 30名 | 30名 | 35名 | 40名 | 50名 | カリキュラムアンケートにおける進路到達目標の割合(75%) | シラバスに学部内教育目標と就職の関係を明示 | 事前に教員間で教育目標と関係を明示実施 | 10% | | 50% | 60% | 80% | 100% | 特になし | |
| | 4. 到達度検証の仕組みの充実 | | | | 学力 | 08 1回生 | 卒時アンケートにおける学習到達度 | 65% | 75% | 70% | 80% | 90% | 授業アンケート・基礎演習等における成長回答数 平均3.7 | 1回生ガイダンス・基礎演習オリエンテーション教育演習習を高度化 | 基礎演習時間数 | 10% | | 1コマ | 1コマ | 1コマ | 1コマ | 授業割愛 | |
| | | | | | 学力 | 全学生 | 試験合格率（全国基準で最低限有すべき内容を保証するもの） | 75% | 60% | 80% | 85% | 90% | 試験受験者数 | 共通試験の実施と試験前補習教育の実施 | | 10%実施せず | | 20% | 30% | 60% | 90% | ○テスト実施試験 200円×700名 講師手当9000×6回 54000円 | |
| | | | | | 学力 | コア科目受講者 | コア科目合格率 | 50% | 60% | 70% | 75% | 80% | コア科目における到達度試験と答案返却 | 共通試験時補講教育の回数/参加者数 | コア科目における到達度検証と答案返却 | 実施せず | | 3回/100/120名 | 3回/100/120名 | 3回/100/120名 | 5回/120/200名 | (14000円) | |
| 学部独自の○○の学びの拡充に寄って、実社会に応用できる人材（学部独自教育目標コード） | 学部独自Ⅱ. 地域規模でのインターンシップ | 学部独自Ⅲ-C-①,⑧,⑩ | | | 進路 学力 | 全学生 | カリキュラムアンケート中平均での地域規模に対する意識 | 3.5 | 3.7 | 3.9 | 4.2 | 4.5 | インターンシップ参加者アンケートでの意義の浸透とインターンシップへの参加 | ガイダンス等の多数開催インターンシップの意義の浸透と参加 | 国際インターンシップ実施校の回数 | 40件 | | 50件 | 55件 | 70件 | 100件 | 全学予算から手当インターンシップ開拓経費 5000×30件 | |
| | | | | | | | インターンシップ終了者の中で進路志願者数 | 不明 | 30名 | 45名 | 60名 | 90名 | インターンシップ参加者アンケートにおける満足度3.7 | | 国内インターンシップ実施数 | 200件 | | 200件 | 200件 | 220件 | 250件 | | |
| | | | | | | | インターン修了者のGPA | 3 | 3.2 | 3.3 | 3.5 | 3.6 | | | インターンガイダンス実施数/同窓会の開催 | 年2回 | | 年4回 | 年4回 | 年6回 | 年8回 | 150,000 | |

(3) 重点項目にはアクションプランとして、行動指標（何をいつまでにどうするか）と結果指標（その結果どうなるか）の両方を年限とともに記入する。ひとつの項目には複数の指標を用いてかまわない。各指標にはベンチーマーク（現状数値、他大学数値）を記入する。

　これらの取組みによって、単一の結果指標に固執することによる結果至上主義や、どのような行動があって結果が出ているのかはわからない評価となることを防ぐとともに、その指標が適切な水準で用いられたかどうかの確認が容易となる。

(4) 設定した項目のうち、通常予算で賄えないものについては予算根拠とともに要望を記入して、教育力強化推進費を要求する。教育力強化の取組みは予算要求を目的とした仕組みではないが、予算要求の際に具体的な指標設定を行うことを条件とすることで、指標設定に対するインセンティブを与えることができる。

(5) 全学協議会確認事項として、『学園通信』や学園ホームページでこれらの表を公表したり、学生や教職員を対象にしたフォーラムなどを実施して内容を可視化する。この取組みによって、理念、目標、計画や評価の内容を、「見える化」やパフォーマンス・レポーティングすることによる効果が期待され、教育改善の原動力となる。

　この検証シートは、学園や学部のミッション（理念・目標）をステークホルダーが共有し、その進捗状況をともに検証しながら、教学改善につなげていくことが重要であることから、「ミッションシェアリングシート」と呼称する。

## 2. 新たな指標の開発と提供

　指標分析では、一部の学部・教学機関で各種能力試験や到達度検証試験を導入している事例があることが明らかになった。評価をめぐる情勢がアウトカムズ指標を重視する方向に変化してきていることを考えると、これらの到達度検証試験の作成が各学部・教学機関、学問領域ごとに実施されるような仕組みを構築していく必要がある。

　反面、学生の情意的、主観的な成長の実感を把握する継続的な取組みは、

授業アンケートのみでしか実施されてこなかった。各授業にとどまらない大学生活全体に関わる課題を把握するためには、全学的な規模で在学生や卒業生に教学成果についてのアンケート調査を実施して、各学部・教学機関に一括収集で主観的な情報による指標を提供する必要がある。なお、本調査に関しては大学教育開発・支援センター事務局内に検討プロジェクトを立ち上げて検討を行っていく。

## 3. PDCAマネジメントサイクルに関わる理解を促進する執行部研修の実施

各学部・教学機関のトップ層がPDCAマネジメントサイクルに対する理解を深めるために、研修の実施を行う。この研修は、新たな学部・教学機関執行部への引継ぎが行われる2007年3月に実施する必要がある。大学教育開発・支援センターでは、これに先立って12月の2日間にわたって教学部執行部に対する研修を大学評価室と連携して実施した。

## IX. おわりに

教育力強化の取組みが導入された際には、教育成果に関わって指標を設定することに対する疑念が寄せられた。本研究ではこれらの課題提起を受けて教育成果を測る指標の開発に取り組んだが、研究を進める中で、単一で万能な成果指標は存在しないことが明らかとなった。

教育評価に対する批判がなされる場合、評価・検証指標やマネジメントサイクルが万能であるかのような前提で議論されるため、議論がすれ違ってしまう。教育分野における教育成果の評価・検証指標の設定にあたっては、単一では万能でない評価・検証指標を有為に組み合わせてマネジメントサイクルを構築し、なによりも当事者が教育改善のために活用しようと考えることによって初めて成果があがる。

教育評価やマネジメントサイクルは教育改善のために行うものであり、単にその内容を統制し、一面的な尺度で断定的評価を行うためのものではないことは前に述べた。制度がその理解なしで運用された場合には、就職率○％や○○試験×人突破といった結果指標のみがひとり歩きすることに

なり、そのためにどうするかというプロセスの視点が欠落してしまう可能性があり、結果として改善のための「見える化」ではなく、「見せる化」が行われて、教育の改善に結びつかなくなってしまう。

　前述のバランス・スコアカードには、指標の設定の対象に組織と構成員の学習と成長の視点が盛り込まれている。成果や結果のみではなく、組織に自律的な改善能力があるかどうかも指標設定の重要な視点だということである。教育力強化の取組みにあっても、取組み自体が関係する構成員の学びと成長の場として運用されることで、さらに大きな成果を生み出すことができるのである。

　最後に、残された課題について述べる。本研究においては、PDCAマネジメントサイクルの問題点や、評価・検証指標と予算査定との関係については詳しく触れることができなかった。特に今後の大学政策の展開では、限られた資源を意味ある対象に集中的に配分することが強く求められている。自己評価・検証は、教学改善に有益であることから、少なくとも予算を配分する場合には目的や目標と関係する評価・検証指標を適切に設定する必要がある。しかし、これらの自己評価・検証結果と予算配分をどのように連動させていくのかは、今後の大きな研究課題である。

【引用文献】
1　中央教育審議会答申「わが国の高等教育の将来像」中央教育審議会、2005年
2　『学園通信 Ritsumeikan Style』2003年度全学協議会特別号　立命館大学広報課、2004年
3　「立命大、教育評価へ指標」京都新聞、2005年4月15日
4　「『計画・実行・検証』で品質向上　私大経営に導入」日本経済新聞、2006年9月22日
5　江原武一「大学評価の意味」大南正瑛他編著『大学評価文献選集』エイデル研究所、2003年、pp. 70-78
6　川嶋太津夫「国立大学の法人化と教育評価—教育の「品質」の保証と改善の観点から—」早田幸政編『国立大学法人化の衝撃と私大の挑戦』エイデル研究所、2005年、pp. 254-269
7　バーク，J.C. 林隆之訳「公立高等教育の新たな説明責任—規制志向から結果志向へ—」『大学評価』第3号　大学評価・学位授与機構、2003年、pp. 91-112

8 山崎博敏ほか『大学における教育研究活動のパフォーマンス・インジケーターの開発』平成13年度—平成15年度 科学研究費補助金基盤研究(C)(2) 研究成果報告書、2004年
9 串本剛「大学教育におけるプログラム評価の現状と課題—教育成果を根拠とした形成的評価の確立を目指して—」『大学論集』第37集 広島大学高等教育研究開発センター、2006年、pp. 263-276
10 ニーヴン，P.R. 吉川武男監訳『行政・非営利組織のバランス・スコアカード』生産性出版、2006年
11 福留東士「米国アクレディテーションにおける教育・学習成果の評価」『日本高等教育学会第9回発表要旨集録』日本高等教育学会、2006年、pp. 169-170
12 国際基督教大学『プログラム自己点検報告書』 国際基督教大学、2005年、p. 10
13 淺野昭人「評価・検証指標に基づく教育力強化予算」『大学時報』309号 日本私立大学連盟、2006年、pp. 100-103
14 安岡高志「自己点検・評価や認証評価に必要な評価者養成」『大学教育学会誌』第27巻第2号、2005年、pp. 129-134
15 沖裕貴・田中均「山口大学におけるグラデュエーション・ポリシーとアドミッション・ポリシー策定の基本的な考え方について」『大学教育』第3号、2006年、pp. 39-55
16 沖清豪「高等教育における情報の公開性に関する研究」『早稲田教育評論』第20巻1号、2006年、pp. 279-295
17 遠藤功『見える化 強い企業をつくる「見える」仕組み』東洋経済新報社、2005年
18 小湊卓夫「大学の組織運営改善における成果指標の有効性—名古屋大学の事例に基づく考察—」『名古屋高等教育研究』第5号、2005年、pp. 205-222

【参考URL】
(1) 山口大学「全学GP等」(http://www.epc.yamaguchi-u.ac.jp/gp.html、2006年7月27日)
(2) 室蘭工業大学「大学評価」(http://www.muroran-it.ac.jp/syomu/hyoka/keiei.html、2005年3月10日)
(3) カリフォルニア州立大学モントレイベイ校「戦略計画」(http://csumb.edu/strategicplan/strategicplan.pdf　2006年8月31日)

# 2 学部学生の海外派遣促進政策について

片岡　龍之

## I．研究の背景

### 1.「確かな学力」・「豊かな個性」に対する社会的要請と海外留学

　大学の教育力が厳しく問われるようになった今日においては、入学から卒業までの間にどれだけの力量を学生に身につけさせうるかが、その大学の社会的評価を左右する。このような状況の中、立命館大学では、大学において習得すべき専門的力量として当然視されているものは、確実かつ効果的に身につけさせるという意味における「確かな学力」、および変化の激しい社会を生き抜く自己の確立と深く結びついた「豊かな個性」の育成を学士課程教育の中心的課題として位置づけ、様々なレベルで取組みを進めている。

　とりわけ、ますますグローバル化が進展する現代においては、将来どの分野に進むにしても、世界の動きを見据えた広い視野と外国語による高いコミュニケーション能力、文化的背景の異なる人々との協調性や偏見に捉われない柔軟な思考能力の涵養を学生時代に行うことが強く求められている。海外での学びもそのための貴重な機会として位置づけることができる。すなわち「学生を海外に派遣し、異なる言語・異文化環境の下で外国の学生と生活経験を共有させ、外国語、教養科目、専門科目を学ぶ機会あるいはインターンシップ等に従事する機会を可能な限り提供する」[1]ことを通じて、上記の「確かな学力」・「豊かな個性」を学生に育ませるということであり、教育的付加価値の高い海外派遣プログラムの開発推進が、教育機関としての大学に課せられた責務であると言える。

## 2. 全学協議会確認事項を踏まえた2007年度までの派遣目標と現在までの達成状況

　立命館大学では、2003年度全学協議会[2]において、「在学生比20％が卒業までに海外で学習・実習体験できるようにする」ことが確認され、具体的な数値目標が設定された。本学9学部[3]合計の入学者総数は、年度によって多少の変動があるが、約7,500～8,500名の幅と推定できる。したがって、4年間の在学中に20％の学生が、必ず1度は海外に行くことを保障するためには、理論的には年間1,600名以上の派遣実績が必要という計算になる。本学の国際部ではこの目標を達成するため、新規プログラムを開発しつつ、既存および新規海外派遣プログラムを「イニシエーション型」「モチベーション向上型」「アドヴァンスト型」および「高度職業人・研究者養成型」（現在開発中）と類型化し、学生のニーズに沿ったプログラムを提供すべく努めてきた[4]。

　現状について言えば、新規プログラムによる定員枠の増大はある程度順調に推移しているにもかかわらず、応募者を多く集める人気プログラムがある一方で、定員割れ傾向にあるプログラムもあり、2006年度末の集計では、派遣可能総枠1,663名に対して、充足は1,209名（充足率72.7％）にとどまっている（**表2-1**）。学生数では最多を誇る理工学部や情報理工学部学生の参加率が低迷している。仮説として考えられるのは、理工系学部においては、専門学習を一時的に「中断」し、海外の他大学等で長期間学ぶことがカリキュラムの構造上大きな困難を伴うことになるため、学生および学生を後押しする指導教員が二の足を踏んでいるのではないかということである。また文系学部においては、先輩たちのなかに多くの海外留学経験者がおり、いつでも気軽に情報収集ができ、自らの近未来像を容易に描き得る環境にあるのに対して、理工系学部ではそのようなモデルとなる先輩学生が身近にほとんど存在しないのではないかと思われる（これらの仮説の真偽は、本研究で行ったアンケート調査の結果分析を通じて後ほど明らかになる）。

　いずれにしてもこのような現状にあって全学協確認事項の達成のためには、従来手法で単に派遣可能枠を増やすだけではなく、学生のニーズ・志

向性を詳細に分析するとともに、海外派遣プログラム参加への障壁事項を具体的に抽出し、その解決策を打ち出す必要がある。

表2-1　2004年度～2006年度の派遣実績

| 類型・レベル<br>(※2010年度までの目標派遣枠) | プログラム名 | 2004 派遣枠 | 2004 派遣数 | 2005 派遣枠 | 2005 派遣数 | 2006 派遣枠 | 2006 派遣数 |
|---|---|---|---|---|---|---|---|
| イニシエーション型<br>(※565名) | 立命館・ボストン大学「英語研修」プログラム | 50 | 63 | 50 | 56 | 50 | 48 |
| | 異文化理解セミナー (13コース) | 334 | 327 | 334 | 278 | 340 | 283 |
| | 立命館・昭和ボストン「文化・社会調査」プログラム | | | 50 | 34 | 50 | 38 |
| | 小　計 | 384 | 390 | 434 | 368 | 440 | 369 |
| モチベーション向上型 (※1,114名) | 立命館・UBCジョイント・プログラム | 95 | 95 | 95 | 95 | 95 | 95 |
| | 立命館・ワシントン大学「平和学」プログラム | | | 30 | 20 | 30 | 30 |
| | 立命館・マコーリー大学「日豪関係」プログラム | | | 30 | 14 | 30 | 18 |
| | 立命館・シモンズ・カレッジ「アメリカと東南アジア」プログラム | | | 30 | 12 | 30 | 8 |
| | 国際インスティテュート・海外スタディ | 110 | 104 | 205 | 152 | 205 | 140 |
| | 各学部が実施するプログラム・CLA海外研修プログラム | 332 | 210 | 408 | 234 | 544 | 388 |
| | 立命館・モンテレイ工科大学「スペイン語研修」プログラム | | | | | 30 | 3 |
| | 立命館・ブリュッセル外国語大学「フランス語研修」プログラム | | | | | 30 | 9 |
| | 小　計 | 537 | 409 | 798 | 527 | 994 | 691 |
| アドヴァンスト型 (※498名) | 交換留学 | 69 | 53 | 82 | 54 | 100 | 66 |
| | JWP交換留学 | | | | | 47 | 26 |
| | 立命館大学・アメリカン大学学部共同学位プログラム (DUDP) | 54 | 55 | 54 | 54 | 54 | 45 |
| | 立命館・UBCジョイント・プログラム2年目プログラム | 10 | 5 | 10 | 12 | 10 | 5 |
| | 立命館・UBCジョイント・プログラム2年目サマーセッションプログラム | | | | | 4 | 4 |
| | 立命館・ワシントン大学「平和学」プログラム成績優秀者 | | | 0 | 0 | 2 | 2 |
| | 立命館・マコーリー大学「日豪関係」プログラム成績優秀者 | | | 2 | 2 | 2 | 1 |
| | 小　計 | 133 | 113 | 148 | 122 | 219 | 149 |
| 高度職業人・研究者養成型 (※50名) | | 0 | 0 | 0 | 0 | 10 | 0 |
| 合計 (※2,222) | | 1,054 | 912 | 1,380 | 1,017 | 1,663 | 1,209 |

＊ 海外インターンシップ等への派遣を除く。

## II. 研究の目的と意義

本研究の目的は、在学生比20％の学部学生を海外に派遣するために有効な政策を打ち出すことにある。それは、学生生活の実態に即した留学支援の展開により、海外での学びを後押しすることである。また、学生のニーズにかなったプログラムを開発し、確実な派遣定員の充足を図っていくことでもある。

もっとも、学生のニーズに迎合するだけの粗製濫造型のプログラム開発であってはいけない。教育的付加価値の高いプログラムの設計が同時に強く要請される。したがって本研究では、既存の代表的ないくつかのプログラムを取り上げ、それらの各「構成要素」に注目し、それらとそこから得られる教育効果との因果関係の検証を試みる。海外派遣プログラムの教育的付加価値・効果に対する検証作業は、語学検定等の「スコア伸長度」くらいしか従来は実施されてこなかったが、本研究のこうした作業により、具体的にプログラムの何が、どのような学びの効果をもたらしているのかを明らかにする。これらの成果に基づき、新たに開発するプログラムの教育的付加価値の高さを担保していく。

## III. 研究の方法

本研究においては、アンケート調査 (2006年7月13日〜8月4日実施) と早稲田大学への訪問調査 (2006年7月4日訪問) を行った。

まず、本学で、海外での学びに対するニーズ、および海外での学びに対する障壁となっているものについてアンケート調査を実施した。

具体的には、所属学部・回生・性別・学業成績・英語能力・課外活動やアルバイトの有無・自宅通学の有無に加えて、エクステンションセンター資格対策講座やキャリアセンター利用歴、CLA（言語習得センター）が提供する各種語学講座の受講歴、附属高等学校・外国学校出身経歴の有無等に着目し、それぞれの（または複数を組み合わせた）属性ごとのニーズの傾向、および障壁として学生が感じているものについて調査した（アンケートは全48

問の多肢選択方式)。無作為抽出した学生 (現1〜3回生;全学で1万4,000名) に依頼文を送付、WEB画面上で回答してもらった。その結果、1,284名分の有効回答を得た (回答率約9.2%)。

次に、既存の海外派遣プログラムの教育効果についてもアンケート調査を実施した。具体的には、既存の海外派遣プログラムの類型ごとに代表的なプログラム、すなわち、「異文化理解セミナー」(イニシエーション型)、「立命館・UBC (カナダのブリティッシュ・コロンビア大学) ジョイント・プログラム (以下、UBCJP)」(モチベーション向上型)、「交換留学」(アドヴァンスト型) の過年度参加者 (それぞれ600名、200名、100名) に対し、プログラムで得られた「具体的な教育効果」を尋ねた。なお、調査対象とする「具体的な教育効果」は、語学力、専門知識の獲得等の他、「社会人基礎力」[5]を参考に設定し、「プログラムのどの部分・内容・過程 (プログラムの『構成要素』) を通じて、どのような効果が得られたか」を評価・回答する形式とした。結果、「異文化理解セミナー」119名(回答率約19.8%)、「UBCJP」21名(同約10.5%)、「交換留学」14名 (同約14.0%) の有効回答を得た。

最後に、早稲田大学国際部・留学センターを訪問し、同大学における海外留学推進の取組み事例をヒアリング調査した。

## IV. 問題点の整理

### 1. 不足しているニーズ調査

これまでプログラムの開発に際しては学生の外国語能力を参照することはあっても、課外まで含めた学生生活の実態や、個々の学生のニーズを十分に踏まえて開発を進めてきたとは言いがたい。海外派遣と外国語教育とは密接な関係にはあるが、留学ニーズの掘り起こしを全学規模で (つまり、必ずしも外国語運用能力や外国語習得熱が高くない層までを視野に入れて) 行おうとすれば、従来のアプローチだけでは困難である。海外での学びに対するアクセスを拡げ、多様な学生層を海外での学びに誘う仕掛けづくりを行う必要がある。そのためには、多様な学生を視野に入れた全学規模でのニーズ調査・分析が求められる。

## 2. 留学に際しての障壁・制約の存在

留学したくても留学できない理由、すなわち何らかの障壁や強い制約の存在を突き止める必要がある。ある程度の外国語能力があるにもかかわらず、あえて留学しないことを選好する学生層の存在があるとすれば、その原因を解明し、彼らの留学を支援するための政策を打ち出さなければならない。

## 3. 実態把握ができていない留学による教育効果

前述のとおり、既存の数多くの海外留学プログラムについて、その教育効果を様々な角度から総合的に評価・検証するという作業は今までほとんどされてこなかった。一般論として海外留学が有益であることは留学支援業務に携わる者には経験的にわかっていても、実際に学生が海外留学の何によってどのような力をつけているのか実態把握ができておらず、曖昧な部分が多かった。プログラムへの参加を通じて鍛えられる具体的な能力をある程度明示できれば、広報上の訴求力の向上に加えて、学生の志向とプログラム内容とのミスマッチという事態の回避も期待できる。さらには、必要な学生支援のあり方も自ずと明らかになる。

# V. 調査結果の分析と考察

## 1. 障壁・制約の実態

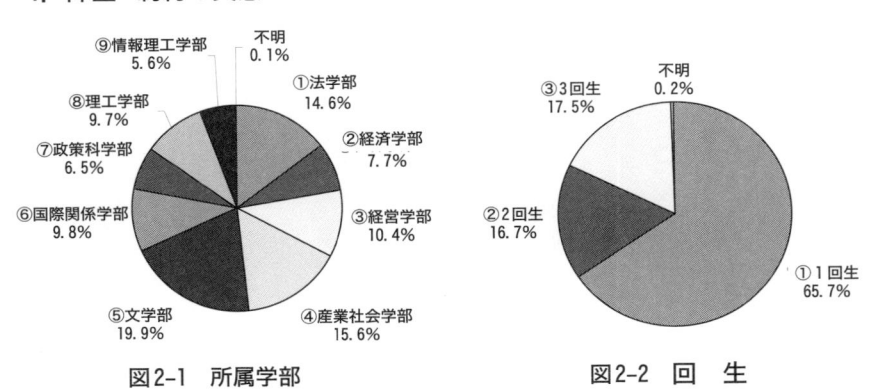

図2-1 所属学部
- ①法学部 14.6%
- ②経済学部 7.7%
- ③経営学部 10.4%
- ④産業社会学部 15.6%
- ⑤文学部 19.9%
- ⑥国際関係学部 9.8%
- ⑦政策科学部 6.5%
- ⑧理工学部 9.7%
- ⑨情報理工学部 5.6%
- 不明 0.1%

図2-2 回生
- ①1回生 65.7%
- ②2回生 16.7%
- ③3回生 17.5%
- 不明 0.2%

まずはじめに、今回のアンケート調査によって得られた回答データの集計結果をもとに分析と考察を加える。なお、アンケートの設問（全48問）すべてに対する回答データを掲載することは紙幅の都合で割愛せざるをえず、以下では政策提起に関わる重要なものだけに絞って取り上げたい。回答者1,284名の内訳は**図2-1・図2-2・図2-3**の通りである。

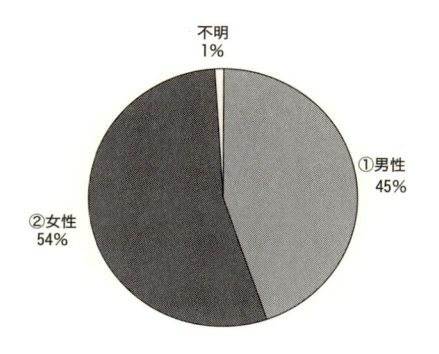

図2-3　性　別

### (1) 海外派遣プログラムへの参加希望について

回答者全体の67.1％が卒業までに何らかの海外派遣プログラムへの参加を希望しており、CLA受講経験者に限定すればその率は85％にも及んだ。しかし希望者全体の2割相当の学生は、本学の用意するプログラムでは履

表2-2　所属学部別の集計結果
「どちらともいえない」・「あまり参加したくない」と答えた理由

|  | 全体 | ①学部での専門の勉強・研究を優先したいから | ②サークル・クラブ活動を優先したいから | ③アルバイトを優先したいから | ④資格取得・就職準備を優先したいから | ⑤経済的に難しいから | ⑥家族の理解が得られそうにないから | ⑦海外での生活がいやだから | ⑧既に留学や海外生活を経験したか |
|---|---|---|---|---|---|---|---|---|---|
| 全体 | 419 | 95 | 33 | 2 | 56 | 156 | 6 | 63 | 8 |
|  | 100.0% | 22.7% | 7.9% | 0.5% | 13.4% | 37.2% | 1.4% | 15.0% | 1.9% |
| ①法学部 | 75 | 26 | 6 | 1 | 11 | 19 | 0 | 12 | 0 |
|  | 100.0% | 34.7% | 8.0% | 1.3% | 14.7% | 25.3% | 0.0% | 16.0% | 0.0% |
| ②経済学部 | 25 | 5 | 3 | 1 | 4 | 8 | 0 | 4 | 0 |
|  | 100.0% | 20.0% | 12.0% | 4.0% | 16.0% | 32.0% | 0.0% | 16.0% | 0.0% |
| ③経営学部 | 47 | 4 | 6 | 0 | 17 | 15 | 1 | 4 | 0 |
|  | 100.0% | 8.5% | 12.8% | 0.0% | 36.2% | 31.9% | 2.1% | 8.5% | 0.0% |
| ④産業社会学部 | 51 | 7 | 4 | 0 | 8 | 22 | 1 | 7 | 2 |
|  | 100.0% | 13.7% | 7.8% | 0.0% | 15.7% | 43.1% | 2.0% | 13.7% | 3.9% |
| ⑤文学部 | 90 | 16 | 2 | 0 | 2 | 47 | 2 | 19 | 2 |
|  | 100.0% | 17.8% | 2.2% | 0.0% | 2.2% | 52.2% | 2.2% | 21.1% | 2.2% |
| ⑥国際関係学部 | 16 | 2 | 2 | 0 | 1 | 5 | 1 | 2 | 3 |
|  | 100.0% | 12.5% | 12.5% | 0.0% | 6.3% | 31.3% | 6.3% | 12.5% | 18.8% |
| ⑦政策科学部 | 23 | 3 | 4 | 0 | 6 | 6 | 0 | 3 | 1 |
|  | 100.0% | 13.0% | 17.4% | 0.0% | 26.1% | 26.1% | 0.0% | 13.0% | 4.3% |
| ⑧理工学部 | 56 | 19 | 6 | 0 | 5 | 19 | 1 | 6 | 0 |
|  | 100.0% | 33.9% | 10.7% | 0.0% | 8.9% | 33.9% | 1.8% | 10.7% | 0.0% |
| ⑨情報理工学部 | 36 | 13 | 0 | 0 | 2 | 15 | 0 | 6 | 0 |
|  | 100.0% | 36.1% | 0.0% | 0.0% | 5.6% | 41.7% | 0.0% | 16.7% | 0.0% |

修や現地行動での制約、参加費用の高さ、参加条件となる語学基準の厳しさがネックになり、学外のプログラムに参加したいと考えていることも判明した。逆に、「どちらとも言えない」・「あまり参加したくない」と回答した学生にその理由を尋ねたところ、法学部・理工学部では「学部での専門の勉強や研究を優先したい」、経営学部・政策科学部では「資格取得や就職準備を優先させたい」という回答が多かった（**表2-2**）。その他の理由としては、学部を問わず「経済的に難しい」からという回答が目立った。

### (2) 海外での学びを妨げるもの

「4年間での卒業の困難性・単位取得の問題」はどの学部の学生にも共通する大きな障壁となっているが、「現地での学生生活に対する不安」は、海外経験の有無よりも、語学能力に関係することがわかった（**図2-4、表2-3**）。サークル活動自体がネックになり留学できないと回答したのは、サークルに参加する学生の3割であったが、アルバイトについては直接のネックにはなっていないことも判明した。「現地での治安・衛生に対する不安」は男女とも大きく、女性では6割に及んだ。「資格取得のための学習や就職活動」が原因で海外留学プログラムに参加しにくいと答えた学生は法学部・経営学部では5割強に達しており（**表2-4**）、全学でもエクステンションセンター、キャリアセンターの利用経験を持つ学生に限定すれば6割に及んでいる（**図2-5**）。費用負担の大きさについては8割強の学生、「ビザの取得や渡航手続き」の煩雑さは4割の学生が、留学により「転居・下宿の引き払い」が生じることは自宅生の4割、自宅外生の6割がネックと感じていた。男女とも「家族の反対」がネックになって

「外国の学校を卒業している」・「海外に旅行したり生活した経験がある」学生（計657名）では、「現地での授業・生活環境になじめるかどうかの不安」は障壁になっているか

- ①とてもなっている 22%
- ②まあまあなっている 32%
- ③あまりなっていない 31%
- ④まったくなっていない 15%

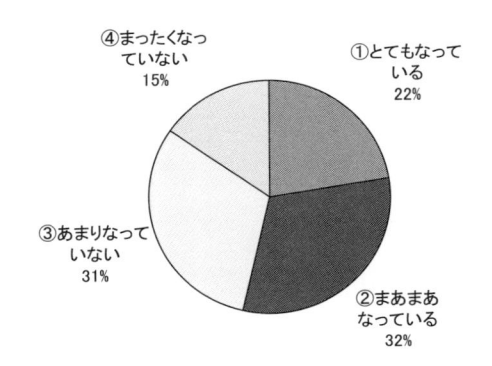

図2-4　海外経験のある学生の回答状況

### 表2-3 語学力別の集計結果

「現地での授業・生活環境になじめるかどうかの不安」は障壁になっているか

|  | 全体 | ①とてもなっている | ②まあまあなっている | ③あまりなっていない | ④まったくなっていない | 不明 |
|---|---|---|---|---|---|---|
| 全体 | 1284 | 391 | 413 | 319 | 147 | 14 |
|  | 100.0% | 30.5% | 32.2% | 24.8% | 11.4% | 1.1% |
| ① TOEFL-ITP500点以上、または TOEIC-IP600点以上 | 219 | 42 | 58 | 78 | 40 | 1 |
|  | 100.0% | 19.2% | 26.5% | 35.6% | 18.3% | 0.5% |
| ② TOEFL-ITP450点以上500点未満、または TOEIC-IP450点以上600点未満 | 428 | 143 | 140 | 100 | 40 | 5 |
|  | 100.0% | 33.4% | 32.7% | 23.4% | 9.3% | 1.2% |
| ③ TOEFL-ITP400点以上450点未満、または TOEIC-IP300点以上450点未満 | 352 | 114 | 114 | 78 | 40 | 6 |
|  | 100.0% | 32.4% | 32.4% | 22.2% | 11.4% | 1.7% |
| ④ TOEFL-ITP400点未満、または TOEIC-IP300点未満 | 116 | 37 | 39 | 28 | 12 | 0 |
|  | 100.0% | 31.9% | 33.6% | 24.1% | 10.3% | 0.0% |
| 不明 | 169 | 55 | 62 | 35 | 15 | 2 |
|  | 100.0% | 32.5% | 36.7% | 20.7% | 8.9% | 1.2% |

### 表2-4 所属学部別の集計結果

「資格取得の学習や就職活動などが忙しいこと」は障壁になっているか

|  | 全体 | ①とてもなっている | ②まあまあなっている | ③あまりなっていない | ④まったくなっていない | 不明 |
|---|---|---|---|---|---|---|
| 全体 | 1284 | 254 | 379 | 385 | 251 | 15 |
|  | 100.0% | 19.8% | 29.5% | 30.0% | 19.5% | 1.2% |
| ①法学部 | 188 | 61 | 48 | 51 | 26 | 2 |
|  | 100.0% | 32.4% | 25.5% | 27.1% | 13.8% | 1.1% |
| ②経済学部 | 99 | 23 | 23 | 30 | 23 | 0 |
|  | 100.0% | 23.2% | 23.2% | 30.3% | 23.2% | 0.0% |
| ③経営学部 | 134 | 35 | 43 | 30 | 24 | 2 |
|  | 100.0% | 26.1% | 32.1% | 22.4% | 17.9% | 1.5% |
| ④産業社会学部 | 200 | 41 | 52 | 75 | 30 | 2 |
|  | 100.0% | 20.5% | 26.0% | 37.5% | 15.0% | 1.0% |
| ⑤文学部 | 256 | 41 | 78 | 70 | 62 | 5 |
|  | 100.0% | 16.0% | 30.5% | 27.3% | 24.2% | 2.0% |
| ⑥国際関係学部 | 126 | 17 | 38 | 43 | 26 | 2 |
|  | 100.0% | 13.5% | 30.2% | 34.1% | 20.6% | 1.6% |
| ⑦政策科学部 | 84 | 16 | 19 | 31 | 16 | 2 |
|  | 100.0% | 19.0% | 22.6% | 36.9% | 19.0% | 2.4% |
| ⑧理工学部 | 124 | 16 | 48 | 34 | 26 | 0 |
|  | 100.0% | 12.9% | 38.7% | 27.4% | 21.0% | 0.0% |
| ⑨情報理工学部 | 72 | 4 | 29 | 21 | 18 | 0 |
|  | 100.0% | 5.6% | 40.3% | 29.2% | 25.0% | 0.0% |
| 不明 | 1 | 0 | 1 | 0 | 0 | 0 |
|  | 100.0% | 0.0% | 100.0% | 0.0% | 0.0% | 0.0% |

「資格取得の学習や就職活動などが忙しいこと」は障壁になっているか（エクステンションセンター、キャリアセンターの利用経験者計226名について集計）

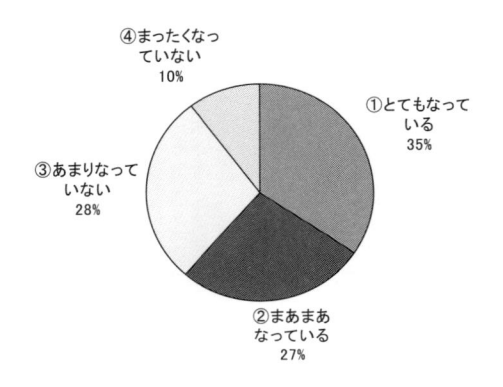

図2-5　エクステンションセンター・キャリアセンター利用経験のある学生の回答状況

いると回答したのは2割以下で、予想を下回った。「指導教員の反対」については、理工学部で7.2％、他の学部では0〜3.6％程度と、理工学部で若干高い数字が出た。

特筆すべきは、「プログラムの内容や必要な準備に関する情報不足」がネックと回答した学生が全体の6〜7割にも及んでいたことである（表2-5-1）（表2-5-2）。さらに、附属高等学校出身者に限っても、その6割が情報不足をネックに感じていることがわかった（図2-6-1）。学生同士の情報交換で

表2-5-1　回生別の集計結果

「プログラム内容や必要な準備に関する情報が不足していること」は障壁になっているか

|  | 全体 | ①とてもなっている | ②まあまあなっている | ③あまりなっていない | ④まったくなっていない | 不明 |
|---|---|---|---|---|---|---|
| 全体 | 1284 | 258 | 605 | 308 | 97 | 16 |
|  | 100.0% | 20.1% | 47.1% | 24.0% | 7.6% | 1.2% |
| ①1回生 | 843 | 181 | 417 | 182 | 53 | 10 |
|  | 100.0% | 21.5% | 49.5% | 21.6% | 6.3% | 1.2% |
| ②2回生 | 214 | 40 | 94 | 55 | 23 | 2 |
|  | 100.0% | 18.7% | 43.9% | 25.7% | 10.7% | 0.9% |
| ③3回生 | 224 | 37 | 92 | 71 | 21 | 3 |
|  | 100.0% | 16.5% | 41.1% | 31.7% | 9.4% | 1.3% |
| 不明 | 3 | 0 | 2 | 0 | 0 | 1 |
|  | 100.0% | 0.0% | 66.7% | 0.0% | 0.0% | 33.3% |

表2-5-2 所属学部別の集計結果

「プログラム内容や必要な準備に関する情報が不足していること」は障壁になっているか

|  | 全体 | ①とてもなっている | ②まあまあなっている | ③あまりなっていない | ④まったくなっていない | 不明 |
|---|---|---|---|---|---|---|
| 全体 | 1284 | 258 | 605 | 308 | 97 | 16 |
|  | 100.0% | 20.1% | 47.1% | 24.0% | 7.6% | 1.2% |
| ①法学部 | 188 | 32 | 93 | 43 | 18 | 2 |
|  | 100.0% | 17.0% | 49.5% | 22.9% | 9.6% | 1.1% |
| ②経済学部 | 99 | 19 | 45 | 26 | 7 | 2 |
|  | 100.0% | 19.2% | 45.5% | 26.3% | 7.1% | 2.0% |
| ③経営学部 | 134 | 29 | 58 | 34 | 10 | 3 |
|  | 100.0% | 21.6% | 43.3% | 25.4% | 7.5% | 2.2% |
| ④産業社会学部 | 200 | 44 | 89 | 43 | 21 | 3 |
|  | 100.0% | 22.0% | 44.5% | 21.5% | 10.5% | 1.5% |
| ⑤文学部 | 256 | 62 | 125 | 51 | 17 | 1 |
|  | 100.0% | 24.2% | 48.8% | 19.9% | 6.6% | 0.4% |
| ⑥国際関係学部 | 126 | 18 | 63 | 40 | 4 | 1 |
|  | 100.0% | 14.3% | 50.0% | 31.7% | 3.2% | 0.8% |
| ⑦政策科学部 | 84 | 21 | 31 | 23 | 7 | 2 |
|  | 100.0% | 25.0% | 36.9% | 27.4% | 8.3% | 2.4% |
| ⑧理工学部 | 124 | 20 | 68 | 25 | 9 | 2 |
|  | 100.0% | 16.1% | 54.8% | 20.2% | 7.3% | 1.6% |
| ⑨情報理工学部 | 72 | 13 | 32 | 23 | 4 | 0 |
|  | 100.0% | 18.1% | 44.4% | 31.9% | 5.6% | 0.0% |
| 不明 | 1 | 0 | 1 | 0 | 0 | 0 |
|  | 100.0% | 0.0% | 100.0% | 0.0% | 0.0% | 0.0% |

「プログラム内容や必要な準備に関する情報が不足していること」は障壁になっているか（附属高校出身者計121名）

- ①とてもなっている 16%
- ②まあまあなっている 44%
- ③あまりなっていない 25%
- ④まったくなっていない 15%

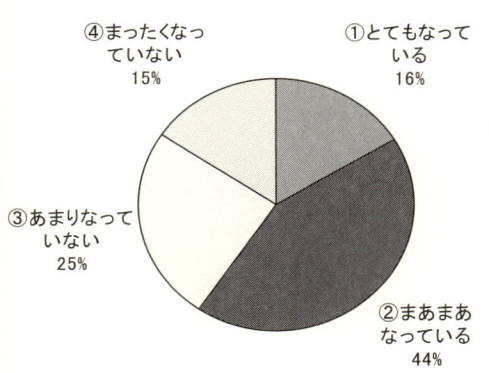

図2-6-1 附属高等学校出身者の回答状況

「周囲に海外経験のある友人や先輩などがいないこと」は障壁になっているか（附属高校出身者 計121名）

- ①とてもなっている 7%
- ②まあまあなっている 21%
- ③あまりなっていない 30%
- ④まったくなっていない 42%

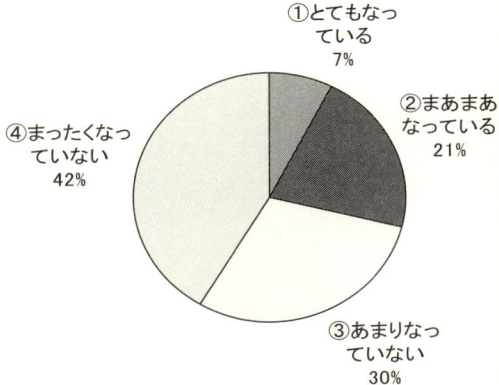

図2-6-2 附属高等学校出身者の回答状況

表2-6 所属学部別の集計結果

「周囲に海外経験のある友人や先輩などがいないこと」は障壁になっているか

|  | 全体 | ①とてもなっている | ②まあまあなっている | ③あまりなっていない | ④まったくなっていない | 不明 |
|---|---|---|---|---|---|---|
| 全体 | 1284 | 143 | 299 | 381 | 447 | 14 |
|  | 100.0% | 11.1% | 23.3% | 29.7% | 34.8% | 1.1% |
| ①法学部 | 188 | 26 | 49 | 60 | 51 | 2 |
|  | 100.0% | 13.8% | 26.1% | 31.9% | 27.1% | 1.1% |
| ②経済学部 | 99 | 15 | 31 | 30 | 23 | 0 |
|  | 100.0% | 15.2% | 31.3% | 30.3% | 23.2% | 0.0% |
| ③経営学部 | 134 | 8 | 24 | 45 | 54 | 3 |
|  | 100.0% | 6.0% | 17.9% | 33.6% | 40.3% | 2.2% |
| ④産業社会学部 | 200 | 14 | 41 | 59 | 83 | 3 |
|  | 100.0% | 7.0% | 20.5% | 29.5% | 41.5% | 1.5% |
| ⑤文学部 | 256 | 33 | 57 | 73 | 91 | 2 |
|  | 100.0% | 12.9% | 22.3% | 28.5% | 35.5% | 0.8% |
| ⑥国際関係学部 | 126 | 8 | 12 | 36 | 68 | 2 |
|  | 100.0% | 6.3% | 9.5% | 28.6% | 54.0% | 1.6% |
| ⑦政策科学部 | 84 | 7 | 16 | 27 | 32 | 2 |
|  | 100.0% | 8.3% | 19.0% | 32.1% | 38.1% | 2.4% |
| ⑧理工学部 | 124 | 21 | 40 | 32 | 31 | 0 |
|  | 100.0% | 16.9% | 32.3% | 25.8% | 25.0% | 0.0% |
| ⑨情報理工学部 | 72 | 11 | 28 | 19 | 14 | 0 |
|  | 100.0% | 15.3% | 38.9% | 26.4% | 19.4% | 0.0% |
| 不明 | 1 | 0 | 1 | 0 | 0 | 0 |
|  | 100.0% | 0.0% | 100.0% | 0.0% | 0.0% | 0.0% |

も学部間で格差が生じており、理工学部・情報理工学部・経済学部ではほぼ5割の学生が身近に「海外経験のある友人や先輩がいない」ことをネックに感じている（表2-6）。附属校出身者でも3割弱が同じように感じている（図2-6-2）。

「海外で学びたい・インターンシップやボランティアをしてみたい」と思ったきっかけ・動機

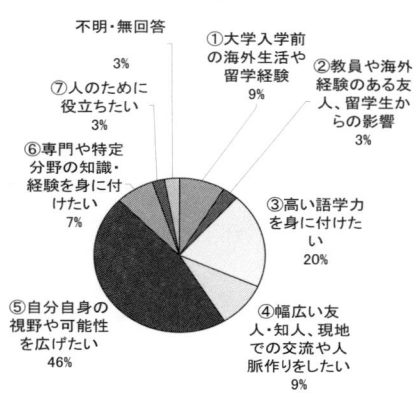

- 不明・無回答 3%
- ①大学入学前の海外生活や留学経験 9%
- ②教員や海外経験のある友人、留学生からの影響 3%
- ③高い語学力を身に付けたい 20%
- ④幅広い友人・知人、現地での交流や人脈作りをしたい 9%
- ⑤自分自身の視野や可能性を広げたい 46%
- ⑥専門や特定分野の知識・経験を身に付けたい 7%
- ⑦人のために役立ちたい 3%

図2-7

## 2. 海外留学プログラムに対する学生のニーズ

### (1) 学生にとっての海外留学の位置づけ

1,284名の回答者のうち、「卒業までに海外派遣プログラムに何らかの形で参加したい」と回答した907名についてさらに分析を進めたところ、半数近くの学生が「語学力の向上」のためではな

く、「自分自身の視野や可能性を広げる」ために海外留学を望んでいることがわかった（**図2-7**）。

### (2) プログラムの選択に際して学生が重視しているもの

さらに、プログラムの選択に際して重視されているものを探ったところ、新しく開発されたプログラムであることは重視されず（**図2-8**）、むしろ逆に過年度の実績やOB・OGの存在を重視している（**図2-9**）。奨学金は9割以上が重視すると回答しており、留学先の国・地域・都市・大学の知名度も7割の学生が重視している。プログラムに現地観光・見学・交流イベントが含まれることについては、回生や語学力を問わず、6割以上の学生が重視すると答えている。インターンシップ・ボランティアは、回生を問わず6割以上が重視していた。

回答者の学業成績に注目したところ、GPAの高い学生ほど、専門科目が学べることを重視していることがわかった。また、引率者・日本語を話す現地スタッフの存在が重視されるかどうかは、学生の回生よりも語学力と相関しており、語学力が低い層ほどニーズが強い（**表2-7-1**、**表2-7-2**、**表2-8-1**、**表2-8-2**）。また、8割強の学生が4年間での卒業に支障が出ないこと

新しく開発されたプログラムであること

- ①とても重視する 3%
- ②まあまあ重視する 19%
- ③それほど重視しない 51%
- ④ほとんど重視しない 27%

図2-8

プログラムの実績や評判、昨年度の実施内容に関する情報、OB・OGの存在

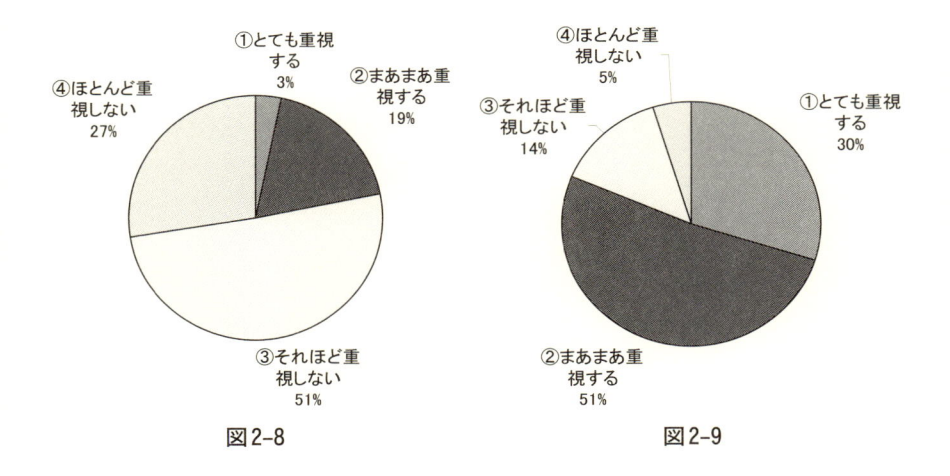

- ①とても重視する 30%
- ②まあまあ重視する 51%
- ③それほど重視しない 14%
- ④ほとんど重視しない 5%

図2-9

### 表2-7-1 語学力別の集計結果

引率者がいること

| | 全体 | ①とても重視する | ②まあまあ重視する | ③それほど重視しない | ④ほとんど重視しない | 不明 |
|---|---|---|---|---|---|---|
| 全体 | 907 | 135 | 289 | 294 | 185 | 4 |
| | 100.0% | 14.9% | 31.9% | 32.4% | 20.4% | 0.4% |
| ① TOEFL-ITP500点以上、またはTOEIC-IP600点以上 | 179 | 12 | 39 | 65 | 62 | 1 |
| | 100.0% | 6.7% | 21.8% | 36.3% | 34.6% | 0.6% |
| ② TOEFL-ITP450点以上500点未満、またはTOEIC-IP450点以上600点未満 | 327 | 41 | 110 | 106 | 69 | 1 |
| | 100.0% | 12.5% | 33.6% | 32.4% | 21.1% | 0.3% |
| ③ TOEFL-ITP400点以上450点未満、またはTOEIC-IP300点以上450点未満 | 224 | 48 | 90 | 62 | 24 | 0 |
| | 100.0% | 21.4% | 40.2% | 27.7% | 10.7% | 0.0% |
| ④ TOEFL-ITP400点未満、またはTOEIC-IP300点未満 | 71 | 16 | 19 | 24 | 10 | 2 |
| | 100.0% | 22.5% | 26.8% | 33.8% | 14.1% | 2.8% |
| 不明 | 106 | 18 | 31 | 37 | 20 | 0 |
| | 100.0% | 17.0% | 29.2% | 34.9% | 18.9% | 0.0% |

### 表2-7-2 回生別の集計結果

引率者がいること

| | 全体 | ①とても重視する | ②まあまあ重視する | ③それほど重視しない | ④ほとんど重視しない | 不明 |
|---|---|---|---|---|---|---|
| 全体 | 907 | 135 | 289 | 294 | 185 | 4 |
| | 100.0% | 14.9% | 31.9% | 32.4% | 20.4% | 0.4% |
| ①1回生 | 644 | 92 | 219 | 208 | 121 | 4 |
| | 100.0% | 14.3% | 34.0% | 32.3% | 18.8% | 0.6% |
| ②2回生 | 143 | 22 | 36 | 49 | 36 | 0 |
| | 100.0% | 15.4% | 25.2% | 34.3% | 25.2% | 0.0% |
| ③3回生 | 120 | 21 | 34 | 37 | 28 | 0 |
| | 100.0% | 17.5% | 28.3% | 30.8% | 23.3% | 0.0% |

### 表2-8-1 回生別の集計結果

現地に日本語のできるスタッフがいること

| | 全体 | ①とても重視する | ②まあまあ重視する | ③それほど重視しない | ④ほとんど重視しない | 不明 |
|---|---|---|---|---|---|---|
| 全体 | 907 | 258 | 316 | 212 | 117 | 4 |
| | 100.0% | 28.4% | 34.8% | 23.4% | 12.9% | 0.4% |
| ①1回生 | 644 | 181 | 235 | 145 | 79 | 4 |
| | 100.0% | 28.1% | 36.5% | 22.5% | 12.3% | 0.6% |
| ②2回生 | 143 | 38 | 43 | 35 | 27 | 0 |
| | 100.0% | 26.6% | 30.1% | 24.5% | 18.9% | 0.0% |
| ③3回生 | 120 | 39 | 38 | 32 | 11 | 0 |
| | 100.0% | 32.5% | 31.7% | 26.7% | 9.2% | 0.0% |

表2-8-2　語学力別の集計結果

現地に日本語のできるスタッフがいること

|  | 全体 | ①とても重視する | ②まあまあ重視する | ③それほど重視しない | ④ほとんど重視しない | 不明 |
|---|---|---|---|---|---|---|
| 全体 | 907 | 258 | 316 | 212 | 117 | 4 |
|  | 100.0% | 28.4% | 34.8% | 23.4% | 12.9% | 0.4% |
| ① TOEFL-ITP500点以上、またはTOEIC-IP600点以上 | 179 | 21 | 53 | 54 | 51 | 0 |
|  | 100.0% | 11.7% | 29.6% | 30.2% | 28.5% | 0.0% |
| ② TOEFL-ITP450点以上500点未満、またはTOEIC-IP450点以上600点未満 | 327 | 90 | 122 | 78 | 35 | 2 |
|  | 100.0% | 27.5% | 37.3% | 23.9% | 10.7% | 0.6% |
| ③ TOEFL-ITP400点以上450点未満、またはTOEIC-IP300点以上450点未満 | 224 | 85 | 80 | 45 | 13 | 1 |
|  | 100.0% | 37.9% | 35.7% | 20.1% | 5.8% | 0.4% |
| ④ TOEFL-ITP400点未満、またはTOEIC-IP300点未満 | 71 | 28 | 22 | 13 | 7 | 1 |
|  | 100.0% | 39.4% | 31.0% | 18.3% | 9.9% | 1.4% |
| 不明 | 106 | 34 | 39 | 22 | 11 | 0 |
|  | 100.0% | 32.1% | 36.8% | 20.8% | 10.4% | 0.0% |

を重視していた。

### (3) 参加してみたい留学プログラムのイメージ

　それでは、学生が参加してみたい留学プログラムの具体的なイメージはどのようなものなのだろうか。まず渡航先としては、欧州・北米を希望する声が全体の7割を占め、豪州等オセアニアが1割程度、中国や韓国等のアジアについては1割に満たなかった。アンケートが択一式であったことを考えれば、若干割り引いて解釈する必要はあるが、いまだ欧米志向が根強いことがわかる。渡航形態については、交換留学のように個人で渡航し個人で学ぶよりも、大学が団体扱いで渡航手配を行い、現地でも集団で学習する形態の方が過半数以上の学生の支持を得ていた。回答者の海外経験の有無や語学力レベルに注目したところ、語学力が最も高いレベルの学生層でわずかに逆転する程度であり、全体としては後者の形態がより強く好まれていると言える (**表2-9**)。留学期間については1年間ないし半年間を望む声が多い (**表2-10**) が、理工系学部では数ヶ月・1ヶ月間を望む声が目立つ。また、語学力レベルが高い学生ほど、より長期間の留学を希望しているこ

### 表2-9 語学力別の集計結果

渡航・実施の形態について

| | 全体 | ①自分で手配し、単独で渡航し、現地でも主に個人で学ぶ実施形態 | ②大学等が団体扱いで手配し、集団で渡航し、現地でもある程度集団で学ぶ実施形態 | 不明 |
|---|---|---|---|---|
| 全体 | 907 | 343 | 559 | 5 |
| | 100.0% | 37.8% | 61.6% | 0.6% |
| ① TOEFL-ITP500点以上、またはTOEIC-IP600点以上 | 179 | 91 | 88 | 0 |
| | 100.0% | 50.8% | 49.2% | 0.0% |
| ② TOEFL-ITP450点以上500点未満、またはTOEIC-IP450点以上600点未満 | 327 | 126 | 199 | 2 |
| | 100.0% | 38.5% | 60.9% | 0.6% |
| ③ TOEFL-ITP400点以上450点未満、またはTOEIC-IP300点以上450点未満 | 224 | 71 | 152 | 1 |
| | 100.0% | 31.7% | 67.9% | 0.4% |
| ④ TOEFL-ITP400点未満、またはTOEIC-IP300点未満 | 71 | 25 | 44 | 2 |
| | 100.0% | 35.2% | 62.0% | 2.8% |
| 不明 | 106 | 30 | 76 | 0 |
| | 100.0% | 28.3% | 71.7% | 0.0% |

### 表2-10 所属学部別の集計結果

留学期間について

| | 全体 | ①数日〜1週間程度 | ②数週間程度 | ③1ヶ月程度 | ④2、3ヶ月程度 | ⑤半年(1セメスター)程度 | ⑥1年(2セメスター)程度 | ⑦2年以上 | 不明 |
|---|---|---|---|---|---|---|---|---|---|
| 全体 | 907 | 11 | 76 | 151 | 145 | 183 | 290 | 43 | 8 |
| | 100.0% | 1.2% | 8.4% | 16.6% | 16.0% | 20.2% | 32.0% | 4.7% | 0.9% |
| ①法学部 | 118 | 2 | 15 | 18 | 9 | 31 | 34 | 7 | 2 |
| | 100.0% | 1.7% | 12.7% | 15.3% | 7.6% | 26.3% | 28.8% | 5.9% | 1.7% |
| ②経済学部 | 78 | 0 | 4 | 21 | 12 | 19 | 19 | 2 | 1 |
| | 100.0% | 0.0% | 5.1% | 26.9% | 15.4% | 24.4% | 24.4% | 2.6% | 1.3% |
| ③経営学部 | 96 | 0 | 8 | 15 | 22 | 16 | 26 | 8 | 1 |
| | 100.0% | 0.0% | 8.3% | 15.6% | 22.9% | 16.7% | 27.1% | 8.3% | 1.0% |
| ④産業社会学部 | 151 | 2 | 11 | 23 | 22 | 30 | 59 | 4 | 0 |
| | 100.0% | 1.3% | 7.3% | 15.2% | 14.6% | 19.9% | 39.1% | 2.6% | 0.0% |
| ⑤文学部 | 180 | 3 | 15 | 35 | 34 | 30 | 50 | 11 | 2 |
| | 100.0% | 1.7% | 8.3% | 19.4% | 18.9% | 16.7% | 27.8% | 6.1% | 1.1% |
| ⑥国際関係学部 | 112 | 0 | 6 | 10 | 12 | 19 | 62 | 3 | 0 |
| | 100.0% | 0.0% | 5.4% | 8.9% | 10.7% | 17.0% | 55.4% | 2.7% | 0.0% |
| ⑦政策科学部 | 65 | 1 | 3 | 6 | 11 | 16 | 25 | 3 | 0 |
| | 100.0% | 1.5% | 4.6% | 9.2% | 16.9% | 24.6% | 38.5% | 4.6% | 0.0% |
| ⑧理工学部 | 67 | 2 | 10 | 15 | 12 | 11 | 10 | 5 | 2 |
| | 100.0% | 3.0% | 14.9% | 22.4% | 17.9% | 16.4% | 14.9% | 7.5% | 3.0% |
| ⑨情報理工学部 | 40 | 1 | 4 | 8 | 11 | 11 | 5 | 0 | 0 |
| | 100.0% | 2.5% | 10.0% | 20.0% | 27.5% | 27.5% | 12.5% | 0.0% | 0.0% |

とも判明した。留学時期については、学部を問わず2回生時に留学したいという回答が多かった。夏休み・春休みの渡航を望む声が多く、とりわけ理工系学部では開講期間中の渡航が敬遠されている(**表2-11**)。プログラムの中身では、語学力の高い層は「語学学習・異文化体験・現地交流」よりも「専

2 学部学生の海外派遣促進政策について　99

### 表2-11　所属学部別の集計結果

留学（渡航）時期について〔季節〕

| | 全体 | ①前期に渡航する | ②夏休みに渡航する | ③後期に渡航する | ④春休みに渡航する | 不明 |
|---|---|---|---|---|---|---|
| 全体 | 907 | 128 | 441 | 141 | 190 | 7 |
| | 100.0% | 14.1% | 48.6% | 15.5% | 20.9% | 0.8% |
| ①法学部 | 118 | 17 | 66 | 14 | 19 | 2 |
| | 100.0% | 14.4% | 55.9% | 11.9% | 16.1% | 1.7% |
| ②経済学部 | 78 | 13 | 31 | 15 | 19 | 0 |
| | 100.0% | 16.7% | 39.7% | 19.2% | 24.4% | 0.0% |
| ③経営学部 | 96 | 19 | 45 | 11 | 20 | 1 |
| | 100.0% | 19.8% | 46.9% | 11.5% | 20.8% | 1.0% |
| ④産業社会学部 | 151 | 21 | 64 | 29 | 36 | 1 |
| | 100.0% | 13.9% | 42.4% | 19.2% | 23.8% | 0.7% |
| ⑤文学部 | 180 | 26 | 93 | 22 | 38 | 1 |
| | 100.0% | 14.4% | 51.7% | 12.2% | 21.1% | 0.6% |
| ⑥国際関係学部 | 112 | 11 | 56 | 24 | 19 | 2 |
| | 100.0% | 9.8% | 50.0% | 21.4% | 17.0% | 1.8% |
| ⑦政策科学部 | 65 | 11 | 24 | 14 | 16 | 0 |
| | 100.0% | 16.9% | 36.9% | 21.5% | 24.6% | 0.0% |
| ⑧理工学部 | 67 | 8 | 35 | 7 | 17 | 0 |
| | 100.0% | 11.9% | 52.2% | 10.4% | 25.4% | 0.0% |
| ⑨情報理工学部 | 40 | 2 | 27 | 5 | 6 | 0 |
| | 100.0% | 5.0% | 67.5% | 12.5% | 15.0% | 0.0% |

### 表2-12-1　語学力別の集計結果

留学先の学校について

| | 全体 | ①開設科目や学生数が多い大規模大学 | ②アットホームで面倒見の良い小規模大学 | ③レベル別で学べる語学学校 | ④地域社会に根ざしたコミュニティカレッジのようなところ | 不明 |
|---|---|---|---|---|---|---|
| 全体 | 907 | 234 | 495 | 90 | 76 | 12 |
| | 100.0% | 25.8% | 54.6% | 9.9% | 8.4% | 1.3% |
| ① TOEFL-ITP500点以上、またはTOEIC-IP600点以上 | 179 | 63 | 88 | 14 | 12 | 2 |
| | 100.0% | 35.2% | 49.2% | 7.8% | 6.7% | 1.1% |
| ② TOEFL-ITP450点以上500点未満、またはTOEIC-IP450点以上600点未満 | 327 | 72 | 186 | 33 | 33 | 3 |
| | 100.0% | 22.0% | 56.9% | 10.1% | 10.1% | 0.9% |
| ③ TOEFL-ITP400点以上450点未満、またはTOEIC-IP300点以上450点未満 | 224 | 59 | 124 | 24 | 15 | 2 |
| | 100.0% | 26.3% | 55.4% | 10.7% | 6.7% | 0.9% |
| ④ TOEFL-ITP400点未満、またはTOEIC-IP300点未満 | 71 | 15 | 39 | 7 | 7 | 3 |
| | 100.0% | 21.1% | 54.9% | 9.9% | 9.9% | 4.2% |
| 不明 | 106 | 25 | 58 | 12 | 9 | 2 |
| | 100.0% | 23.6% | 54.7% | 11.3% | 8.5% | 1.9% |

### 表2-12-2 学業成績（GPA値）別の集計結果

留学先の学校について

| | 全体 | ①開設科目や学生数が多い大規模大学 | ②アットホームで面倒見の良い小規模大学 | ③レベル別で学べる語学学校 | ④地域社会に根ざしたコミュニティカレッジのようなところ | 不明 |
|---|---|---|---|---|---|---|
| 全体 | 907 | 234 | 495 | 90 | 76 | 12 |
| | 100.0% | 25.8% | 54.6% | 9.9% | 8.4% | 1.3% |
| ① GPA3.5以上 | 55 | 15 | 27 | 7 | 5 | 1 |
| | 100.0% | 27.3% | 49.1% | 12.7% | 9.1% | 1.8% |
| ② GPA2.5以上3.5未満 | 110 | 40 | 50 | 12 | 6 | 2 |
| | 100.0% | 36.4% | 45.5% | 10.9% | 5.5% | 1.8% |
| ③ GPA2.0以上2.5未満 | 46 | 6 | 30 | 4 | 5 | 1 |
| | 100.0% | 13.0% | 65.2% | 8.7% | 10.9% | 2.2% |
| ④ GPA2.0未満 | 38 | 13 | 18 | 2 | 5 | 0 |
| | 100.0% | 34.2% | 47.4% | 5.3% | 13.2% | 0.0% |
| 不明 | 658 | 160 | 370 | 65 | 55 | 8 |
| | 100.0% | 24.3% | 56.2% | 9.9% | 8.4% | 1.2% |

### 表2-13 語学力別の集計結果

留学先での住居について

| | 全体 | ①ホームステイ | ②個室の寮・アパート | ③他の学生や現地学生と共同生活を送る寮 | 不明 |
|---|---|---|---|---|---|
| 全体 | 907 | 398 | 219 | 281 | 9 |
| | 100.0% | 43.9% | 24.1% | 31.0% | 1.0% |
| ① TOEFL-ITP500点以上、またはTOEIC-IP600点以上 | 179 | 70 | 54 | 53 | 2 |
| | 100.0% | 39.1% | 30.2% | 29.6% | 1.1% |
| ② TOEFL-ITP450点以上500点未満、またはTOEIC-IP450点以上600点未満 | 327 | 152 | 79 | 95 | 1 |
| | 100.0% | 46.5% | 24.2% | 29.1% | 0.3% |
| ③ TOEFL-ITP400点以上450点未満、またはTOEIC-IP300点以上450点未満 | 224 | 98 | 45 | 78 | 3 |
| | 100.0% | 43.8% | 20.1% | 34.8% | 1.3% |
| ④ TOEFL-ITP400点未満、またはTOEIC-IP300点未満 | 71 | 29 | 17 | 22 | 3 |
| | 100.0% | 40.8% | 23.9% | 31.0% | 4.2% |
| 不明 | 106 | 49 | 24 | 33 | 0 |
| | 100.0% | 46.2% | 22.6% | 31.1% | 0.0% |

門科目の受講」を希望しているが、語学力の低い層では逆であった。また、語学力や学業成績に関係なく、「開設科目や学生数の多い大規模大学」よりも「アットホームで面倒見の良い小規模大学」が人気である（**表2-12-1、表**

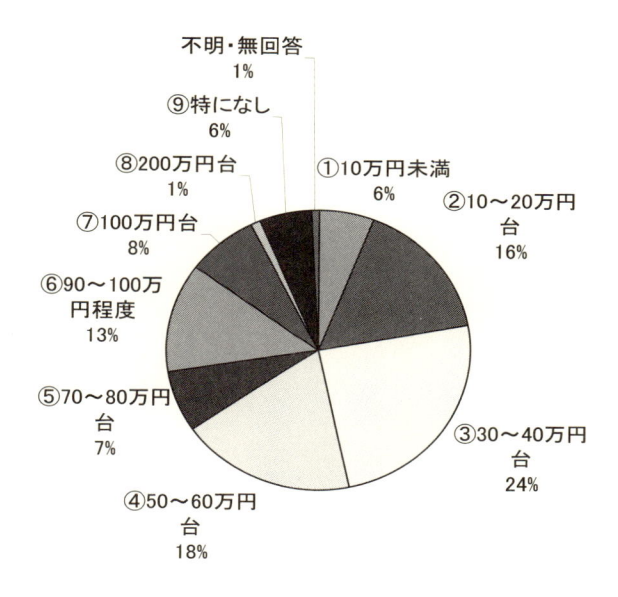

図2-10　参加費用の上限について

2-12-2)。さらに住居としては、語学力レベルを問わず、学生寮等よりもホームステイを望む声が強かった（表2-13）。自己負担できる参加費用の上限について尋ねたところ、おおよそ50〜60万円程度であることもわかった（図2-10）。

## 3. 既存の海外派遣プログラムの教育効果の検証

アンケート調査によって得られた実際に留学を経験した学生の声をもとに、既存のプログラムの教育効果を検証する（各回答者数は87頁参照）。

### (1) 異文化理解セミナー（表2-14）

まず「事前講義」の教育効果としては、「派遣先国・地域についての体系的な理解の深まり」をあげる声が最も多く、次に多かったのは「段取り・準備する力、計画性」が身についたとする声であった。学生主体のグループワークや発表、リサーチ等の作業が高い教育効果を上げていることがわかる。「現地での語学授業」については、「外国語運用能力の向上」はもち

表2-14　異文化理解セミナー　過年度参加者へのアンケート

1．プログラムを構成する以下のAからMの要素のそれぞれについて、具体的にそれらを通じてどのような成果や効果があったと思いますか？　それぞれについて①〜⑱の項目より、最も身に付いたとあなた自身が思うものを3つ選択してください。

| | A.事前講義 | B.現地での授業(語学) | C.現地での授業(語学以外) | D.フィールドトリップ・小旅行 | E.ホームステイ(該当する場合のみ) | F.寮生活(該当する場合のみ) | G.現地学生・スタッフとの交流イベント(該当する場合のみ) | H.現地研修言語によるレポートの作成 | I.観光・施設などの見学 | J.自由行動時間 | K.引率者や現地スタッフによる指導 | L.事後講義 | M.帰国後のレポート |
|---|---|---|---|---|---|---|---|---|---|---|---|---|---|
| ①積極性 | 7 | 34 | 19 | 13 | 14 | 4 | 15 | 6 | 11 | 34 | 6 | 7 | 3 |
| ②リーダーシップ | 8 | 0 | 2 | 4 | 1 | 0 | 3 | 0 | 2 | 12 | 6 | 6 | 0 |
| ③粘り強さ、我慢強さ | 10 | 1 | 3 | 8 | 11 | 2 | 0 | 18 | 5 | 6 | 9 | 8 | 14 |
| ④段取り・準備する力、計画性 | 33 | 7 | 1 | 15 | 0 | 0 | 0 | 39 | 7 | 23 | 15 | 16 | 28 |
| ⑤自分の意見を分かりやすく伝える力 | 16 | 24 | 5 | 1 | 23 | 3 | 21 | 24 | 2 | 6 | 12 | 27 | 24 |
| ⑥相手の意見を尊重し、丁寧に聞く力 | 8 | 7 | 12 | 6 | 11 | 5 | 13 | 3 | 7 | 4 | 32 | 10 | 0 |
| ⑦意見や立場の違い、文化の違いを理解し、受け入れる寛容性 | 8 | 14 | 21 | 15 | 28 | 9 | 23 | 3 | 20 | 4 | 19 | 9 | 3 |
| ⑧ルールや約束、指示された内容を守る意識 | 16 | 9 | 7 | 25 | 5 | 9 | 1 | 3 | 4 | 14 | 8 | 28 | 10 |
| ⑨ストレスを自分でコントロールする力 | 4 | 0 | 3 | 4 | 15 | 10 | 1 | 2 | 3 | 9 | 5 | 1 | 1 |
| ⑩派遣先の国・地域についての体系的な理解の深まり | 40 | 16 | 40 | 33 | 4 | 1 | 12 | 22 | 59 | 14 | 5 | 12 | 17 |
| ⑪日本に対する認識や理解の深まり | 6 | 4 | 6 | 4 | 5 | 1 | 5 | 8 | 11 | 4 | 2 | 7 | 11 |
| ⑫外国語運用能力の向上 | 4 | 53 | 13 | 4 | 20 | 5 | 10 | 34 | 9 | 5 | 12 | 6 | 11 |
| ⑬新しい見方・考え方の発見 | 6 | 10 | 24 | 8 | 13 | 3 | 13 | 13 | 31 | 11 | 11 | 12 | 20 |
| ⑭外国に対する親近感 | 15 | 15 | 24 | 27 | 11 | 4 | 18 | 2 | 25 | 15 | 12 | 6 | 5 |
| ⑮かけがえのない友人や尊敬できる人物との出会い | 15 | 8 | 17 | 21 | 23 | 6 | 23 | 0 | 4 | 25 | 21 | 10 | 4 |
| ⑯自信・達成感 | 0 | 12 | 3 | 6 | 9 | 1 | 4 | 37 | 1 | 13 | 4 | 20 | 34 |
| ⑰今後の明確な目標、将来の指針を得たこと | 6 | 2 | 0 | 1 | 2 | 0 | 1 | 4 | 4 | 3 | 4 | 21 | 11 |
| ⑱環境に適応する力 | 3 | 3 | 16 | 2 | 32 | 11 | 4 | 2 | 6 | 18 | 6 | 1 | 1 |

＊表中の数字は回答者数。各構成要素（AからM）における上位3位までを網掛けで示す。

ろんのこと、「積極性」や「自分の意見をわかりやすく伝える力」が身についたと答えた学生が多かった。この点は異文化環境下で外国語を学ぶことに起因するものと思われる。その他特筆すべき点として、ホームステイによる高い教育効果をあげておきたい。学生からの回答を見ると、外国語運用能力の向上というよりも、「環境に適応する力」「意見や立場の違い、文化の違いを理解し、受け入れる寛容性」がホームステイを通じて身についたとする意見が多くなっている。プログラムの管理運営の面では、ホームステイよりも学生寮の方が安全性や手配の容易さの点において優れてはいる。しかしながら、非常に重要な教育目標である異文化への適応能力・寛容性の獲得については、ホームステイでの体験がきわめて大きな教育効果を上げていることがわかる。一方で、ホストファミリーとのミスマッチや、ホストファミリー間での格差（比較的裕福な家庭から、報酬を得ることを半ば目的にしたような家庭まで幅広く存在する）の問題等があり、毎回それらが大きなトラブルの原因にもなっている事実がある。しかしながら、すべてに

おいて均質であるホストを学生の数だけそろえること自体が非現実的な話である。民族構成や家庭環境の多様さを体験することにも教育的意義がある。学生には渡航前の事前研修において、ホームステイに臨むに際しての心構えや留意事項を十分に指導・教育する必要があると言える。

## (2) UBCJP（表2-15）

現地でのボランティア活動を通じて「積極性」が身についたという声が特に目立った。また、UBCでは全員が寮に入居するが、寮生活を通じて「環境に適応する能力」の獲得、「かけがえのない友人・尊敬できる人物」に出会っていることがアンケート結果から窺える。さらに、100名で留学するプログラムの特徴を反映して、渡航前の「事前研修・UBCJP作文」においては、科目自体の獲得目標以外に友人や先輩との出会いという副次的な成果も上がっている。渡航後には、課外の共同イベントを通じた友人関係の充実や、自らが企画・運営に携わることによる積極性の涵養が見られる。正

### 表2-15　UBCJP　過年度参加者へのアンケート

1. プログラムを構成する以下のAからJの要素のそれぞれについて、具体的にそれらを通じてどのような成果や効果があったと思いますか？　それぞれについて①～⑱の項目より、最も身に付いたとあなた自身が思うものを3つ選択してください。

| | A. 事前研修・UBCJP作文 | B. LLED | C. ボランティア | D. カナダ研究 (ICS) | E. ASTU201/202 | F. その他の正規開講科目（該当する場合のみ） | G. 課外活動（スポーツ、文化活動など）（該当する場合のみ） | H. 寮生活 | I. 現地学生・スタッフとの交流イベント（OPEN HOUSE、成人式など含む） | J. 本学教職員や現地スタッフによる指導 |
|---|---|---|---|---|---|---|---|---|---|---|
| ①積極性 | 0 | 3 | 11 | 1 | 4 | 3 | 6 | 2 | 7 | 1 |
| ②リーダーシップ | 0 | 0 | 0 | 0 | 0 | 0 | 0 | 0 | 0 | 0 |
| ③粘り強さ、我慢強さ | 2 | 2 | 5 | 2 | 3 | 4 | 1 | 3 | 0 | 1 |
| ④段取り・準備する力、計画性 | 8 | 7 | 1 | 2 | 3 | 1 | 1 | 1 | 1 | 4 |
| ⑤自分の意見を分かりやすく伝える力 | 4 | 7 | 3 | 5 | 12 | 0 | 0 | 5 | 3 | 7 |
| ⑥相手の意見を尊重し、丁寧に聞く力 | 2 | 2 | 1 | 1 | 1 | 0 | 0 | 0 | 4 | 3 |
| ⑦意見や立場の違い、文化の違いを理解し、受け入れる寛容性 | 1 | 5 | 2 | 5 | 5 | 1 | 3 | 3 | 4 | 1 |
| ⑧ルールや約束、指示された内容を守る意識 | 4 | 0 | 2 | 1 | 0 | 0 | 0 | 1 | 2 | 5 |
| ⑨ストレスを自分でコントロールする力 | 1 | 0 | 0 | 0 | 0 | 0 | 0 | 0 | 0 | 0 |
| ⑩派遣先の国・地域についての体系的な理解の深まり | 7 | 0 | 5 | 15 | 3 | 0 | 0 | 0 | 3 | 2 |
| ⑪日本に対する認識や理解の深まり | 1 | 0 | 2 | 2 | 4 | 0 | 2 | 0 | 1 | 2 |
| ⑫外国語運用能力の向上 | 4 | 8 | 1 | 6 | 3 | 0 | 2 | 2 | 3 | 2 |
| ⑬新しい見方・考え方の発見 | 3 | 8 | 4 | 2 | 5 | 3 | 3 | 3 | 7 | 2 |
| ⑭外国に対する親近感 | 5 | 1 | 3 | 3 | 0 | 0 | 1 | 0 | 1 | 0 |
| ⑮かけがえのない友人や尊敬できる人物との出会い | 6 | 1 | 2 | 0 | 1 | 0 | 9 | 9 | 5 | 2 |
| ⑯自信・達成感 | 1 | 5 | 1 | 1 | 4 | 4 | 2 | 0 | 5 | 3 |
| ⑰今後の明確な目標、将来の指針を得たこと | 2 | 1 | 0 | 1 | 1 | 0 | 0 | 1 | 1 | 5 |
| ⑱環境に適応する力 | 1 | 0 | 0 | 1 | 1 | 0 | 5 | 10 | 1 | 2 |

＊ 表中の数字は回答者数。各構成要素（AからJ）における上位3位までを網掛けで示す。

課の授業については、各科目の獲得目標にかなった学習成果を上げていると言える。特に注目すべきは、成績や語学要件をクリアすることによってのみ受講が許可される「その他の正規開講科目」では、「自信・達成感」、「粘り強さ、我慢強さ」が得られたことを成果としてあげている学生が目立つことである。これを他の科目と比較した場合、他の科目においてはこれらを成果として挙げる声はそれほど多くはない。察するに、他の科目はプログラム参加学生全員に最初から受講が許可されており、なおかつ全員で学ぶという形態であるため、英語による講義であるにもかかわらず、学生側の実感としてはそれほどチャレンジングなものとしては受け止められていないのかもしれない。

ところで、UBCにはプログラム運営のために立命館大学から教職員が派遣されており、現地スタッフとともに日常的な指導・援助にあたっている。アンケート結果を見ると、「新しい見方・考え方の発見」「今後の明確な目標、将来の指針を得たこと」を成果として挙げる声が、他の構成要素と比較して「本学教職員や現地スタッフによる指導」において多くあがっている。

裏を返せば、通常の講義だけでは学生は自己について主体的に考え、自ら目標設定を行うという段階にまでたどり着けていないのかもしれない。教職員や現地スタッフによるきめの細かい指導やアドバイス、叱咤激励を通じて、ようやくUBCでの学びの経験を自らに引きつけて考え、自分自身の今後の目標を設定することができるようになっていると考えられる（事実、派遣教職員は、学生一人ひとりに対して、帰国後の履修指導やキャリア相談等にも応じている）。いずれにせよ、本プログラムの特徴のひとつである教職員の現地常駐が、学生に好影響を与えていることだけは間違いない。

### (3) 交換留学（表2-16）

交換留学では、学生が渡航前の諸手続きをほぼ独力で行う。これらの手続きは煩雑なものではあるが、アンケートの結果を見る限り、「段取り・準備する力、計画性」、「ルールや約束、指示された内容を守る意識」の涵養には役立っている。次に正課の面での効果を見てみたい。「現地での語学授業・クラス」では、「外国語運用能力の向上」に効果があったという声が目立つ。

## 表2-16 交換留学　過年度参加者へのアンケート

Ⅰ. プログラムを構成する以下のAからIの要素のそれぞれについて、具体的にそれらを通じてどのような成果や効果があったと思いますか？　それぞれについて①～⑱の項目より、最も身に付いたとあなた自身が思うものを3つ選択してください。

| | A.渡航前の諸手続きやビザ申請 | B.現地での語学授業・クラス | C.現地での専門の授業・クラス | D.レポート・試験 | E.寮生活 | F.課外活動（スポーツ、文化活動など）（該当する場合のみ） | G.現地学生や留学生・スタッフとの交流 | H.現地スタッフによる指導 | I.キャンパス外での現地生活 |
|---|---|---|---|---|---|---|---|---|---|
| ①積極性 | 5 | 3 | 2 | 1 | 1 | 8 | 1 | 1 | 5 |
| ②リーダーシップ | 1 | 0 | 0 | 0 | 0 | 1 | 0 | 0 | 0 |
| ③粘り強さ、我慢強さ | 6 | 3 | 2 | 7 | 2 | 0 | 0 | 7 | 1 |
| ④段取り・準備する力、計画性 | 6 | 0 | 0 | 0 | 0 | 0 | 0 | 0 | 0 |
| ⑤自分の意見を分かりやすく伝える力 | 11 | 0 | 8 | 0 | 0 | 2 | 0 | 0 | 2 |
| ⑥相手の意見を尊重し、丁寧に聞く力 | 3 | 5 | 1 | 0 | 1 | 1 | 6 | 5 | 1 |
| ⑦意見や立場の違い、文化の違いを理解し、受け入れる寛容性 | 0 | 1 | 2 | 0 | 1 | 1 | 4 | 2 | 1 |
| ⑧ルールや約束、指示された内容を守る意識 | 2 | 6 | 2 | 4 | 0 | 0 | 6 | 3 | 5 |
| ⑨ストレスを自分でコントロールする力 | 7 | 1 | 2 | 2 | 3 | 1 | 1 | 0 | 0 |
| ⑩派遣先の国・地域についての体系的な理解の深まり | 3 | 0 | 0 | 0 | 0 | 3 | 3 | 2 | 5 |
| ⑪日本に対する認識や理解の深まり | 0 | 1 | 0 | 0 | 0 | 0 | 0 | 2 | 0 |
| ⑫外国語運用能力の向上 | 0 | 7 | 3 | 1 | 0 | 1 | 3 | 2 | 0 |
| ⑬新しい見方・考え方の発見 | 0 | 7 | 3 | 0 | 1 | 2 | 7 | 1 | 1 |
| ⑭外国に対する親近感 | 0 | 2 | 0 | 0 | 3 | 3 | 0 | 0 | 5 |
| ⑮かけがえのない友人や尊敬できる人物との出会い | 0 | 2 | 2 | 0 | 7 | 5 | 8 | 0 | 5 |
| ⑯自信・達成感 | 0 | 0 | 5 | 6 | 0 | 1 | 0 | 1 | 0 |
| ⑰今後の明確な目標、将来の指針を得たこと | 0 | 0 | 5 | 0 | 0 | 1 | 1 | 0 | 0 |
| ⑱環境に適応する力 | 2 | 0 | 0 | 0 | 8 | 1 | 0 | 1 | 0 |

＊ 表中の数字は回答者数。各構成要素（AからI）における上位3位までを網掛けで示す。

しかしながら、語学以外の「現地での専門の授業・クラス」においては、「自信・達成感」・「自分の意見をわかりやすく伝える力」、「派遣先の国・地域についての体系的な理解の深まり」・「意見や立場の違い、文化の違いを理解し、受け入れる寛容性」を成果として挙げる声が目立つ一方、受講を契機として、そこから自己の「今後の明確な目標、将来の指針を得た」とする学生は、今回の調査ではほとんどいなかった。帰国後の立命館大学での学びを動機づけ、さらには卒業後の進路・就職を意識した主体的な取組みを促すという意味で、長期留学には積極的な意義があるはずなのだが、今回の調査に限れば、それがデータ上には現れてこなかった。この理由の解明は、データの取り方を含めて他の詳細な調査に譲らざるをえないが、前出のUBCJPと比較すれば、交換留学の場合、現地でいわゆるメンター (mentor) 的な役割を担う人物が不在であることが、原因の1つとして考えられるのではないか。事実、交換留学先での「現地スタッフによる指導」を通じて最も成果があったのは、「粘り強さ、我慢強さ」の獲得であり、「今後の明確な目標、将来の指針を得た」という声は皆無である（おそらくは外国語による意思疎通の問題が起因していると思われる）。この点はUBCJPと対照

「アドヴァンスト型」に分類される交換留学では、異文化理解セミナー、UBCJPと異なり、学生の自立的・主体的な学び・現地行動の自由を保障するがゆえに、渡航前を含め日常的な指導・援助を、教職員が行うことを控えてきた傾向がある。この「自由さ」が他のプログラムにはない交換留学の魅力でもあるのだが、留学先での学びやさまざまな生活経験、現地教職員との接触を通じて、自己の目標や将来の指針を描き出すという力量が不足しているという学生実態が、もし仮にあるのであれば、何らかの支援政策を今後は検討する必要がある。

その他の特徴としては、正課のクラスで「積極性」を養えたという学生の数が意外に少ないことが挙げられる。1学年間という比較的余裕のある留学期間のおかげで、スポーツや文化活動等の課外活動に参加する機会は他のプログラムに比して多いと思われるが、正課ではなく課外活動への参加を通じて、初めて「積極性」を養っている学生実態がアンケートから見て取れる。また、「寮生活」が学生に「環境に適応する力」を身につけさせる上で非常に大きな意味を持っていることがここでも窺える。

## 4. 早稲田大学の取組み

学部生全員に海外留学を課す国際教養学部の設置や、世界73カ国468大学（2005年2月現在）におよぶ海外協定大学とのプログラム開発等、海外留学において、早稲田大学は先進的な取組みを行っている。

早稲田大学国際部・留学センターの事務体制自体は、教員・職員の役割分担、スタッフ配置についても、立命館大学と基本的な構造は近似していると言える。しかしながら立命館大学と比較して大きく異なっているのは、以下の2点である。

第一に、立命館大学ではプログラムごとにバラバラに広報・掲示物・要項を作成し募集・選考を行っているのに対して、早稲田では募集は渡航の時期に応じて、前期・後期の年2回に一元化している[6]。つまりすべてのプログラムを「英語プログラム」「非英語プログラム」の2区分に分けたうえで、前期または後期にそれぞれ一括募集する形式を採用している。学生は一括

募集に対する願書さえ提出すれば、選考の過程で本人の希望・適性・能力に応じて各大学・各プログラムに振り分けられるため、実質最大5校までプログラムの併願が可能となっている。うっかり応募の時期を逃してしまうことや、プログラムごとに要項を入手しなければならない煩雑さとは無縁であり、必要な情報を学生が事前につかみやすいシステムであると言える。加えて、早稲田では立命館大学とは異なりWEB出願方式を採用しており、電算化によって事務処理負担の軽減と効率化を図っている。

　第二の違いは、学生スタッフの積極的活用である。もっとも、立命館大学でもプログラムの募集説明会や海外留学相談会等に過年度の参加学生を招き、留学体験等を話してもらう取組みはすでに行ってはいる。しかし早稲田の場合は、事務室とは別のフロアに、学生スタッフが月曜日から金曜日までシフトを組んで常駐する海外留学相談の専用窓口を独立して設けている。学生スタッフは海外留学経験を有する高学年の学生たちであり、地域・語種ごとに分担をしているとのことであった。学生を活用し、いつでも留学カウンセリングに応じられる体制を持つことが、海外留学需要の裾野の拡大に役立っている。

## VI. 研究のまとめと政策提起

### 1. 政策のポイント

　これまでの調査結果から得られた、学生の海外派遣を促進するための政策のポイントを列挙すれば、以下のようになる。

1) 費用負担を極力低く抑える仕組みづくり（奨学金制度の充実、急な為替変動に伴う円建て費用増大を抑える為替予約システムの導入等）
2) 1セメスター、1年間の団体渡航（パック）型プログラムの充実
3) 学生の語学力に応じた引率・現地支援体制の構築
4) 留学期間中の履修相談、キャリア形成支援制度の導入
5) 資格取得学習や正課との両立が可能である休暇期間中に渡航する短期集中型プログラムの開発
6) プログラム参加学生によるタテの交流・情報交換ネットワークの強

化・組織化
 7) 学生スタッフによる情報提供、留学カウンセリング制度の導入
 8) 附属校も含めた対学生広報戦略の抜本的な見直し
 9) 住環境が良好な地域にある小規模大学を特に重視した協定先開拓
 10) 留学中の家財道具を一時的に預かるサービス（自宅外生向け）の導入・斡旋
 11) 低回生からの参加が可能な海外インターンシップ・ボランティアプログラムの充実

## 2. 目標達成のために

当初目標の達成のためには、上記ポイントを押えた政策を順次立案していくことが求められるが、最少の労力でより高い効果を上げるために、ここでは以下の4点に絞って提起したい。

### (1) 広報戦略・募集方法の改善

とりわけ、高校時代から立命館大学のプログラムに関する情報に触れているはずの附属高等学校出身の学生が、情報不足をネックに感じている実態が明らかになった以上、彼らに対しては、さらなる梃入れをする必要がある[7]。附属高等学校出身の彼・彼女らが大学進学後、クラス、ゼミ、サークル等の場において、海外留学の意義や魅力を他の学生に広めることができれば、かなりの相乗効果が上がるものと思われる。従来、国際部担当者が附属高等学校を訪問し、プログラム説明会を実施しているが、今回の調査結果を受け止め、実施形態や時期、伝えるべき情報等に再検討を加える必要があろう。附属高等学校サイドとの定期的な情報交換の場を設定することも大切である。

また、キャンパス内での広報については、メール、WEB、紙ベースの掲示、学内説明会の実施を行ってはいるが、国際部側のこうした努力とは裏腹に、情報不足を感じている学生が多いことが今回の調査で明らかになった[8]。プログラムごとに募集時期を分割したり、個別に募集要項を作成したりする従来のやり方を改め、例えば早稲田大学のように募集要項を一本

化し、一括募集方式に切り替えるなど、情報の発信の仕方・伝え方を工夫し、情報を確実に学生へ届けることが重要である。また、WEBシステムのさらなる活用も検討すべきである。WEBによる出願・データの電算処理による事務の効率化はもちろんのこと、たとえば実際に留学している学生が現地の状況をリアルタイムでWEBにインプットすることができれば、留学を検討している学生だけでなく、父母に対してもより新鮮な情報を発信することが可能になる。

　さらに、学生の根強い欧米志向に対しては、非欧米圏で学ぶことの意義や魅力をわかりやすく伝えていくべきであろう。これには国際部だけではおのずと限界があるので、教学政策の一環として全学的に取組む必要がある。

## (2) 理工系学部生向けプログラムの重点開発

　学生数では大きなボリュームを誇る理工系学生のプログラム参加率が高まれば、派遣実績数が大幅に上昇することが見込まれる。現時点でも、学部レベルで新規の海外スタディプログラムの開発が行われつつあるが、国際部としても理工系学生向けプログラムの量的拡大を全学的意義のある政策として位置づけ、関与していくべきである[9]。今回の調査で、理工系学生にとっては、正課の専門課程と両立できることが海外留学のための絶対条件であることがわかった。また、情報が比較的不足しており、身近に留学経験者がいないという状況も明らかになった。調査結果を踏まえれば、理工系の学生は比較的短期間の留学に対するニーズが強いので、夏休み・春休み等の休暇期間に絞り、短期間ではあるが、ホームステイや異文化理解、語学トレーニングを取り入れたプログラムを開発すべきである。単位認定等、履修上の問題に悩む学生が多いことに対しては、過年度の留学者のうち、同じような悩みを経験した理工系学部生が気軽に相談に応じられるような仕組みを整備していくことが有効である（将来的には、先輩となる理工系学生の集団が後輩の理工系学生を組織的に支援し、継続して留学相談に応じられるような形で制度化していく）。また、広報戦略とも重なるが、理工系学部の卒業生で国際的な分野で活躍しているOB・OGをキャンパスに招聘し、

理工系分野であっても（理工系分野だからこそ）求められる「国際性」を学生時代に涵養することの重要性、それが現在のキャリアの中で不可欠であることを話してもらうような機会も提供していくべきである。短期間であっても、ホームステイは非常に高い教育効果が期待できるため、渡航前の事前指導（コミュニケーションのとり方、危機管理上の注意点等）を入念に行ったうえで、語学力に応じた現地での日本語サポートの導入も視野に入れつつ、採用を考えるのが望ましい。

### (3) 学生スタッフの活用と学生同士のタテの交流の促進

とりわけUBCJP等では、同期留学者の連帯意識が強く、次年度に続く後輩たちに有形無形の援助を組織的に提供する流れができている。このようなタテのつながりは、学生の立場からすれば、国際部からの情報不足を補完することになるばかりか、先輩を通じて、海外留学を身近に感じることができるようになる。各プログラム単位で、あるいは複数プログラム横断型で、同期留学者の組織が確立し、それが組織的に次年度の後輩たちと交流の機会を持つようになれば、大きな効果が期待できる。

そのような、組織化の支援や交流機会の提供を国際部としては行うべきである。それ以外にも、早稲田大学が採用しているような留学経験学生によるボランティアベースでの留学カウンセリング体制を日常的に整備することもきわめて効果が大きいものと思われる。

### (4) 長期留学中の支援制度の整備

これまで見てきた調査結果の限りにおいては、留学先での講義や生活経験を通じて、自らの目標や将来の指針を得られていないと思われる学生の実態がある。とりわけ、帰国後の立命館大学での学びを前向きに再開できるようにするためにも、帰国後のフォローアップ体制と並び、未着手であったこの部分を強化すべきである。

UBCJPのように、派遣先ごとに立命館大学の教職員がメンターとして常駐するわけにはいかないが、例えば長期留学中に定期的な提出を義務づけている留学報告書のあり方を再検討することはできるだろう。つまり、単

なる見聞きした事実・情報の羅列ではなく、学生が現在進行形で経験しているさまざまな正課・課外での問題や将来の進路・就職等の悩みに対して気軽に相談に応じ、立命館大学からのフィードバックを通じて指導が行えるような双方向のコミュニケーション・ペーパーとして、この報告書を積極的に位置づけてはどうか。

　実際の運用に際しては、派遣先大学の担当者や立命館大学の学生部、キャリアオフィス、所属学部事務室等との連携・協力が必要になってくるだろう。当然のことながら、留学先での学びの効果を高めることは、海外派遣プログラム自体の質の向上につながる。冒頭にも述べたとおり、プログラムの量的拡大だけではなく、高付加価値化についても、不断の努力を払っていかなければならない。

## 3. 残された課題――「多文化交流キャンパス」の実現に向けて

　本研究では、より多くの学生が海外留学を通じて「確かな学力」・「豊かな個性」を身につけることができるような政策の検討を行ってきた。学生が海外に行きやすくなるような条件整備を政策的に行うことは重要である。しかしながらそれと同時に、「内なる国際化」、つまり世界各国からの留学生の受入体制を強化することも重要である。多様な文化的背景を持つ留学生と日本人学生とが日常的に接触を持ち、お互いに情報や意見を交換し合いながら学生生活を送る「多文化交流キャンパス」の創造が強く求められる。そのような環境が名実共に実現すれば、学生にとって海外・異文化はもっと身近になり、留学に対する新たなニーズも醸成されてくるのではないだろうか。

【注】
1　「2007年度までの新規海外派遣プログラム開発の課題と方針（その1）」（2004年11月10日　常任理事会）。
2　立命館大学では理事会・院生連絡協議会（大学院生の自治組織）・学友会（学部学生の自治組織）・教職員組合・生活協同組合（オブザーバー）から構成される全学協議会において、学園全体に関わる重要事項についての全学の意思

が確認されている。2003年度全学協議会確認文書は、『立命館大学学園通信』2004特別号を参照。

3　法学部・経済学部・経営学部・産業社会学部・国際関係学部・文学部・政策科学部・理工学部・情報理工学部の全9学部。

4　「イニシエーション型」「モチベーション向上型」「アドヴァンスト型」「高度職業人・研究者養成型」の各類型の特徴については、国際部が刊行している「海外留学の手引き　2006年度版」を参照。

5　経済産業省を中心に今次定義された「社会人基礎力」は、学業成績には直接現れにくいが進路・就職において好ましい成果を上げるために必須であり、学生が確かな自己成長を実感できる具体的な諸能力として取り上げる。

6　詳細は早稲田大学が刊行している『早大生のための海外留学の手引き2006』を参照。

7　附属高等学校を管轄する初等中等教育部と国際部との懇談会を2007年度に初めて設け、情報共有を図りながら有機的な連携のあり方を現在検討している。

8　広報戦略の一環として、入学式や父母向け大学説明会などで、海外留学の教育的意義について学生本人や父母に対して訴える取組を2007年度より強化した。その結果、学内留学説明会に参加する学生数が例年に比して顕著な伸びを見せつつある。また「海外留学の手引き」・「海外留学案内」といった既存の印刷媒体の見直しを2007年度より順次行っており、わかりやすさ・見やすさの追求、ページ数の大幅削減を図るとともに、WEBの情報量充実を現在推進している。

9　理工系学部の執行部と国際部との懇談会の中で、現状の問題点について相互に意見交換を行い、現実的な解決策の検討を現在開始している。

# 3 教員評価制度を通じたシラバス改善に向けた提言——立命館アジア太平洋大学を事例に

門内　章

## I. 研究の目的

　現在立命館アジア太平洋大学では（以下、APU という）教員評価制度の導入に向けた取組みを行っている。本学の教員評価制度は、①教育分野、②大学サービス分野、③研究分野から構成されている。

　これまで、大学教員は主として「研究業績」により評価されてきた。しかし、当然、大学という高等教育機関に所属する大学教員は、「研究者」であると同時に、「教育者」でもある。特に新設大学である APU にとっては、教員の「研究業績」とともに「教育面での実績」が学生募集や社会的な評価を得る上で決定的に重要である。

　「教育面の実績」とは、教育制度、教育システム、教育体制、教育条件など、組織・制度・機構が関係するとともに、より直接的には、教員と学生のすべてのかかわり方によってつくられるものである。教員と学生とのかかわり方は、科目の目的や授業の目標の達成に向け、シラバスにはじまり、履修登録、授業、課題やレポートの提出、そして評価などが系統立てて構成されたシステムとして機能している。教員評価制度における教育分野の評価は、これらのシステムの構成要素が科目の目的や授業の目標の達成に向けてどのように相互に貢献し、科目の目的や授業の目標が達成されているのかを明らかにすることである。

　本研究の目的は、上記の考え方に基づき、第一に教員と学生の最初のかかわりであるシラバスについて、学生の教育と学習に果たしている役割を明確にし、シラバスの充実改善に向けた提起を行うことである。第二の目

的は、シラバスの充実改善を担保し、その取り組みを促進するために、教育分野における教員評価制度の一項目として「シラバス評価の着眼点」を作成し提起することである。

　本研究は、APUのシラバスと他大学（ハーバード大学）のシラバスとの比較分析ならびにシラバス各項目の学生の受け止めと活用に重点をおいた受講生へのインタビュー調査とアンケート分析によって行う。シラバス各項目の学生の受け止めに重点を置くのは、シラバスの記載内容が学生の知りたい情報を満たしているかどうか（シラバスの完成度）、さらにそれが学生の学習への動機づけになっているかどうか、そしてこれらのことが学生の「満足度」に相関があるのかどうかを調べることにより、具体的なシラバスの充実改善を提起できると考えたからである。

## II．シラバスの定義と役割および項目

　研究対象はシラバスであるので、まずシラバスの定義を再確認する。その上で、シラバスの持つ役割について整理を行い、シラバスの項目について概観する。

### 1．「シラバス」と「科目概要」の違いとその関係

　シラバスは一般的に、「講義概要」と訳される。文部科学省のホームページ[1]で「シラバス」と入力し検索すると、以下のように記述されている。

> 授業科目の詳細な授業計画のことをシラバスと言い、一般的には授業名、担当の教員名、講義の目的、各回の授業内容、成績評価の方法や基準、準備学習についての指示、教科書・参考文献、履修条件等が記載されています。シラバスは、学生に科目選択のための情報を提供する役割の他に、授業期間全体を通じた授業の進め方を示すとともに、各回の授業に求められる予習についての具体的指示を提供するという役割があり、後者の役割を充実していくことが重視されています。

　これを簡潔に整理すると、次の通りとなる。

(1) シラバスとは、授業科目の詳細な授業計画である。
(2) シラバスの役割は次の3点である。
　・科目選択のための情報の提供
　・期間全体を通じた授業の進め方の提示
　・予習の具体的指示
(3) 予習の具体的指示の役割を期待している。

(1)はシラバスの定義である、(2)はシラバスの役割であり、(3)は文部科学省の期待を示している。以下この定義と役割を参考としながら議論を進めていく。

シラバスと同様なものに「科目概要」がある。「シラバス」と「科目概要」について、本稿では次のように定義する。

各クラスで展開される授業内容は、本来、大学や学部の「教育目的や目標」に沿って系統的に構成されたカリキュラム体系（教育目的・目標⇒分野⇒科目⇒各クラスの授業内容）の中に位置づけられている。そうでなければ、各クラスにおける授業内容は担当教員に全面的に委ねられることになり、大学全体の教育目的や目標が大学や学部等の組織的・系統的な教育によって実現されないことになる。シラバスと科目概要の関係を図式的に整理すれば、次のようになる（**図3-1**）。

科目概要は、カリキュラム上の「科目の位置づけ」を示すものであり、いうなれば教育目的や目標を実現するために「何を学ぶか」を示すものである。一方、シラバスは科目概要を受けて、科目を「どのように学ぶか（あるいは、学んでいくのか）」を示すものである。したがって、シラバスの上位には、科目概要がなければならない。この点は、シラバスを議論する上で前提となる基本構造であるので、最初に確認しておく[2]。

## 2. シラバスの役割

文部科学省はシラバスの役割を、

**図3-1　シラバスと科目概要の関係**

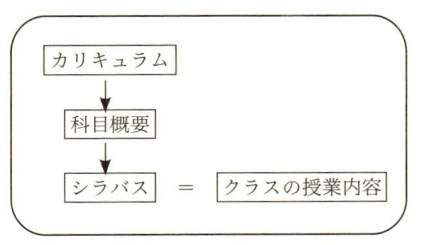

科目選択のための情報の提供、期間全体を通じた授業の進め方の提示、そして予習の具体的指示と3点にまとめている。この3点を手がかりに、アメリカでのシラバスの役割についての議論をまとめてみる。

## (1)「契約書」としてのシラバス

苅谷剛彦氏は著書で、「シラバスとは、教育サービスの売買における商品の詳細な『カタログ』であると見ることができる」と述べている[3]。また、同氏は自身のアメリカ・ノースウェスタン大学での授業を担当した経験から、次のような指摘を行っている。

> アメリカの大学生は、「消費者意識」が強い。高額な授業料に見合うだけの教育サービスを受けられるかどうか、日本の学生以上に厳しい選択の目を持って教育を選ぶ。

教員は授業開始時に学生に対し、「授業の目的や到達点、取り扱う内容」をはじめ、「成績評価をどのように行うのか」や「学生に期待すること」、「授業期間中のレポート課題とその提出期限」について明示しておく必要がある。これらの点を明確にシラバスに記載しておかないと、後日学生との間でトラブルになるという。

特に「成績評価方法」については、単に「中間試験と期末試験の持分割合」を明示するだけでなく、「学生の授業中の発言は評価するのか」「課題を提出期限後に提出した場合の措置はどうするのか」などもはっきりと書いておくべきと指摘する。

一方学生は、シラバスの記載事項を了解して履修登録を行う。よって、この過程を経て学生が履修登録をした場合、シラバスは「教員」と「学生」との間に成立する「契約書」としての性格を持つ。「契約書」としての性格を持つシラバスは、記載内容を簡単に変更することはできない。もっとも学生の習熟度にしたがって、学習内容や進行を臨機応変に対応するのも教員の重要な役割である。しかしその場合には、「変更点を文書で明示すべき」との指摘もある[4]。特にWEB上に掲載されるシラバスは、変更が容易な分、

この点に注意を払うべきである。

### (2) 学生の自学自習を促すシラバス

本来学生は授業中の学習だけでなく、予習や復習といった自学自習を求められ、その結果科目の学習目的や目標に到達する。シラバスは、この自学自習を促す重要な役割を担う。

日本の単位制度は、1単位あたり45時間の学修を基本としている。APUでは95分の授業を15回実施し、合格した学生に2単位を与えている。したがって、合計30（～45）時間の自学自習時間を見込んでの単位認定となっている。

ところで、アメリカの大学では、授業中に活発な議論を行うことが多い。教員はシラバス上で「各回の講義テーマ」を明らかにするとともに、「事前に読んでおくべき文献とその範囲」（＝リーディング・アサインメント）を明示する。学生は授業前にシラバスをチェックし、授業準備を行う。授業はリーディング・アサインメントを読んできたことを前提に展開される。この点については、次節の「Ⅲ．シラバスの事例研究——ハーバード大学のシラバス」で詳しく説明する。

講義形態の授業でも、シラバスには毎回の講義テーマ（トピックス）、内容、準備学習などが明示されており、授業を効果的、効率的なものにしている。

以上の点は、文部科学省のシラバスの記述で「予習の具体的指示」について、「今後充実されていくことが重視されている」と強調されていたことと符合している。

### (3) 大学の「教育内容や水準」を外部に向けて発信するシラバスの役割

「Ⅱ-1．シラバスと科目概要の違いとその関係」で整理したように、まずカリキュラム体系の中において、各科目で取り扱う内容が決められる（＝「科目概要」として示される）。そしてそれにしたがって、各クラスの授業が実施される。シラバスは、「各クラスにおける授業内容のカタログ」であり、「どのように学ぶか」を示したものである。したがってシラバスは、大学の「教育内容や水準」を表す。大学の外部評価が進んでいるアメリカでは、評

価者はまず「シラバスを参照」して、各大学の教育内容や水準を判断する[5]。

また、学生が他大学で取得した単位を自身の大学で認定申請する場合、大学は認定の是非を判断する必要がある。この際、シラバスが重要な役割を果たしている。これもアメリカの事例であるが、学生が夏期休暇中に帰省した際、帰省先にある大学で夏期集中講座を受講する。学生は、自身の大学に戻った際、他大学で取得した単位の認定申請を行う。申請を受けた大学は「単位認定の可否」を「その大学のシラバスを見て」判断する。つまり、学生が他大学で受講したクラスが、単位を認定するに値する教育内容や水準に達しているかどうかを「シラバスを見て」判断するわけである。APUは世界中から学生が学びに来ており、実際この点についての問題も生じている（この点については、「Ⅳ．APUにおけるシラバス」で触れる）。

最後に、近年では企業や高校、受験生、父母がシラバスを「大学の教育内容や水準を評価する指標」として活用していることも付け加えておきたい[6]。

シラバスの簡潔、的確な記述と公表は、大学の第三者評価を待つまでもなく、大学の教育の内容と水準のアカウンタビリティであり、実質的な社会的評価の機能を果たしている。大学は、積極的に全学的にシラバスを充実したものにしなければならない。本研究は、この意味においても重要な意義を有していると考えている。

## 3. シラバスの構成項目

シラバスの構成項目の検討にあたり、資料として主に次の3つの文献と論文（以下、「文献」という）を参考とした。

資料1．文部科学省の「シラバスの内容項目別の状況」調査項目[1]による
資料2．苅谷剛彦『アメリカの大学・ニッポンの大学』玉川大学出版部 2000年
資料3．Lockhart, Marilyn. "Academic Exchange Quarterly." *Syllabi for today's college classes.*, 2004

3 教員評価制度を通じたシラバス改善に向けた提言　119

表3-1　シラバスの項目一覧

| シラバスの構成項目 | 資料1 | 資料2 | 資料3 | APU | 早稲田 | 一橋 |
|---|---|---|---|---|---|---|
| 講義の目的 | ○ | ○ | ○ | ○ |  | ○ |
| 授業の概要 |  | ○ | ○ | ○ | ○ | ○ |
| 毎回の授業スケジュール | ○ | ○ | ○ | ○ | ○ | ○ |
| 成績評価の方法 | ○ | ○ | ○ | ○ | ○ | ○ |
| 教科書、参考文献の指示 | ○ |  | ○ | ○ | ○ | ○ |
| 文献の入手方法 |  | ○ | ○ |  |  |  |
| 準備学習などについての指示 | ○ |  | ○ | △ |  |  |
| 教員との連絡、相談の方法 | ○ | ○ | ○ | ○ |  | ○ |
| 出席に関するポリシー |  |  | ○ | △ |  |  |
| 課題の明示 |  |  | ○ | △ |  |  |
| 期限に遅れた課題提出に関するポリシー |  |  | ○ |  |  |  |
| 再試験に関するポリシー |  |  | ○ |  |  |  |
| 論文を書く場合の引用方法の明示 |  |  | ○ |  |  |  |
| カンニングや剽窃行為 |  |  | ○ |  |  |  |
| 学生に期待すること |  |  | ○ | ○ |  | ○ |
| 障害を持った学生への対応 |  |  | ○ |  |  |  |
| 履修条件 |  | ○ |  | ○ | ○ | ○ |

注) ○は専用の記載項目を設けていることを意味する。△は専用の記載項目を設けていないが、別の項目に「各種項目の記載がある」を意味する。

　以上の文献で取り上げられている「シラバスの構成項目」とAPU、早稲田大学、一橋大学のシラバス項目を一覧にして、表3-1にまとめた。表の「シラバスの構成項目」は、各文献の中で取り上げられているシラバスの項目を列挙したもので、それぞれの文献で必ずしも「シラバスの必須項目」としているものではない。

　資料3の文献に見るシラバスの項目は、「履修契約書」とでも呼べる詳細なものである。APUのシラバスは、そこまで詳細なものではないものの、項目的に整備されている。

　また、図3-2の文部科学省の調査[1]によるシラバスの項目を見ると、「準備学習の具体的指示」「オフィス・アワー」が他の項目に比して極端に少なくなっている。特に公立大学と私立大学でそれが目立っている。

　文部科学省のシラバスの3つの役割、すなわち「科目選択のための情報提供」、「期間全体を通じた授業の進め方の提示」、そして「予習の具体的指示」に照らして判断すると、表3-1においても図3-2においても、「予習や

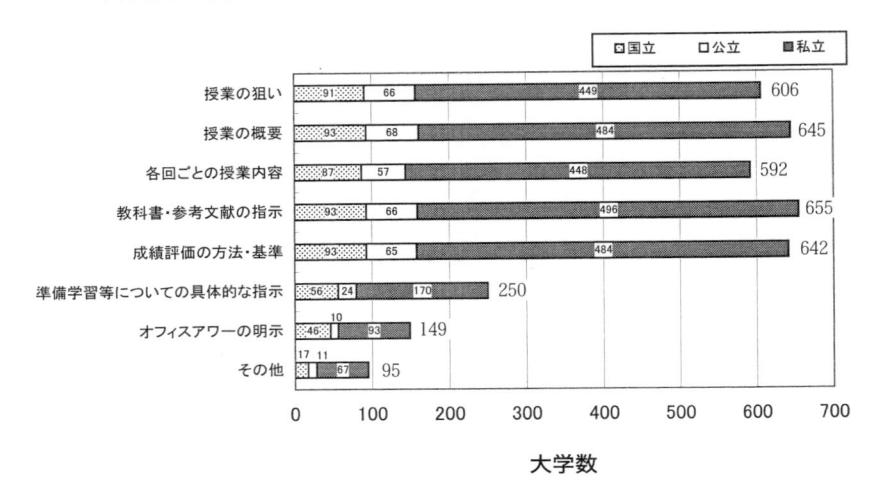

図3-2 国公私大学のシラバス項目

| 項目 | 国立 | 公立 | 私立 | 合計 |
|---|---|---|---|---|
| 授業の狙い | 91 | 66 | 449 | 606 |
| 授業の概要 | 93 | 68 | 484 | 645 |
| 各回ごとの授業内容 | 87 | 57 | 448 | 592 |
| 教科書・参考文献の指示 | 93 | 66 | 496 | 655 |
| 成績評価の方法・基準 | 93 | 65 | 484 | 642 |
| 準備学習等についての具体的な指示 | 56 | 24 | 170 | 250 |
| オフィスアワーの明示 | 46 | 10 | 93 | 149 |
| その他 | 17 | 11 | 67 | 95 |

準備学習の項目」が少ない。日本におけるシラバスの位置づけや役割の理解において、予習の具体的指示に「弱さ」があることを示している。

なお、当然であるが、シラバスはその役割に則して十全な記述があってこそ、はじめてシラバスの役割が発揮させられるものであり、いかにその項目が網羅的であっても、学生の学習を促進する、あるいは動機づける記述がなければ、それは「画餅」に帰することになる。以下、この点について留意しながら検討を進めていく。

## III. シラバスの事例研究──ハーバード大学のシラバス

シラバスの事例研究として、ハーバード大学のシラバスを取り上げる。ハーバード大学のシラバスを事例研究の対象とした理由は、①ハーバード大学は全米で教育、研究両面で最高の評価を得ている大学であること[7]、②ハーバード大学はWEB上で詳細なシラバスを掲載していること[8]による。

今回対象としたハーバード大学のシラバスは、Harvard College（学士課程）で、Faculty of Arts and SciencesのDepartment of Sociology（社会学科）のものである。理由は、APUの大半のシラバスが学部用であることと、APUの2学部の内、

アジア太平洋学部 (APS) は、社会学を基礎とした学部であることによる。

## 1. ハーバード大学における WEB ページの構成

ハーバード大学の WEB ページ上の「開講科目一覧」「科目概要」「シラバス」の掲載の仕組みは、次のようになっている。

Harvard College のホームページから、Academic Courses を選択すると、Courses of Instruction のページへリンクが貼られている。その中には、Department (学科) のリストが表示され、ここで Sociology を選択すると、約70ある開講科目が表示される。ここには、コースレベルごとに以下の情報が表示されている (表3-2)。さらに、この中にシラバスへのリンクが貼られ、学内外を問わずシラバスを見ることができる。

表3-2　ハーバード大学 Department of Sociology の開講科目情報

| 1 | 科目名 |
|---|---|
| 2 | Catalog Number |
| 3 | 担当教員名 |
| 4 | 曜日 |
| 5 | 時限 |
| 6 | 試験の種類 |
| 7 | 科目概要 |

このようにシラバスを公開しているのは、ハーバード大学がシラバスの内容について、さらには教育内容と水準について、相当の自信と確信を持っている証であろう。それは、シラバスの公開が、大学の教育内容や水準、学生の学習の到達度、さらには教員の授業レベルについて、社会的な評価を受けることになるからである。

## 2. ハーバード大学のシラバスの特徴

私が調査した限りにおいて、ハーバード大学の Department of Sociology のシラバスには、以下のような特徴があった。特に、"Sociology 10-Introduction to Sociology Fall 2004" を参照し、そこに記載された具体例を以下の括弧内で紹介する。

### (1) 「課題レポート」と「成績評価方法」を詳細に明示していること

単にレポート課題を学生に提示するだけではなく、「提出期限」を明示していること (緊急事態を除いて期限に遅れたレポートを受け付けない点) や、レポートの「評価方法」を提示していること (レポートは「長さ」ではなく、「内容」

や「構成」により評価をすること)、さらに課題レポートで「A」を取得するにはどうすればよいかまで、詳細に記述してある。

その他、「レポートを書く上での注意点」を事前に指導している。これらの記載から「契約書」としてのシラバスの役割が見てとれる。

(2) 毎回の授業スケジュールに「予習しておくべき文献リスト」と「授業で取り扱う該当ページ」が明示されていること

授業スケジュール表に「授業ごとの主題」を記載するだけでなく、「リーディング・アサインメント」が明記されている。しかもかなりの分量になる(1回の授業で100ページをこえる課題)。これは、「予習を促すシラバスの役割」を果たしている。

(3) 担当教員によりシラバスの書き方は千差万別であること

APUでは、シラバスの記載項目は決まっている(執筆は各教員が直接WEBページに入力している)。これに対し、ハーバード大学の社会学科のシラバスは決まったフォームがなく、教員によりさまざまである。

## IV. APUにおけるシラバス

### 1. 2名の外国人教員へのインタビューのまとめ

「APUにおけるシラバスの課題」について、2名の外国人教員へインタビュー調査を行った。インタビューで2名の教員が共に強調された点は、第一に、文部科学省のシラバスの役割に沿って「学生が理解しやすく記載すること」である。第二に、シラバスが「科目の概要に沿って的確に記載されなければならないこと」と、それを「点検、評価、調整する責任体制が必要なこと」である。これらの内容は、教員評価制度の教育分野のシラバス評価のポイントとなる点である。以下はインタビューの詳細である。

(1) A教授

【質問1】シラバスを作成する上で重視する点について

【回答】　学生はシラバスを見て履修登録をするので、「授業の概要」を理解できるよう、簡潔に作成することを心がけている。

【質問2】「APUにおけるシラバスの課題」について
【回答】　シラバスは「講義概要」なので、授業の中身自体を表現したものである。よって、学生がシラバスを見て各クラスの授業内容を一目で理解できるものでなければ、十分なシラバスとはいえない。

　　　　また、APUのシラバス（＝授業内容）は、「組織（系統）立った」ものになっていない。本来1回生や2回生で教えるべき内容が、4回生配当のシラバスに出ている場合がある。これまで何度か学生から、「このクラスとあのクラスは配当回生が異なるが、シラバスを見ただけではどのような違いがあるのか理解できない」と質問を受けたことがある。本来、特定分野の教員同士が講義開始前に協議し、「お互いの役割分担」と「授業内容」を決める必要がある。こうすることで、各クラス間の違いや関係がシラバスに反映する。

　　　　以前、学部内の同じ分野の教員が集まり、私がリーダーとなって各教員が担当する授業の内容を協議したことがある。その際、シラバスに記載すべき内容も基本的に私がリーダーシップを発揮して役割分担を行った。このように、本来同じクラスター（科目群）の教員間でコミュニケーションを図り、お互いの授業を体系だったものにする必要性を感じている。

　　　　また、責任ある立場の教員が、全シラバスをチェックして、「大学が求める科目概要」に沿った内容になっていないシラバスがあれば、即修正を求めるべきだと思う。現在、「科目概要がない」ことも大きな課題の一つだと思う[9]。

【質問3】シラバスの持つ役割について
【回答】　シラバスは「学生の履修登録時のガイド」となるだけでなく、学外の人向けにも重要な役割を持つ。大学が第三者評価を受けると、評価者は真っ先に「シラバスの内容」をチェックする。なぜなら、

シラバスの中身を見れば、その大学で行われている教育内容や水準を把握できるからである。同様に、留学生が留学先で取得した単位を自身の大学で単位認定を申請すると、その大学の担当者は留学先のシラバスを見て「認定の可否」を判断することになる。

### (2) B教授
【質問1】シラバスを作成する上で重視する点について
【回答】「理想的なシラバス」とは、読むだけで、その講義の全体的なイメージがわくようなシラバスを指す。さらに、学生が私のシラバスを読んで、「このクラスを履修しよう」と働きかける力も必要だと思う。

　「コースの概要」や「コースのねらい」、さらにこの授業を履修したことが「将来、どのように活かされるのか」について、学生の視点に立って書くことに留意している。

　授業準備として、毎回の授業をどのように進めるのか、どんなテキストを使えば効果的かを考え、シラバスを作成するように心がけている。

　また、受講生に予習と復習、試験準備をするよう促すには、「毎回の講義の概要」、や「試験予定」をシラバスに記載しておくことが大事だと思う。

　最後に、学生は専門用語を理解できないので、「授業のねらい」と「到達目標」はできる限り専門用語の使用を避け、平易な文章で書くように心がけている。

【質問2】「APUにおけるシラバスの課題」について
【回答】　シラバス全体をチェックする人が必要だと思う。シラバスは授業の内容を表現したものなので、授業内容（＝シラバスの内容）をコーディネートする人が必要だ。現在、同じ専門分野の先生同士が授業内容について協議をする公式な場がないので、シラバスを見ない限り、他の先生がどのような授業をやっているのかわからない。これでは、体系だった教育を実現できない。

## 2. 2名のAPU学生へのインタビューのまとめ

　APUの学部学生計2名（国内学生と国際学生1名ずつ）に、「シラバスの活用実態と課題」について、インタビュー調査を行った。次の2点が重要な指摘である。

　一つは、シラバスは担当教員が直接記載しているので、講義内容に（個人的な）偏りがないかどうか気になり、きちんと大学がチェックしているのかどうか心配である（国内学生）ということである。

　他の一つは、履修登録時に「詳細なシラバス」を見たいと思うが、実際は「講義の中で説明をする」といった記載がよくあるということ、シラバスに記載された進行予定と実際の進行に相違が生じたり、変更が生じたりしても、先生からは何の説明も受けないということである（国内学生、国際学生）。この点は、おかしいと思う。

① Cさん（アジア太平洋マネジメント学部4回生　男性、日本出身）

【質問1】履修登録する際、シラバスを活用していますか？
【回答】　基本的にシラバスを見て、履修登録をしているわけではありません。理由は、APUの場合、履修可能なクラスが限定されているので、「選択肢の幅」が非常に狭いからです。1回生や2回生では、30単位を登録する場合、20単位程度はすでに履修クラスが決まっているので、10単位分のクラスしか「選択の余地」がありません。その中で、シラバスを見て優先順位をつけます。

【質問2】受講期間中や受講終了後、シラバスを参照しますか？
【回答】　実際あまり活用していません。受講期間中、「成績評価方法」を確認する程度の利用です。

【質問3】履修登録時、「シラバスのどの項目」を主に参照しますか？
【回答】　「成績評価方法」が一番気になります。

【質問4】「成績評価方法」のどのような点に着目して、履修登録をするのですか？
【回答】　私は、「レポートが苦手」なので、その比率が高くないクラスを受講するようにしています。

【質問5】その他、「APUのシラバスにおける課題」があれば、教えてください。
【回答】　シラバスに記載された進行予定と実際の授業の進行に違いが生じることがよくあります。その際、先生から「変更になった理由説明」はほとんどありません。
　　　　　また、シラバスは担当する先生自身が記載するものなので、「講義内容」に担当する先生の「個人的な偏り」がないかどうか心配になります。この点について、大学側がきちんとチェックしているのかどうか、気になります。

② Dさん（アジア太平洋学部　2回生、女性、ベトナム出身）
【質問1】履修登録する際、シラバスを活用していますか？
【回答】　はい、活用しています。

【質問2】受講期間中や受講終了後、シラバスを参照しますか？
【回答】　いいえ、ほとんど見ません。

【質問3】履修登録時、「シラバスのどの項目」を主に参照しますか？
【回答】　「成績評価方法」を見ます。「期末試験の割合が高いクラス」を受講しようと思い、その点を見ています。

【質問4】その他、「APUのシラバスにおける課題」があれば、教えてください。
【回答】　履修登録の際、「詳細な授業計画」を見たいが、実際は「講義の中で説明する」といった記載が多く、シラバスを見ただけではイメージがわきません。また、よくシラバスに記載された進行予定と実際の授業の進行に違いが生じることがあります。この場合、担当

の先生から何の説明もなされないのは、おかしいと思います。

## V. 学生のシラバスアンケートから見るAPUシラバスの評価

### 1. これまでのシラバス検討のまとめ

　学生へのシラバスのアンケートを行った。調査結果の検討に入る前に、文部科学省のシラバスの記述をはじめこれまでの検討を以下にまとめる。この(1)～(10)のまとめをアンケートの検討と分析の視点として、APUにおけるシラバスの評価を行い、シラバスの充実改善に向けての提起を行う。

(1) シラバスは、カリキュラム体系に沿った科目概要の内容を受けたものでなければならない。
(2) シラバスは、分野ごとに調整し、系統的・体系的な整合性を持ったものでなければならない。
(3) シラバスは、責任ある立場の教員によってカリキュラム体系を実現しているかどうか、点検されなければならない。
(4) シラバスは、学生が授業の概要を一目で理解できるよう平易な文章で書かれなければならない。
(5) シラバスは、各クラスの詳細な授業計画でなければならない。
(6) シラバスは、期間全体を通じた個々の授業の進め方が提示され、学習を動機づけ促進するものでなければならない。特に「成績評価方法」について、詳細に明示していることが求められる。
(7) シラバスは、準備学習を具体的に指示するものでなければならない。
　・課題レポートを明示していること。
　・毎回の授業スケジュールに準備学習をしておくべき文献リストと授業で取り扱う該当ページ（章や項など）が明示されていること。
(8) シラバスは、「科目選択のための有益なガイド」となるべく情報を提供しなければならない。
(9) シラバスは、教員の学生に対する説明責任であり、学生に対して「契約書」的な位置づけをもっている。

⑽ シラバスは、大学の教育内容と水準を示すものであり、第三者評価の際に第1次資料となる。その公表は、大学の教育に関する社会的な説明責任の一端を担っている。

　科目選択の機能⑻は、⑷〜⑺を総合したものである。受講後の「契約書」的機能⑼も、⑷〜⑺の履行（内容と水準）の問題である。以上から、学生のシラバスのアンケート調査の分析は、技術的な⑷も必要であるが、学生に対する学習への動機づけ、準備学習の具体的指示を内容とする⑸〜⑺が学生にどのように受け止められているかが中心となる。
　また、⑸〜⑺は、⑴および⑵を含めて、教員評価制度におけるシラバスの評価項目あるいは基準となるものである。

## 2．アンケートの設計と対象

　学生がシラバスをどのように捉え、活用しているのかを調査するために、「シラバスアンケート」を実施した。このアンケートは、①授業全般に関する質問と②シラバスに関する設問により構成した。②については、学生のシラバスの活用を、「履修登録時」「受講期間中」「受講後」の3つの段階に分け、質問を行った。
　アンケート調査は、アジア太平洋マネジメント学部の専門科目（1回生配当）の1クラスで実施した。有効回答者数は、68名であった。このアンケート調査は、サンプリング的なもので、限界を有しているが、そこで示されている傾向は、筆者の経験や教員、同僚との話からも、ほぼ妥当なものと考えられる。なお、1回生を対象に選定したのは、シラバスを初めて目にする学生で素直な意見を集約できると考えたからである。
　以下、簡潔に回答肢[10]毎の回答状況とまとめを示す。

## 3．アンケートの集計と分析
### (1) 科目選択時におけるシラバスの活用

　科目選択時、シラバスを「極めて重視した」との回答をみると、「成績評価方法を極めて重視した」と回答した者が43%で第1位であった（以下、%

は回答者68名に対する比率を示す)。第2位が「授業方法」で22％である。第3位は、「毎回の授業の概要」で12％となっている。これで、回答者の80％弱となる。

次に「重視した」(複数回答可)は、「到達目標」が29％、「授業のねらい」と「授業方法」がそれぞれ26％、「学生への要望事項」「毎回の授業の概要」「テキスト」がそれぞれ21～22％と分散している。

以上から学生は「成績評価方法」の記述をまず押さえ、その上で「授業方法」「到達目標」「授業のねらい」「毎回の授業の概要」を勘案し科目を選択している様子が見られる。

同じ項目で、「科目選択の際、より充実してほしい項目は何か」という問いに対しては、「成績評価方法」と「毎回の授業の概要」が29％、次いで「授業方法」が25％、「授業のねらい」と「到達目標」が19～20％となっている。

以上の結果から、学生は「授業の方法」と「毎回の授業の概要」、そしてその結果としての「成績評価」の三位一体の詳細情報を求めていることがわかる。

## (2) シラバスの記載内容による勉学意欲のかき立て

「(シラバスの記載が勉学意欲を) 特にかき立てた」と「かき立てた」の合計を見ると、「到達目標」が25％、「成績評価方法」が24％、「毎回の授業の概要」が21％、「授業のねらい」が16％、「授業方法」が15％となっている。

「授業のねらい」と「到達目標」を合わせると41％となり、授業目的や目標の提示が勉学意欲に大きく影響していることがうかがえる。

また、「毎回の授業の概要」と「授業方法」を合わせると36％となり、授業に関わる記載が相当に勉学意欲に影響していると言える。

この結果から、教員サイドにおける良く練られた「授業のねらい」と「目標の提示」およびファカルティ・ディベロップメントをはじめ学生の興味関心を引き、動機づける授業の設計が学生の勉学意欲をかき立てることになる。ここにシラバスの重要な役割、機能を見ることができる。

## (3) シラバスにおいて参考にしている項目と役立っている項目

「(シラバスで)いつも参考にしている項目は何か」という問いに対し、全体の10%が「毎回の授業の概要」と回答している。「いつも参考にしている」と「必要に応じて参考にしている」を加えると、32％が「成績評価方法」、28％が「毎回の授業の概要」、19％が「授業方法」と回答している。

「(シラバスは)大変役立つ」との回答をみると、13％が「毎回の授業の概要」と回答している。「大変役立つ」に「役立つ」を加えると、22％の学生が「毎回の授業の概要」、16％の学生が「授業方法」と「成績評価方法」と回答している。

「成績評価方法」の比率の高さは、成績基準に課題の提出や授業への参加などが提示されていることによるものと考えられる。しかし、「毎回の授業の概要」や「授業方法」は、「参考になる」、あるいは「役立つ」と評価されていることから、「授業の方法」「毎回の授業の概要」、そして「その結果としての成績評価」の三位一体で、それぞれの内容を工夫すれば、出席、予習あるいは準備学習、質問や意見、復習など、学生の学習姿勢や態度を積極的なものに変える可能性がある。

## (4) 小 括

以上の集計と分析の結果から、「勉学意欲のかき立て」には、「授業のねらい」と「到達目標」が有効であるが、「科目選択」「勉学意欲のかき立て」「受講に際しての参考度と役立ち度」の設問のすべてにおいて、「授業方法」「毎回の授業の概要」、そしてその結果としての「成績評価」の三位一体の項目が有効である。

以上より、シラバスの充実にむけた改善の取組は、「授業方法」「毎回の授業の概要」「成績評価方法」の三位一体の取組みが必要である。これは、「Ⅴ-1．これまでのシラバスの検討のまとめ」でシラバスの本質としてまとめた「各クラスの詳細な授業計画」「成績評価方法の詳細な明示」を含めた「個々の授業の進め方の提示」と「課題レポート」「授業ごとの文献リストと該当箇所の明示」など「準備学習の具体的指示」と合致するものである。特に、準備学習の具体的指示は、APUのシラバスにおいても、内容として

不十分な点である。

## VI. まとめ——政策提起

　以上から、本研究は次のようにまとめることができる。まとめはAPU用として記述しているが、その内容は他大学でも適用できるものであると考えている。

### 1. APUシラバスの充実改善にむけた提起

　毎秋、APUアカデミック・オフィスは次年度開講に向け、各教員に対し教学部長名で「シラバス作成依頼」を文書で行っている。その文書の中に、研究の第一の目的であるシラバスの充実改善にむけて、以下の5点を「留意事項」として盛り込むことを提起する。

① 【到達目標】　抽象的な表現は避け、講義終了後教員と学生が「自己評価・検証」ができるよう、できる限り「具体的な表現」で記述する（eg.「経済理論をトータルに学ぶことによって、高度な専門知識を獲得する」などの抽象的表現は避け、「この授業で、『経済理論』を学ぶことにより、新聞で掲載される経済記事の意味やそこから派生する問題点を学生自身で考察することができるようになる」など、具体的に記述する）。

② 【授業のねらい・授業方法】　学生は「授業のねらい」や「授業方法」を見て、「どのような授業が展開されるのか」を具体的にイメージし、履修登録を行う。よって、できる限り「平易な文章で講義全体のイメージがつかめる」よう記述する。

③ 【毎回の授業の概要】　テキストを使用する場合、「毎回の授業で取り扱う章や項」を明示し、学生が準備学習をしやすい環境を整える（eg.「第1講：テキスト第1章　第1項～第3項」など）。

④ 【成績評価方法】　レポートを課す場合、「できる限り具体的に分量や評価するポイント」を、明示をする（eg. レポートの分量は、「3,000字以下にまとめること」など。）。

⑤ 【学生への要望事項】　学生の「自学自習を促す」ために、「学生への

要望事項」欄を積極的に活用すること（eg.「毎回の授業のトピックをキーワードとして、これまでの新聞記事をデータベースで検索し、事前に読んでおくこと。授業中にディスカッションを行うので、これまで社会一般での議論を把握し、自身の意見を整理しておくこと」など）。

## 2. 教員評価制度における「シラバス評価の着眼点」の作成

最後に、本研究の第二の目的である教員評価制度におけるシラバス評価の着眼点[11]を以下に呈示する。

なお、評価を行う場合は、「APU教員評価制度」に基づき、「APUシラバスの5項目ごとに評価すること」、「評価は、3段階（5点、2点、0点）で実施する」こととする。

表3-3 教員評価制度におけるシラバス評価の着眼点

| No | シラバス項目 | 評価の着眼点 | 評価点 |
|---|---|---|---|
| 1 | 全体 | ・シラバスの内容が「科目概要」に対応していること。 | |
| 2 | 到達目標 | ・「到達すべき内容と水準」が学生にわかりやすく設定され、可能な限り講義終了後教員と学生が自己点検・検証ができるよう「具体的な到達目標」が提示されていること。<br>・言語科目等「数値」で目標を示すことが可能な科目については、「数値目標」が示されていること（TOEICの点数など）。 | |
| 3 | 授業のねらい・授業方法 | ・学生が「授業の進行をイメージ」できるよう、具体的に書かれていること。 | |
| 4 | 毎回の授業の概要 | ・毎回の授業のトピック（主題）が記載されていること。<br>・テキストを使用する場合、「授業ごとに取扱予定の章や項」が明示されていること。<br>・「自学自習」、「準備学習」を具体的に指示されていること。（「学生への要望事項」欄での記載でも可） | |
| 5 | 成績評価方法 | ・「APUの評価基準」に準拠していること（期末試験は、全体評価の50%以下となっていること等）。<br>・レポートを課す場合、「分量」や「評価するポイント」について明示していること。 | |

【注】
1 文部科学省の、「大学における教育内容・方法の改善について」（2005年6月26日引用）http://www.mext.go.jp/a_menu/koutou/daigaku/04052801/003.htm
2 この点については、2005年3月22日APUニューチャレンジ教学刷新部会で『教

学刷新の基本的方向について』という学内文書で既に議論されている。
3 苅谷剛彦『アメリカの大学・ニッポンの大学』(TA・シラバス・授業評価) 玉川大学出版部、2000年
4 Office of Instructional Development, University of California, Los Angels. http://www.oid.ucla.edu/units/tatp/pedagogy/syllabi/view?searchterm=syllabus (2005年6月13日引用)
5 Harris, Mary B. "The purposes of a syllabus" College Teaching March 22, 2002
6 立命館大学 大学教育開発・支援センター「第1回『シラバス開発に向けた懇談会』開催報告」2005年10月7日
7 http://www.usnews.com/usnews/edu/college/directory/brief/drglance_2155_brief.php (2005年6月26引用)
8 筆者は、インターネット環境が充実したアメリカの各大学はシラバスを公開しているだろうと期待していた。しかし、実際は「科目概要」はWEB上で検索できるが、シラバスはほとんど掲載されていない。私が調べた限り、ハーバード大学がもっともシラバスを公開している大学であった。UCLA, Office of Instructional DevelopmentのWEBページに、「シラバスは第1回目の講義で配布する」とあり、また「変更があった場合は文書で配布する」とあるので、私はアメリカの大学におけるシラバスは、必ずしもオンラインに掲載されていないものと考えている。
9 2005年度、APU教学部が「科目概要」を整備した。
10 回答肢は、授業のねらい、到達目標、授業方法、毎回の授業の概要、成績評価方法、学生への要望事項、テキスト、参考文献、備考他である。
11 APUでの検討を経て、2006年度から教員評価制度のシラバスの記載事項について、本研究の「シラバス評価の着眼点」が採用された。

本論文の著者である門内章君が、本書の編集過程の2007年6月に36歳の若さで急逝された。門内君は、極めて実直な人柄で、仕事にもいつも正対してきた。実直さと正対さは、論文の簡明な論理の展開と記述にもそのまま現れている。門内君は、立命館アジア太平洋大学の国内・国際学生の「学びと成長」をさらに促進するには何をすればよいのか、特に授業での学びをどう充実したものにするのかという問題意識のもとに、テーマを設定した。この問題意識は立命館の職員に共通するものであり、門内君の遺志を受け継ぎ、立命館職員が「大学アドミニストレータ」あるいは「プロの職員」として成長することが何よりの供養であると考える。この決意を込め門内章君のご冥福を心よりお祈り申し上げる。

(伊藤　昇)

# 4　学生活動の効果検証——オリター活動（上級生による新入生支援組織）をケースに

寺本　憲昭

## Ⅰ．研究の背景

　現代日本は、大学・短大への進学率が50％を超えており、ユニバーサル段階への移行過程に突入している。米国の社会学者マーチン・トロウは、高等教育への進学率が15％を超えると高等教育はエリート段階からマス段階へ移行するとし、さらに、進学率が50％を超える高等教育をユニバーサル段階と呼んでいる。このような高等教育のユニバーサル化の中、社会・世界等の多様な観点から、人材の育成として、確かな学力基盤とともに、もう一つの学力とも言うべき、自らの学びを切り拓く自治力量ある学生の育成が求められている。今こそ、これまで以上に「教育と学生」に焦点をあてる必要がある。学生の大学生活の2つの軸「正課と正課外」、これらを高めることにより、総合的な力・人間的な力の成長を促進し、確固たる個を確立させることが必要である。このような課題への一つのアプローチとして、2000年6月発表の文部省高等教育局（現文部科学省）の研究報告「大学における学生生活の充実方策について」では、「教員中心の大学」から「学生中心の大学」の視点への転換が求められるとした上で、正課外の取組みを、人間的成長を促すための活動として、積極的に捉え直して支援していくべきと提言がなされている。

　本学では、建学の精神である「自由と清新」、教学理念である「平和と民主主義」に基づき、「未来を信じ、未来に生きる」の精神をもって目指すべき学生像として「地球市民」を置き、未来を切り拓く学生の育成方針を持っている。このような理念・使命を2006年7月には「立命館憲章」として制定

している。そして、全学協議会[1](1999年度）において、これらの源となる学生の「学びと成長」を「正課と課外にとどまらず大学という空間的・時間的な場の全体で、さらには大学を起点とした社会的なネットワークの広がりの中で、学生の『学びと成長』が実現している」と改めて確認している。このようなことを背景に、学生は正課・正課外を問わず多彩な学生活動[2]に取り組んでいる。

学生活動は大きく、①正課活動、②正課外活動（正課関連活動・課外自主活動など）に類型化することができる。学生活動は、キャンパスに活力を生むと同時に学生個人の力や意欲を高め、そして、キャンパスにおける学生の大切な居場所となっている。また、本学では、学友会[3]による学生自治システムが機能していることを軸に、学生同士が教え合う、高め合う風土がある。大学は、これらの集団的な学生の活動を学びの場、学生が伸びる場、人間的成長を促すための活動とし、積極的に支援してきている。この学生活動・学生集団による学び合いが大学の「学生力」を体現しているとも言える。現在、本学では約16,000人の学生が約700団体に所属している。本研究においては、本学の約5割の学生が参加している正課外活動、その中でも本学の学生活動の特徴的な要素とも言える「学び合い」、その象徴とも言える上級生が新入生を支援するオリター・エンター活動（以下、オリター活動）をケースに調査分析を行うこととする。なお、オリター活動を学生部ではその歴史的背景から正課外活動と位置づけている。

## II．研究の目的

1960年代から継続して再生産されている伝統ある組織活動である学生のオリター活動は、第一に、本学の学生活動の特徴である学生が学生に影響しあう・教え合う・学び合う、ピア（Peer）なシステムの象徴である。第二に、学生活動の中でも600人規模という最大のカテゴリーであり、結成から解散までの1年サイクルの組織活動である（1年サイクルの調査・検証が可能）。

本稿は、このオリター活動の効用を検証し、そのエッセンスを抽出することで、①本学の学生活動において、学び合いという機能により学生が成

長する構図を明らかにし、②これまで大学による学生活動への支援で課題であった検証を含めた支援スタイルを展望し、③オリター（個人・組織）に対する体系的な援助のあり方を提起する。

## 1. なぜオリター活動をケースに取り上げたのか、2つの仮説
### (1) オリター活動を経験することで学生は成長を遂げる

オリター制度には、次のような課題がある。①これまで大学としても様々な場面でのオリターとの接触の機会・経験を通じ、オリター経験学生が確実に学び成長している、力をつけている学生活動であると感覚的には認識をしているが、未だその成長を実証できていない。②加えて、現在大学としては、オリター制度に対しては財政援助が中心になっており、その効果検証を踏まえた体系的な援助が行えていない。

### (2) オリター活動は、自治力量を持つ学生の大きな供給の源となっている

援助を担うオリターと援助を受ける新入生との間に、学生が学生に影響を与え、育ちあうピア・エデュケーション（学び合い）の構図がある。新入生は身近なロールモデルとしてのオリターから刺激を受ける。オリターは新入生との触れ合い、新入生援助を通じ成長している。この学生同士の学び合いのメカニズム、そこで受けるきっかけ・気づき等を含む構図が立命館大学全体の元気層、学びの意欲層（主体的な学生層）、かけがえのない自分を持っている自立・自律学生、自治力量を持つ学生の供給源となっていると仮説を立てた。よってこのような学生の自治力量を養成することは、活力ある学生力が溢れる大学づくりにつながるであろう。

## 2. 調査分析で重視する観点
### (1) 立命館大学の学生活動での学生の伸び

全学協議会における確認や、本学の学生活動に対する近年の政策方針「新世紀における立命館文化の創出に向けて（答申）」(2002.12.18 常任理事会)、「BKC（びわこ・くさつキャンパス）正課課外活性化検討委員会答申」(2003.3.19 常任理事会)、これまでの新入生・在学生・卒業生を対象としたアンケート

等の調査結果から、学生活動が学生の人間的成長を促す場、伸びる場であることや、学生には「伸びる瞬間」があることがわかってきている。しかし、いずれも全体的なエッセンスの抽出が中心であり、現状として、具体的な学生活動に焦点をあてた検証は行えていない。このような課題認識のもと、学生活動の入部から活動終了までのワンサイクルの中で、どのくらいの層が、どれだけ、どういう時に「伸び」ているのか、数値を含めた実証を行う。

### (2) 学生活動支援の段階を一つ進める

本学には学生活動を支援する学生組織「学友会」が存在する。本学で行われている多くの学生活動は学友会を基に重層的に連なり、それぞれの組織が互いに高めあって機能している点に特徴がある。この組織間の学び合いが本学の学生活動の優位性としてある。このようなシステムに加えて、大学としても様々な学生活動への支援（ヒト：顧問部長・副部長制度等、モノ：課外活動条件施設整備等、カネ：課外活動財政援助等）を行い、学生活動の活性化・高度化を促進している。このような取組みが好作用し、学生活動の規模の拡大、全国トップ水準の学生団体の輩出等の高度化につながっている。しかし、団体の活動の評価に関しては、優秀団体への表彰・報奨という水準であり、援助の壁を越えきれていない。本研究ではPDCAというサイクルを念頭に、とりわけCHECK（検証）を行い、本学の学生活動支援の到達点を一つ進める。そして、学友会システムとともに歩んでいく大学としての支援モデルの構築、側面支援からStudent Developmentの領域（より教育的な支援）への支援の深化の礎の一つとなることを目標とする。

## Ⅲ．研究の方法

研究は以下の三つの方法によってすすめる。
1. オリター活動・オリター制度の状況の分析を行う。オリター活動の経緯、活動範囲・活動規模、これまでの支援等、その到達状況の整理を行う。
2. 定量調査・定性調査分析を行う。まずオリター登録書・報告書を中心とした定量調査により、数値化を行い、全体像を把握する。次に支援の担

い手（オリター）と受け手（新入生）それぞれに対するインタビューによる定性調査によって、仮説の立証、到達点を明らかにする。

(1) 定量調査（表4-1）

1) オリター自己評価【新規実施】：オリターにアンケート（登録書・報告書の形態）を実施し分析を行う。
2) オリター客観評価【既存データを活用】：①オリターの進路・就職状況の分析を行う、②オリター経験者のオリター活動以外の学生の学び合いの仕組み（JA・CA、ES）への参加状況の分析を行う。
3) 新入生評価：①FLC参加者にアンケートを実施し分析を行う【新規実施】、②学友会新入生アンケートの分析を行う【既存データを活用】。
4) 父母評価：新入生父母アンケートの分析を行う【既存データを活用】。

表4-1 研究方法の概要

| 名称 | オリター登録・独自アンケート | オリター報告・独自アンケート | FLC参加者・独自アンケート | 学友会新入生アンケート（既） | 新入生父母アンケート（既） |
|---|---|---|---|---|---|
| 調査月 | 2006年5月 | 2006年7月 | 2006年4月-6月 | 2006年5月 | 2006年8月 |
| 調査対象 | オリター637人 | オリター637人 | 新入生260人 | 新入生8264人 | 新入生父母3000人 |
| 調査方法 | オリター団長から配布・集約 | オリター団長から配布・集約 | FLCにおいて参加職員から3割に配布・集約 | クラスにおいてオリター配布・集約 | 新入生父母を抽出し郵送・返信 |
| 回収データ | 637件（対象637件）回収率100% | 566件（対象637件）回収率88.9% | 167件（対象260件）回収率64.2% | 6067件（対象8264件）回収率73.4% | 1170件（対象3000件）回収率39.0% |
| 関連する主な質問項目 | ・なぜ活動をしようと思ったのか。・自己評価 | ・クラス援助活動・参加状況・自己評価・まとめ | ・満足度・次年度運営意思 | ・大学生活で慣れる上で役立ったもの | 自由記述欄（記載数256件） |

〈オリター自己評価の設計視点〉

　2つの独自アンケート①オリター登録書、②オリター報告書を行っている。「オリター登録書」は、2006年5月に実施しており、637件回収。オリター登録書では、2つの時点①オリター就任前（2005年12月時点）②オリター就任中（2006年5月時点）の自己評価を実施している。「オリター報告書」は、2006年7月に実施しており、566件回収。オリター報告書においては、オリター終了後（2006年7月時点）の自己評価を実施している。以下の分析は原則として、「オリター登録書」、「オリター報告書」のどちらも提出している564件を分析対象としている。自己評価で使用した指標の設定に関しては、過年度オリター経験者の報告書、正課外活動に対するこれまでの本学調査（新入生アンケート、在学生アンケート等）をベースに人間力戦略研究会（内閣府）報告書[4]、人物試験技法研究会（人事院）[5]報告書を参考に6項目を設定している。6項目は、①積極性、②社会性、③責任感、④コミュニケーション力、⑤プレゼンテーション力、⑥問題解決力。6項目に対して、A) オリター活動をはじめる前：2005年12月時点「就任前」、B) 2006年5月時点「就任中」、C) オリター活動の終了時点：2006年7月「終了後」の自分を振り返ってもらい5段階の数字で自己評価をしてもらっている。

(2) 定性調査

1) 現在オリター活動を行っている現役学生にインタビューを行う。

2) 卒業し就職しているオリター活動経験者にインタビューを行う。

3) 支援の受け手である新入生にインタビューを行う。

3. 他大学、全国の動向を調査する。ピアな仕組みに関わる全国の動向を把握し、本学の位置を明らかにする。

## IV. オリターについて

### 1. オリター制度概要

#### (1) オリターとは

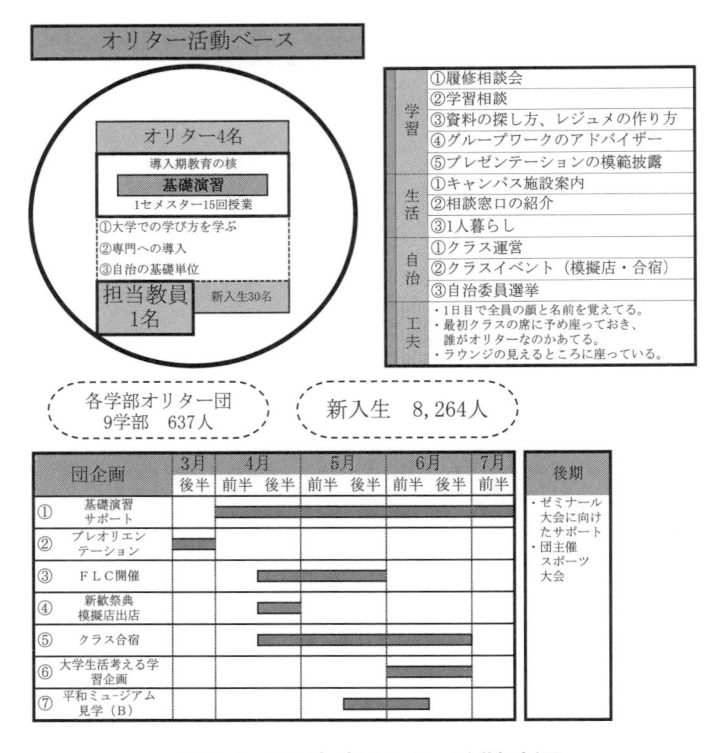

図4-1　2006年度オリター活動概括図

オリターは、新入生が大学生活に円滑に適応することをサポートする上級生の集団である。オリターはその活動において、「学習」・「生活」・「自治」の3つの目的が設定されている。毎年11・12月にオリター活動2年目となる新3回生が中心となり各学部で新団員の募集が行われる。各学部の規模（学部構成人数に比例）に対応した形で60人〜150人規模のオリター団が結成される（例：○○学部オリター団）。団員は新しく2回生となる学生が中心となる。執行部は、新3回生を中心に3役である団長・副団長・会計と事業ごとの担当者(例：○○企画担当等)で構成される。活動内容は、各学部オリター団で特色を持ちながらも、①日常的なサポート、②特別な事業の企画運営を軸としている（**図4-1**）。

### (2) 日常的なサポート

　新入生小集団クラス（基礎演習：週1回の正課授業、1回生約30人による演習形態の授業、1セメスター15回行われ、本学の導入期に行われる教育のコアと言える）にオリターが1クラス最大4人参加し、クラス担当教員の指導のもと、新入生のアドバイザーとして個別相談やクラスづくりのサポートを行う。その他、4月〜5月の新入生歓迎期間において、履修相談、クラス懇談、クラス合宿、プレゼンテーションの模範披露、グループワークのコーディネート、クラスコンパ、新歓祭典時の模擬店出店援助等の取組みを、クラス担当教員と協力し活動を行っている。

### (3) 特別な事業

　オリターは、クラスのリーダー養成を目的に4月〜5月の新入生歓迎期間に学部ごとで行われ、全学で延べ1,000人の新入生が参加する1泊2日のキャンプ「新入生クラスリーダーズキャンプ」（以下、FLC）と、大学入学前の3月に行われる友達づくりや大学生活に触れることを目的に行われる「プレオリエンテーション」の企画立案・実施運営等を行っている。

　また、近年では、その取組みは、新入生歓迎期間を過ぎた6月に、自己の今後の大学での学びを展望する参加型ワークショップ（OB・OGや4回生を招いての学習・キャリアのデザイン講習会）の開催、後期に行われるゼミナー

ル大会に向けた学習補助、団主催のスポーツ大会の組織運営、びわこ・くさつキャンパス所属のオリター団主催による国際平和ミュージアム（衣笠）見学ツアー等、前期セメスター・後期セメスターを通じて行われつつある。

### (4) オリター活動・オリター制度の経緯

オリターは旧来より新入生の援助担当者として「援担」と呼ばれ、学生自治組織により、自治の基礎単位であるクラスづくりなどを課題として、代々引き継がれてきている。産業社会学部ではエンター（援担からの派生）と言い、産業社会学部を除く8学部はオリターと言う。オリターは、オリエンテーションコーディネーター、オリエンテーションコンダクターの略称という説がある。

オリター制度は、1991年度の全学協議会での「学ぶ主体の形成を重視した1回生導入期教育の充実」、「クラス援助担当者システムの充実に対する援助」にかかわる確認をふまえ、1992年度からは大学の援助施策の一環として制度化されている。「オリター制度」充実のための援助施策要項（1992.3.16 学生主事会議）では、①上回生が下回生を援助するシステムを積極的に取り入れることで、1回生の自主的集団的学習スタイルの形成を促す、②オリター制度の充実をはかることによって、正課・課外などの学生生活全般における1回生の良き援助者として、個々のあるいは集団としてのオリターの成長を促す等の意義のもと、学生主事を責任者とする学部の援助体制を確立し、学生主事会議（現学生生活会議）において全学的集約・経験交流・調整を行うこととしている。そして援助体制を日常的に支えるための事務局として学生部を置き、財政援助を行うことが確認されている。

### (5) オリター登録状況

オリターの登録状況として、2006年度は637人がオリター登録を行っており、9学部のオリター団（法59人、産業社会130人、国際41人、政策61人、文103人、経済63人、経営85人、理工48人、情報理工47人）が結成されている。

2回生は509人で79.9％、3回生は123人で19.3％、4回生は5人で0.8％となっている。

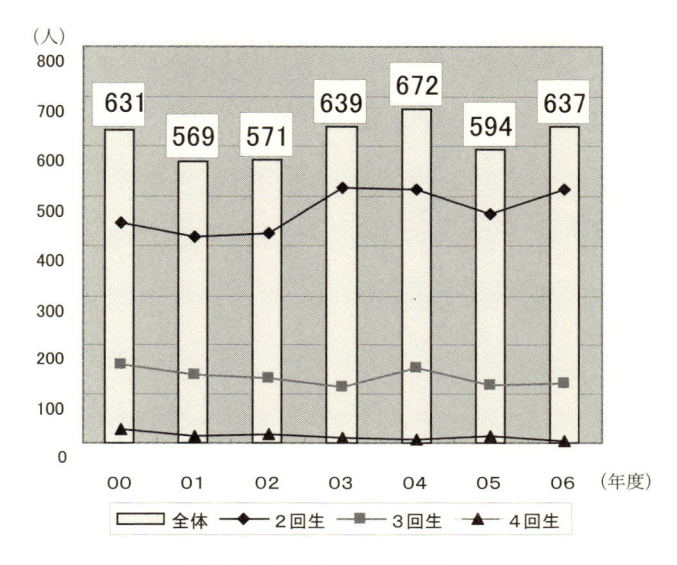

(人)
図4-2 オリター登録状況

ここ数年では、600人を前後に推移しており安定した状況と言える。2006年度の新入生8,264人に対するオリターの比率は、7.7％となっている（図4-2）。

## 2. オリター制度に対する大学支援

オリターに対する援助の基本としては、学部教授会・事務室、クラス担当教員、学生部がオリター団や個々のオリターに対して助言・サポートを行うことにある。しかし、基本的には団結成から、方針策定、企画、運営、解散に至るまでの1年間の過程で行われる事業を自主的・主体的に行っている。この部分に立命館大学オリター活動の特徴がある。そして、具体的な大学の財政援助としては、現在、オリター援助金（500万円）、FLC援助金（790万円）の2種類がある。

1) オリター援助金（500万円）

①全学および学部単位の活動援助費、②個人援助費（オリター活動にかかる費用に充当できる、1人あたり年間5000円上限）、③クラスリーダーズキャンプに参加するオリターへの援助費

2) FLC 援助金 (790万円)

クラスリーダーズキャンプに参加する1回生を対象とした補助金。1回生の宿泊費、交通費に使用される。

## V. 調査分析結果と報告

### 1. オリター登録書・報告書の分析
#### (1) オリター登録書・報告書の分析 (その1)
##### 1) オリターの志望動機

「オリター登録書」において、「なぜ、オリター活動をしようと思ったか」という設問を設定し、自由記述での回答を受けている。564件中、有効回答は562件(99.6%)。主な意見は、「大学生活が漠然とした不安でいっぱいだったが、オリターの存在で安心できた」、「担当オリターがイキイキしていて毎日が楽しそう。自分も先輩みたいになってみたいと思った」等であった。

これらの回答を類型化すると、大きく3つの事由になる。①「先輩オリターみたいになってみたい」285件 (50.5%)、②「自分自身の成長のため」169件 (30.0%)、③「1回生の手助けをしたい、自分の経験を役立てたい」100件 (17.7%) となる。このことから、自らが1回生の時にオリターから受けた影響、オリターの印象がオリター団入部の動機になっていることがわかる。回生別、特に新規・継続の関係では、新規となる2回生の動機は「先輩みたいになってみたい」(①先輩：57.7％、②成長：27.5％、③経験を：14.8％)、オリター活動を継続した3回生の動機は「自分自身の成長のため」(①成長：43.1％、②経験を：32.4％、③先輩：24.5％) となっている。この動機が1年サイクルのオリター活動の再生産の仕組みと言える。

##### 2)「6つの項目に対しての自己評価」(6項目の個人平均)

①積極性、②社会性、③責任感、④コミュニケーション力、⑤プレゼンテーション力、⑥問題解決力の6項目に対して、A)「就任前」、B)「就任中」、C)「終了後」について、「5 大いにある」、「3 ある」、「1 ない」の5段階の数字で自己評価してもらっている。表4-2、図4-3は個人の「就任前」・「就任中」・「終了後」の6項目の平均を0.5ポイント間隔で分布したものである (度数分

表4-2　就任前・就任中・終了後（平均値）　分布

| 分布 | | 就任前 | | 就任中 | | 終了後 | |
|---|---|---|---|---|---|---|---|
| >=1 | <1.5 | 4人 | 0.7% | 0人 | 0.0% | 0人 | 0.0% |
| >=1.5 | <2 | 10人 | 1.8% | 0人 | 0.0% | 0人 | 0.0% |
| >=2 | <2.5 | 63人 | 11.2% | 2人 | 0.4% | 4人 | 0.7% |
| >=2.5 | <3 | 121人 | 21.5% | 11人 | 2.0% | 8人 | 1.4% |
| >=3 | <3.5 | 162人 | 28.7% | 47人 | 8.3% | 42人 | 7.5% |
| >=3.5 | <4 | 126人 | 22.3% | 125人 | 22.2% | 102人 | 18.1% |
| >=4 | <4.5 | 55人 | 9.8% | 216人 | 38.3% | 210人 | 37.4% |
| >=4.5 | <5 | 16人 | 2.8% | 142人 | 25.2% | 152人 | 27.0% |
| 5 | | 7人 | 1.2% | 21人 | 3.7% | 44人 | 7.8% |

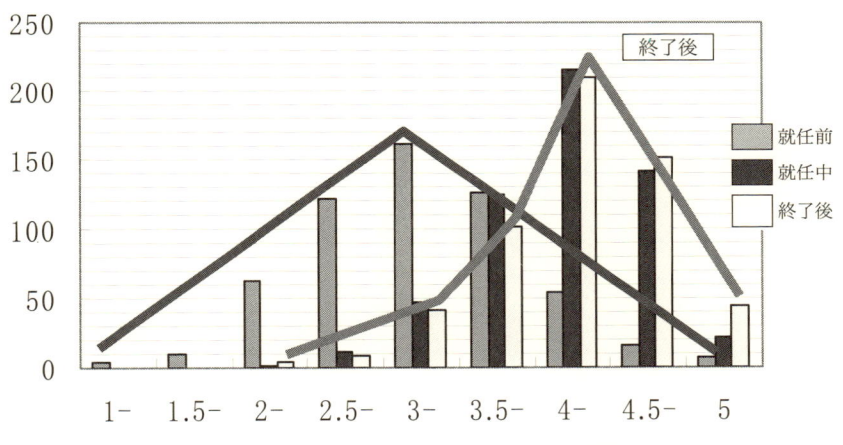

図4-3　就任前・就任中・終了後　分布図

布）。就任前の最頻値は「3.0〜3.5」の162人（28.7％）であり、終了後の最頻値は「4.0〜4.5」の210人（37.4％）となっている。

### 3)「6つの項目に対しての自己評価」(6項目の平均)

　表4-3、図4-4にみる通り「就任前」の全体平均値は3.18、「就任中」の全体の平均値は4.09、「終了後」の全体の平均値は4.16となっている。「就任前」と「終了後」を比較すると、0.98アップとなっている。6つの項目の全体平均値における、「就任前」と「終了後」の自己評価の比較で、終了後の数値が高くなっている学生は499人（88.5％）。一方、数値が低下した学生は37人（6.6％）、数値の変化が無かった学生は26人（4.6％）となっている。活動を経験した大多数の学生が自己の力の高まりを自覚していると言える。

表4-3　6つの項目　項目平均（就任前・就任中・終了後）

| 番 | 項目 | 評価時の参考例 | 就任前 05年12月 | → | 就任中 06年5月 | → | 就任後 06年7月 |
|---|---|---|---|---|---|---|---|
| ① | 積極性 | 例：何事（企画・クラスづくり等）にも進んで取り組んでいるか | 3.28 | ↗ | 4.26 | ↘ | 4.23 |
| ② | 社会性 | 例：協調性、誰とでも（先生・オリター）協力関係を作れているか等 | 3.44 | ↗ | 4.22 | ↗ | 4.32 |
| ③ | 責任感 | 例：1つのことをやり遂げることができるか　等 | 3.29 | ↗ | 4.20 | ↗ | 4.22 |
| ④ | コミュニケーション力 | 例：先生・オリター・新入生等の話を理解し応答できる等 | 3.32 | ↗ | 4.20 | ↗ | 4.30 |
| ⑤ | プレゼンテーション力 | 例：人前で話すことができるか　等 | 2.91 | ↗ | 3.88 | ↗ | 4.03 |
| ⑥ | 問題解決力 | 例：クラスの現状等をみて問題点をみつけ解決策を出せるか　等 | 2.85 | ↗ | 3.77 | ↗ | 3.89 |
|  |  | 平均 | 3.18 | ↗ | 4.09 | ↗ | 4.16 |

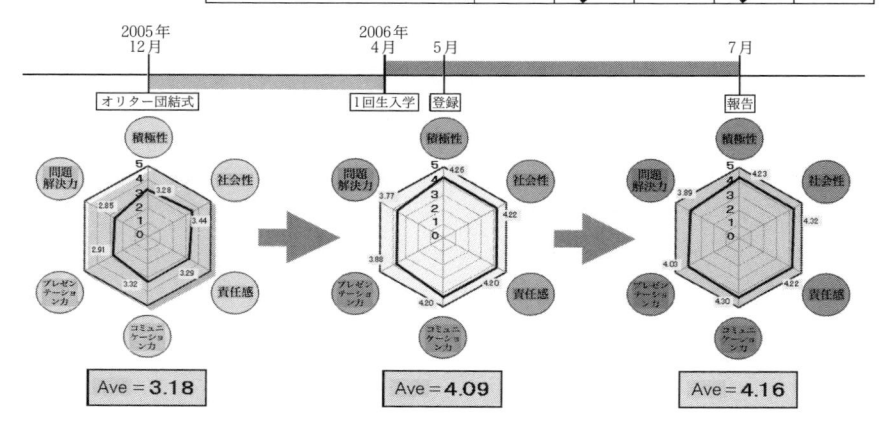

図4-4　6つの項目　就任前・就任中・就任後の平均

### 4）オリターの伸びる瞬間

　では、オリターはどういう時に成長を感じているのか、「オリター報告書」において「どういう時に伸びたと感じるのか」という自由記述（253件）から、主な理由として、以下の7点が抽出できる。①新入生と接している時（話し、相談にのっている時）：55件、②人前で話している時（話せるようになった時）：51件、③一つのことをやり遂げた時（企画達成等）：28件、④責任を持って

## 表4-4 伸びる瞬間

| |
|---|
| 意欲的な学生の実感・体験には必ず転機（きっかけ）・「伸びる瞬間」が存在する。 |
| ①責任ある立場（厳しく緊張感のある場）を経験した時、②目標を持った時・達成した時、③考え悩み・落ち込んだ時、④やり遂げた時・完成させた時、⑤人に喜ばれた時、⑥勝った時・負けた時、⑦刺激（協力・競争）しあえる仲間（先輩・後輩を含む）、優秀な人に出会った時、⑧他分野（学部・学科、社会）の団体や個人と接した時（知的高まり）、⑨尊敬できる教員に出会った時、顔を覚えてもらった時、⑩学ぶ必要性を理解した時<br>「BKC 正課課外活性化検討委員会答申」2003年3月 |

行動している時（責任ある立場を経験した時）：26件、⑤自分の意見を求められた時に、言えるようになっていた時：16件、⑥頼られるようになった時：12件、⑦感謝された時10件　その他：55件。これらの理由は、**表4-4**に引用した立命館大学「伸びる瞬間」と相似しており、オリター活動には学生が「伸びる瞬間」があることがわかる。

### (2) オリター登録書・報告書の分析（その2）——クロス集計でみえてきたこと——

　オリター報告書では、具体的な新入生支援企画への参加状況等を設問に設定している。「新入生支援企画（①FLC、②合宿、③交流企画）への参加状況」と「オリター活動終了後6項目の平均分布（0.5ごと）」のクロス分析では、オリターの企画の参加数が多いほどオリター終了後の自己評価が高くなる傾向が確認できる。企画にはオリターが伸びる要因があることがわかる。また、活動時間の多さ、クラスづくりの成功もオリター活動終了後の自己評価との間に正の相関がみられた。このことから、積極性・能動性が学生の成長に大きく関係すると推測できる。志望動機との関係では、オリターの成長・伸びとは大きな関係はみられなかった。

　また、「オリター継続学生（2年目）」と「オリター活動終了後6項目の平均分布（0.5ごと）」のクロス分析では、オリター活動2年目となる3回生においても成長を自覚していることから、積み上がる活動になっていることがわかる。「執行部経験（団長）」と「オリター活動終了後6項目の平均分布（0.5毎）」のクロス分析においても活動終了後、高い数値で分布していることか

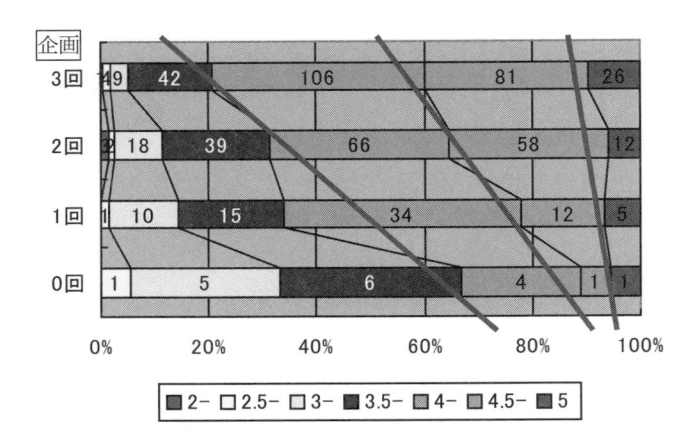

図4-5 支援企画参加数と終了後6項目平均分布とのクロス

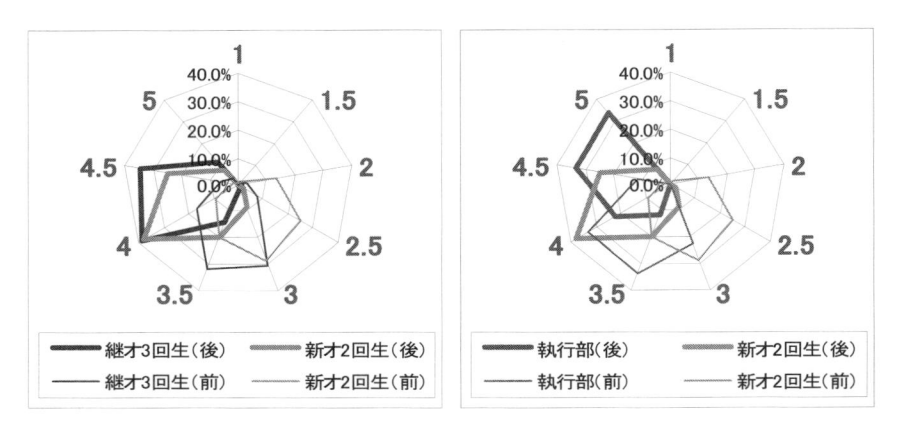

図4-6 2回生・3回生・執行部オリターと6項目前後分布とのクロス

ら、執行部経験は大きな成長の要因となっていることがわかる。

## 2. オリター客観評価

### (1) 進路・就職実績

2005年度の卒業者は6,964人であり、このうちオリター経験学生は、521人(文系:472人・理系:49人)となっている。オリター団の進路・就職決定率は、83.3%(文系:82.4%、理系:90.0%)となっている。オリター経験学生の進

路・就職決定率は全体平均値を約5ポイント上回っている。

**(2) 他のスチューデントネットワークとの関係（JA・CA、ES）[6]**

　本学には学生が学生に影響を与えるスチューデントネットワークが数多く存在する。中でも今回はJA（在学中、就職活動終了後に3回生に対する相談支援を行う）・CA（就職後に、4回生・3回生に対する相談支援を行う）、ES（教育サポーター）とオリターとの関係を分析している。

　①2006年度JA登録学生は学部生では133人であり、そのうちオリター経験学生は24人で18％となっている（2005年度は140人中30人で21.4％）。②2006年3月に本学を卒業した学生の内、CA登録者は19人であり、そのうちオリター経験学生は4人で21.1％となっている（2005年度は97人中14人で14.4％）。③2006年度ES登録学生は384人であり、その内オリターは36人で9.4％となっている。

　JA、CAという就職支援に関わるネットワークとのクロス分析においては、約2割の学生がオリター活動の経験があるとの結果であった。このことから学生はオリター活動で得た学び合いの実感・素養を大切に、次のフィールドで活動展開しているとも言えよう。ESに関しては約1割であり、オリターと活動時期が重複する活動であることから、参加動機も含め、その関連性に関しては、さらに分析を深める必要がある。以上のことから一側面ではあるが、本学の学生同士が学び合う土壌への供給の源としてもオリター活動が一定その役割を担っていると言える。

## 3. オリターインタビュー

**(1) 2006年度オリターインタビュー**

　2006年度各オリター団長を軸にアプローチを行い、オリターが推薦する「頑張っているオリター」に対して対面式のインタビューを実施している。2006年度活動経験者20人にインタビューしている。

　インタビューからは普通の学生とし入学し、模索しながらも自己の概念を広げてきた学生の姿が多く見られた（最初は人と対立すること・ぶつかることが苦手であった、組織活動の調整や人間関係が難しいということを経験した、与

えられた任務を効率的にこなせない自分がいた等)。活動をしていて良かったこととしては、価値観が広がったこと、ネットワークが広がったこと、人前で話せる自信がついたこと、課題を成し遂げられて自信がついたこと等が挙げられた。

　活動を通じて様々な大きさの壁を感じ、乗り越えてきている学生、課題を認識している学生、課題を積み残している学生がいる。ただ、総じて、自分の考えを持ち、自分の言葉で話をしているという印象を受けている。そして、抱負では、「個のオリター活動だけでなく、次年度はオリター団全体を組織していきたい」「ゼミ等で、オリター活動で培った議論する習慣を活かしたい」等、次の目標や活動ビジョンが語られた。また、インタビュー自体については、自らの考え方、活動を整理、振り返る機会として有効であったと指摘されている。

### (2) 本学卒業生：オリター経験者インタビュー

　オリター活動経験があり、JA 経験もある本学卒業生に対しインタビューを実施している（キャリアセンター紹介、電話インタビュー）。2人にインタビューしている。2人に共通することは、多くの人と出会えたこと、団の中では1回生支援という共通の目的を持ち、議論を積み重ねたこと、その切磋琢磨の経験ができたことが大きい。それらがオリター後の活動において役立ったということであった。

## 4. 新入生評価
### (1) 学友会新入生アンケート

　表4-1で記載した学友会新入生アンケートでは、「大学生活に慣れる上で役立ったものは何か」という設問において、選択肢①新入生向け冊子、②小集団クラス、③オリター援助、④サークル、⑤新入生ガイダンスにおいて、小集団クラス (50.9%) に次いでオリター援助 (20.3%) となっている。2割の新入生の支持を得ており、新入生に根づいている活動と言える。

### (2) FLC に参加した新入生に対してのアンケート（FLC アンケート）

表4-1で記載したFLCアンケートでは、「大学生活のモチベーションについて」という設問において、86.8％の新入生が「高まった」「やや高まった」と回答している。FLC企画が新入生の意識を高揚させる取り組みになっていると言える。「来年は、あなたがFLCを運営してみたいですか」では、56.9％が運営したいと回答している。FLCはオリター団の企画の一つであるが、約6割の新入生が来年の運営意思を示すことから、オリターの新入生に与える影響の大きさがわかる

### (3) 新入生インタビュー

新入生に対して、オリターとの関わりを中心としたインタビューを行った。新入生12人にインタビューしている。対面形式を基本とし、キャンパスが異なる場合は電話インタビューとしている。インタビューでは、新しい生活への不安の解消などに対して、「何でも気軽に聞ける存在」として、大学生活のソフトランディングにオリターが重要な役割を発揮していること、輪転機の使い方・履修相談・レジュメの作り方・グループワークのまとめ方等の様々な方法論についても適切なアドバイスがされていること等が挙げられた。課題点としては、オリターの個々の力やモチベーションに少々バラツキがあること等が指摘されている。

## 5. その他調査
### (1) 新入生父母アンケート

表4-1で記載した新入生父母アンケートでは、有効回答1,171件のうち、256件が自由記述に記載している。その自由記述の類型の一つ「学生活動支援」にかかわって、27件の意見・要望が寄せられている。その内、7件は、オリター制度に対する肯定的な意見「先輩からの支援でスムーズに大学生活になじめ、感謝している」、「オリター制度は地方から入学した学生にとってはありがたい」となっている。残りの20件は課外活動支援に対する意見要望（キャンパス間移動、正課課外の両立）であった。

## 6. データからみる学部ごとのオリター団の特徴と課題

オリター登録書・報告書における5つのデータ「①オリター終了後6項目平均分布1-5（0.5毎）、②参加動機、③基礎演習参加回数、④週平均活動時間、⑤企画参加等」と「学部」のクロス分析により、学部ごとのオリター団の課題、サポート課題が徐々に明らかになってきている（図4-7、図4-8）。

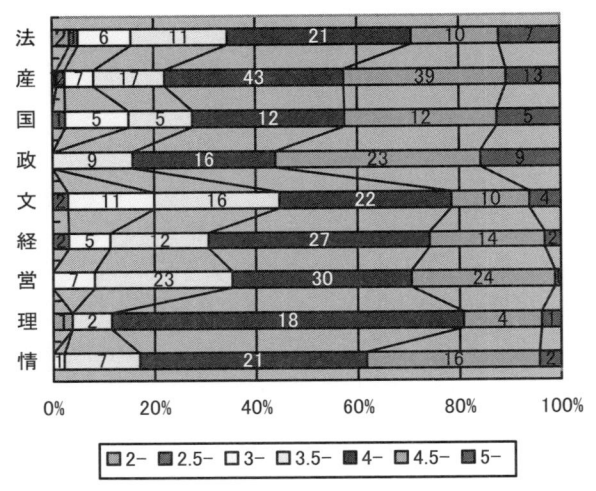

図4-7　各学部とオリター終了後6項目平均分布クロス

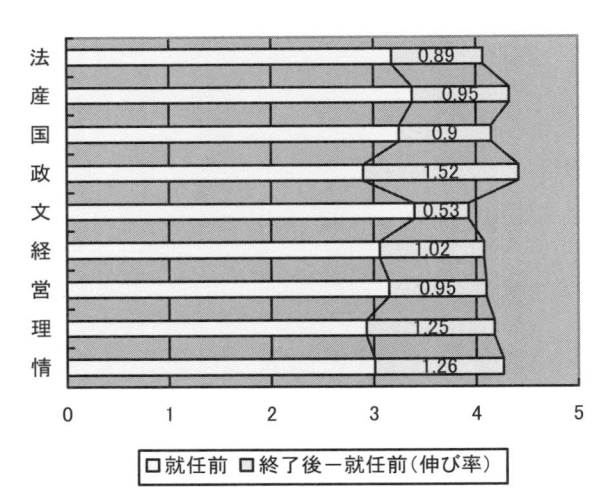

図4-8　各学部と就任前・終了後（伸び率）6項目平均値クロス

(1) 政策科学部の6項目の平均分布では、伸び率・最終値共に最も高い。その理由としてオリターへのインタビューでは、基礎演習の中でオリターがグループワークのコーディネーターになる等、責任ある立場を経験することが多く、担当教員の指導のもと教育色が強い活動をしていることが強調されていた。また、オリター活動の参加動機で「自分自身の成長のため」を挙げている学生が多い（60.3％：平均30％）こともその影響として考えられる。

(2) 文学部の6項目の平均分布では、伸び率・最終値共に最も低い。これは、週平均活動時間・企画参加等の平均値が最も低いことや、日常活動が文学部の中でも教学体系毎に分かれており、団全体としての組織運営の難しさが、その影響として考えられる。

(3) 理系学部（理工学部・情報理工学部）の6項目の伸び率が高い。全体でも伸び率は政策科学部・情報理工学部・理工学部の順になっており、オリターが伸びを実感する団活動となっていると言える。これは、正課等も含む他のプログラムにおいても理系学部では、グループ活動等で切磋琢磨する経験が少ないため、組織活動の取り組みがオリター自身に与えるインパクトが大きいと考えられる。いわば、そういう活動を求めているとも言えよう。

(4) 産業社会学部は、6項目の平均分布では、最終値は2番目であるが、伸び率は6番目であることから、結成当初より意識の高い層が比較的集まっていると考えられる。

## 7. ピア・サポートの仕組みにかかわる他大学・全国の動向

独立行政法人日本学生支援機構（JASSO）が学生支援情報データベース構築のために、2005年度に全国の大学・短大・高専に対して行ったアンケート調査（回収1,065校：89.3％）によれば、全大学（国立・公立・私立）627校のうち、ピア・サポート（学生生活上で支援を必要とする学生に対し、仲間である学生同士で相談に応じ手助けを行う制度）を実施している大学は81校：12.9％となっている。そのうち、60校がピア・サポーターに対して何らかの支援（財政援助、養成講座等）を行っている。ピア・サポートに対しての支援が行

えている大学は全体の9.6％であり、ピア・サポートの仕組とその援助は、新たな分野、発展途上の課題と言える。

## VI. 研究のまとめと政策提言

### 1. 調査分析のまとめ

　オリター活動は、活動を通じて多くの学生が成長する、そして、オリターに関係する多くの学生を伸ばす仕組みを持つ学生活動と言える。約600人の学生がクラスオリターという一つの仕事をしていることを共通点に、一般的なサークル活動と違い、入部後4ヶ月でレギュラー（クラスを担当する）として活動する必要がある。そういう点で、団体執行部以外の学生の責任も大きくなっている。新入生支援という一つの方向性に沿った団員同士の切磋琢磨、新入生の範となる緊張感、クラスの課題解決に向けたサポートとその体験、自らたてたシミュレーションと現実のギャップ等の障壁といった、「伸びる瞬間」が溢れていると言える。

　調査を通じてわかってきたこととして、一度伸びた学生、伸びたことを自覚している学生は、次の目標を描いており、活動で得たことをベースに違ったフィールドにおいても、主体的に活動し始めている。自らが獲得した自分への自信（「自信力」）が学生を伸ばしている。オリター活動は、オリター（個人）、オリター団（集団）を基点に、新入生を動機づけするだけでなく、オリター自身が成長している。このような、オリターを中心にかかわった学生が総体として伸びる本活動は、WIN-WINの関係にあると言え、本学の特色である学生同士が学び合う風土・高め合う風土の象徴的な活動と言える。ここで明らかになったことを「学び合いで学生が伸びるモデル」と設定し、他の取組みに応用していくことが重要である。

　以下に、紙幅の関係で入れられなかった調査結果も含めて、まとめと政策提言を行う。

### (1) 立命館大学の学生活動で確実に学生が伸びている

　学生活動は、参加しているだけで力がつくというわけではなく、そこで

どういう行動、どういう経験をしてきたのかが重要になる。また、本調査において、「学生が伸びる瞬間」を具体的な一つの団体活動において確認することができた。「伸びる瞬間」溢れるオリター活動を一つのモデルに、さらに分析を進め、そのエッセンスを教訓化し、他の学生活動に広げていく。

### (2) オリター活動は新入生に好影響を与えている

本調査で、オリター活動は多くの新入生に対して好影響を与えていることがわかってきている。新入生インタビューでは、①レジュメの作り方、資料の集め方、情報機器の使い方等のスタディ・スキル、②大学のルール、サークルの入り方等のスチューデント・スキルといった部分が、新入生の導入期において重要な役割・機能を果たしていることが指摘された。オリターが身近なロールモデルとして機能していることがわかる。

### (3) オリター活動は立命館大学の学生力を向上させている

オリターのユニーク性として、オリターはクラスリーダー、クラス全体を担当する。オリターが1回生に伝えたことが、時を経て、その次の1回生にも伝わっていく。そして、オリターや自治委員、サークル部長といった組織者へと成長していく。このような点でオリター活動は、学生自治の供給源となっているといえる。本調査でも再生産の仕組みが機能していることが確認できている。さらに、オリター活動のような学生個人の自治力を向上させる仕組みを持つこと自体が、大学としての学生力を向上させていると言える。

## 2. 政策提言

本研究では、学生活動の効果検証をテーマにオリター活動を取り上げ、制度としてのオリターの分析・調査に重点を置いた。これまでの経緯、現状、オリター自身、オリター経験者、新入生、父母の角度から分析を進め、オリター団の再生サイクルの仕組み、そして、集団の中で学生個人がどのような力を得ているのかを一定、定量的に示すことができている。

上記を受け、オリター制度に対しては、①現行の活動サイクルの維持、

②オリター制度の今日的・近い将来を視野に入れた課題の対応という観点も含めた高度化政策が必要と言える。

その点においては、今次の調査範囲では十分に解明できなかった課題がある。例えば、各学部においてオリターの伸長（身につく力）に違いがでていることはわかってきたものの、各学部における具体的なオリター活動実態の詳細・課題の解明はできていない。さらに分析を進め各学部ごとのオリター活動の課題をより具体的に解明する必要がある。

しかし、データ集約、インタビューから、いくつかのオリター制度の課題と今後の方向性が見えてきている。また、大学全入時代となり、入学してくる学生の実態が変わってきていることに対する政策を講じていく必要がある。

次に制度改善にかかわる政策提言と今後の支援の方向性を展望する。

① 政策提言 団体支援を通じた集団で活動する学生個人の成長モデルの構築

東京への他大学調査では、法政大学、立教大学を訪問した。概括的に関東の学生支援は、大学や学生自治組織による学生団体への組織支援ではなく、学生個人への支援が発達している傾向にある。

一方、本学は学友会システムが機能してきたことから、学生団体が重層的に連なっているため、その団体への支援をベースとしている。また、3万人を超える大規模大学であることもあり、学友会所属団体への支援を行い、そのことを通じて団体を構成する個に対してアプローチする、いわば、間接的な支援を行っている。見方を変えれば、小規模大学における個別学生への支援を組織・学生の学び合いにより大規模大学である本学で実現しているとも言える。本学は、この構図の学生支援を特徴としてきている。

しかし、特色を出してきた団体支援に関しても団体評価という側面においては峰を越えることはできていない。学術学芸系で日本一、世界水準というトップを目指す団体への支援に対しても、大学からの評価という側面においては、結果報奨という水準でしかない。活動への評価指標としてCheck（検証）の観点が弱いという課題がある。これについては、団体活動を通じてどのくらいの学生がどれだけ伸びたのか、どういう力がついたのかを検証

していく必要がある。このことから、これまでの「大学の構成員として機能するよう援助すること」「学生団体への助言」という支援水準を超え、SD概念による学生の資質開発、大学4年間を通じて学生がどう成長するのか、とりわけ、正課外の学生伸長という部分に踏み込み、大学としても評価することを通じた学生支援へ軸を転換していかなくてはならない。今次の調査を検証の土台とし、仕組みを応用し、団体・個人の伸びるメソッドを教訓化し、学生カテゴリーごとに「学生成長モデル」を描いていく必要があろう。

② 政策提言 「オリター援助施策要項（2007年）」の策定（図4-9）
(1) オリター個人に対する支援①──「オリターSDプログラム」の導入

本調査で明らかになったオリター活動の優位性（オリターを通じた学生力の向上）を踏まえ、オリターをより伸ばす仕組みを構築する。オリターへのインタビュー調査を中心に活動の節目における自己確認、「振り返り」の機会を提供することの重要性がわかってきている。従来12月から3月までに実施しているオリターになるためのオリター事前研修という意図から、オ

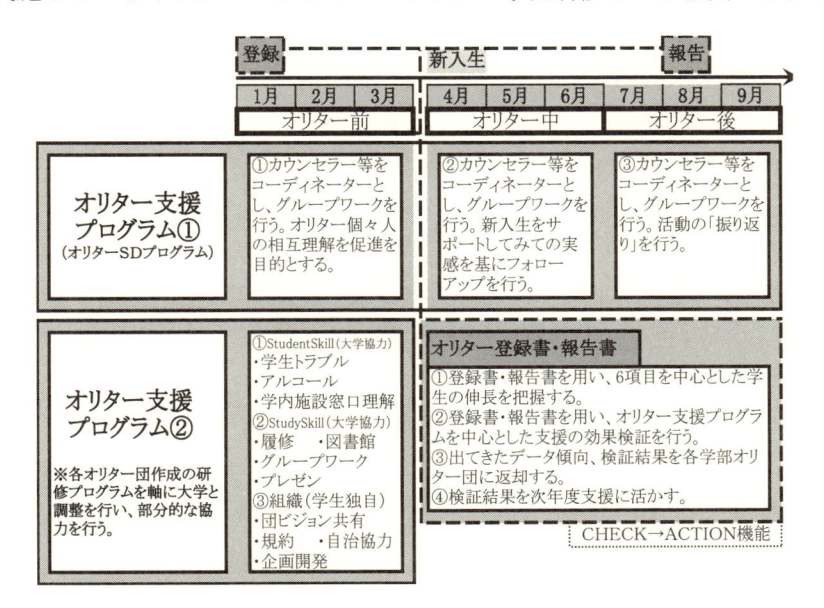

| | オリター前（1月〜3月 登録） | オリター中（4月〜6月 新入生） | オリター後（7月〜9月 報告） |
|---|---|---|---|
| オリター支援プログラム①（オリターSDプログラム） | ①カウンセラー等をコーディネーターとし、グループワークを行う。オリター個々人の相互理解を促進を目的とする。 | ②カウンセラー等をコーディネーターとし、グループワークを行う。新入生をサポートしてみての実感を基にフォローアップを行う。 | ③カウンセラー等をコーディネーターとし、グループワークを行う。活動の「振り返り」を行う。 |
| オリター支援プログラム②※各オリター団作成の研修プログラムを軸に大学と調整を行い、部分的な協力を行う。 | ①StudentSkill（大学協力）・学生トラブル・アルコール・学内施設窓口理解 ②StudySkill（大学協力）・履修　・図書館・グループワーク・プレゼン ③組織（学生独自）・団ビジョン共有・規約・自治協力・企画開発 | オリター登録書・報告書 ①登録書・報告書を用い、6項目を中心とした学生の伸長を把握する。②登録書・報告書を用い、オリター支援プログラムを中心とした支援の効果検証を行う。③出てきたデータ傾向、検証結果を各学部オリター団に返却する。④検証結果を次年度支援に活かす。　CHECK→ACTION機能 | |

図4-9　オリター支援プログラム概括図

リターに行う研修の設定意図・期間を見直す。つまり、「オリターになるための研修支援」から「オリターをしている学生を育成するプログラム支援」という位置づけに変更する（「'92オリター援助施策要項」の改定）。

　具体的には、通常のオリター準備研修に加え、新たに3回の支援プログラムを提供する。3段階アプローチを行う。①オリター活動前(12月～3月)、②オリター活動中(5月)、③オリター活動後・振り返り(7月～8月)。試験的ではあるが、2006年度において、政策科学部オリター団に対し、学生サポートルームの専任カウンセラーをコーディネーターに研修プログラムを実施している。また、中間的な時点で研修を行うことで、伸びていない・迷っているオリターをキャッチする機会とする。学部ごとに調整し順次実施していく。

### (2) オリター個人に対する支援②──「オリター事前研修の充実」

　現在起こっている学生実態の変化や今後の導入期の課題、オリター制度上の重み（新入生はオリターを選ぶことができない）をふまえ、オリターになるための研修の充実を図る。具体的には、各学部オリター団と協議・調整を行い、研修の体系化を行っていく。オリター活動の学習・生活に対し、スチューデント・スキルとスタディ・スキルの観点から、データ・実感を背景に必要な研修を提供する。提供する中身は、例えば、①アルコールの危険性、②危機管理(事件・事故)、③カウンセリング入門、④グループワーク・ロールプレイ、⑤学生とこころの健康、⑥ピアエデュケーション概要、⑦マネジメント、⑧図書館等教学施設活用、⑨リーダーシップ論、⑩モラル（個人情報保護等）、⑪履修等になる。

### (3) オリター登録書・オリター報告書による実態把握の継続

　今次導入したオリター登録書・報告書によるオリター前後の実態把握を、次年度以降も継続していく。加えて、オリター経験学生に対しての追跡調査を行っていく。

### (4) 新たなオリター活動に対する支援──「オリター活動範囲の今日的見直し」

学生実態の変化により、現行のオリター制度内ではサポートできない課題が出てきている。とりわけ新入生の多様化により、オリターの役割・活動範囲が変化している。従来の大学への導入という活動から、新入生の自主性を喚起し、自立を促すことにも軸が置かれるようになってきている。例えば、政策科学部オリター団による自分の学びのデザインを考える学習企画、同様の取組みが国際関係学部、経済学部、経営学部で行われている。また、産業社会学部では学部特色を活かしたアクティブラーニング形式の専門導入を意識した取組みが行われている。

　そして、産業社会学部エンター団ではこのような活動を維持するために、クラスに入らないエンター、フレキシブルな機能を持つエンターを募集し活動にあたっている。これらの活動は、「'92オリター援助施策要項」の概念にはない活動である。しかし、導入期への教育が基礎演習中心であったカリキュラム構成から、学生の多様化に伴い、その時期・範囲においても幅が広がってきていることから、このようにクラスには入らないが、行事を通じて「企画・実行」することで新入生をサポートするオリターについても、新たなオリター活動と位置づけ支援していくこととする。

③ 政策提言 オリター制度における今後の支援の方向性
**(1) 学部ごとに特色が出るオリター活動・支援の発展を目指す**
　例えば、理工学部では、その4年間のカリキュラム構成上、他の学部と異なり、小集団授業の目的が「専門への導入」の色合いが強い。この部分にかかわり、1999年度全学協議会からの7年間、学部の五者懇談会においても、理工学部のカリキュラムの特徴である「専門への導入」の理解を促す学部執行部と「大学教育への導入」など他学部と同様の小集団教育のあり方を求める学友会の間で少し距離がある議論が続いている。一方で、JABEE認定の影響や、科学者・エンジニアの素養として、グループによるワーキング、それを実現するコミュニケーション力、問題解決力といった人間力養成にも課題がある。そこで、理工学部では本研究で明らかになった人間力を高めるオリター活動の意味を再確認し、学習部分の要素により力点を置き、アカデミック色を高めたオリター活動へと段階を進めることが必

要であろう。

### (2) 財政支援の一部分を学部ごとの予算配分に変更する

オリター援助金の学部企画支援にかかわって、従来までの学生生活会議による一元的判断による執行から、時限的な学部ごとの予算配分方式に変更する。学部の特色をより活かしたオリター活動を展開させることを目的に、活動が活発化する前期セメスター（7月終了まで）に関しては、学部ごとに上限を持たせ、各学生主事の決済でより柔軟な運用を行っていく。費目に関しても備品、講師交通費等の執行を可能にする。執行処理に関しては、これまでと同様学生部で行う。次年度のオリター団の建設が中心となる後期セメスターは、これまでと同様の全学部一元の予算方式とし、残予算を念頭に学生生活会議で判断をしていく。

### (3) その他

その他に、オリター制度をさらに活発化させるために、①学生とデータを共有（個人・組織への返却）し、次年度執行部とデータを元に課題を共有する、②オリター活動の啓発企画（授業フォーラム）開催などを検討する必要がある。

## VII. 残された課題

本研究における残された課題としては、大きく三点ある。第一は、本研究で用いた考え方や手法をベースにして、応用していく課題である。各学生活動のカテゴリーに対し、今次の研究で開発した学生活動検証モデルを応用していくこと、オリター活動に対して開発した研修プログラムを応用していくことなどである。第二は、本研究では触れることができなかったが、オリター活動に対する教学的な視点（例えばクラス担当教員へのヒアリング等）からの調査分析、オリター個人の正課面における成長の検証（正課外活動が正課に与える影響）である。そして第三は、学部ごとのオリター活動の詳細な分析を踏まえ、その特色を活かしたオリター活動の発展形態を描

いていくことである

**【注】**

1 立命館大学には、学生・大学院生の代表が学園創造に関する話し合いの場に参加し、学生生活をはじめ教育・研究環境の充実を図る全学協議会システムがある。このような民主的な意思決定のシステムは、平和と民主主義の教学理念を学園運営に反映していくという考えによる。学生自治組織である学友会の代表は、理事会・院生連合協議会・教職員組合・生活協同組合（オブザーバー）とともに、全学の意思を確認する全学協議会のメンバーとなっている。

2 学生活動の規模。①2005年度クラブ・サークル・自治活動の部員数調査（OCRシートを使用した調査）では30,670人（在学者数）16,948人（届出者数：延べ数）55.3％（在学者数比）、14,128人（実数）46.1％（在学者数比）、②その他の自主的な活動調査では2,681人（届出者数）であり、あわせて約19,629人（届出者数）64％となる。→大学が把握している学生活動に約6割の学生が参加している。③団体数：673団体（2004年度）、465団体（2000年度）

3 1949年に結成されている全員加盟制の学友会。入会金3,000円・年会費5,000円。正課・課外を問わず学び成長していきたいという学生の様々な要求実現を目的に、多彩な活動を展開している。〈学友会費の主な使途〉①各サークル・各部の活動の援助（一般補助）、②各学部自治会やオリター団が行う企画活動経費、③学園祭・同志社大学との硬式野球等の全学行事

4 2003年4月報告書発表、「人間力」を、社会を構成し運営するとともに、自立した一人の人間として力強く生きていくための総合的な力と定義している。

5 2005年8月報告書発表、人物試験で検証するコンピテンシーを表す評定項目、①積極性（意欲、行動力）、②社会性（他者理解、関係構築力）、③信頼感（責任感、達成力）、④経験学習力（課題の認識、経験の適用）、⑤自己統制（情緒安定性、統制力）、⑥コミュニケーション力（表現力、説得力）

6 ①JA：キャリアオフィスが担当している。就職が決まった内定者（主に4回生）を「ジュニア・アドバイザー（JA）」として登録してもらい、就職活動体験に基づく助言・援助を後輩に行う。社系・理工系の大学院生もJAとなる。②CA：キャリアオフィスが担当している。就職して数年の若手OB・OGを「キャリア・アドバイザー（CA）」として登録してもらい、在校生へのアドバイスやCA懇談会への参加などを行う。③ES：教学部が担当している。教育サポーターは、授業において、先生や学生のサポートをする先輩学生を指す。プリント配布等の作業、学生の質問に対応等、先生と学生双方をサポートすることで、授

業をスムーズに進め、より効果的な学習効果を生み出す役割を果たしている。

## 【参考文献】

1) M.トロウ『高度情報社会の大学―マスからユニバーサルへ―』玉川大学出版部、2000年
2) 大久保幸夫『キャリアデザイン入門Ⅰ 基礎力編』日経文庫、2006年
3) 『大学における学生生活の充実方策について』報告 文部省高等教育局、2000年
4) 山田礼子『一年次（導入）教育の日米比較』東信堂、2005年
5) 河内和子『自信力が学生を変える』平凡社新書、2005年
6) 日本私立大学連盟編『私立大学のマネジメント』第一法規、1994年

# 5 立命館アジア太平洋大学（APU）における国際学生寮の教育効果とレジデントアシスタント養成プログラムの開発について

中村　展洋

## I．研究の背景

### 1．立命館アジア太平洋大学の留学生寮（APハウス）

立命館アジア太平洋大学（以下APU）には、APハウス1（収容人数424名）と呼ばれる第1寮とAPハウス2（収容人数508名）と呼ばれる第2寮がある。

表5-1　在寮生数

2005年11月1日時点

|  | 収容定員 | 居住人数 | 日本人学生 | 留学生 | 留学生比率 |
|---|---|---|---|---|---|
| APハウス1 | 424 | 404 | 64 | 340 | 84% |
| APハウス2 | 508 | 454 | 51 | 403 | 89% |
| 計 | 932 | 858 | 115 | 743 | 87% |

### 2．APハウスの管理運営

APハウスの管理運営体制は、学生部長をその責任者とし、学生部が入退寮や寮費管理などの事務業務等を行っている。また、APハウス内には24時間体制の委託管理人が勤務しており、施設管理や警備保安業務を行っている。

APハウスの特徴は、寮生の多くが日本での生活体験がなく、かつ初めて一人暮らしをする留学生が多いという点である。このため、学生部と管理人だけで寮生の生活支援と指導をすることは現実的に困難である。そのため、「レジデントアシスタント（RA）」と呼ばれる学生を採用して寮に住まわせ、彼らを通じて寮生の生活支援や指導を行っている。

## 3. レジデントアシスタント（RA）の役割

### (1) 寮コミュニティの創造と生活規範の確立

RA は大学や委託管理人と協力して、寮生活の規範を確立する役割を持つ。新寮生に対して寮生活上の注意事項を説明し、彼らが寮生活にスムーズに適応できるよう支援する。

### (2) 留学生の日本の市民社会への適応支援

AP ハウスは原則として新入学留学生を主な対象とする学生寮である。入寮期間は原則 1 年間であり、留学生は 1 年後には別府市内の民間アパート等で生活をしなければならない。そのため、留学生は AP ハウスで生活する 1 年間の中で日本の市民社会へ適応するための生活技術を身につける必要がある。RA には、日常生活を留学生と一緒におくり、別府市のゴミ処理システムや、バスや電車の乗り方、バイク通学を希望するものには日本の交通ルールと運転免許のシステムといった日本の市民社会へ適応するための最低限の生活技術を教えることが求められている。

### (3) 寮における交流の推進役

AP ハウスは現在57ヶ国・地域出身の学生が生活している多文化環境の学生寮である。寮生は、異なる文化的背景を持つ学生とともに生活するなかで、他の言語や文化について触れ、考え、自らの文化が持つ価値観にとらわれずに他者を理解することを学ぶ。しかし、そのような交流を誰もがスムーズに行えるわけではなく、摩擦や衝突が発生することもある。RA は留学生間や留学生と日本人学生間の交流を円滑に進めるための推進役や調整役としての役割を担っている。

## 4. レジデントアシスタント（RA）の選考

RA は各フロアに2名配置されている。建物により各フロアに居住する寮生の数は異なるが、約40名の寮生が1フロアに居住している。1フロアには2名のRAを配置し、その2名は日本人学生と留学生、男性と女性といっ

たような異なる背景を持つ学生をペアにして配置をする。

2名で約40名の寮生の生活支援を行うため、責任感や指導力のない学生や言語能力の低い学生にRAの業務は務まらない。そのため、以下の基準に基づき、書類審査と面接でRAの選考を行っている。

・多文化環境の中でリーダーとなれる素養を持つもの
・日本語および英語の両方の高度な言語コミュニケーション能力を有するもの
・業務に対する責任感を持つもの
・企画・運営能力および生活指導力を有するもの
・寮内の問題を把握・想定でき、解決策を提案できる能力を有するもの
・RAの役割を自覚できるもの

しかし、RA希望者の多くは1回生か2回生であるため、たとえ前述6つの要素を満たす素質があるとしても、すぐにRAとして能力を発揮することができるわけではない。そのため、RAに選考された学生の能力を引き出すためのトレーニングが必要となる。

## 5. 現在のRA養成プログラムとその問題点

現在、APハウスには異なる文化的背景を持つ43名のRAが活躍している。その43名でさまざまな社会的文化的背景を持った寮生を日常的に指導し、支援していかなくてはならない。そのためには寮生が共通に抱える問題や必要としている支援は何か、どのような方法を取れば効果的にAPハウスや日本での生活に適応することができるかといったことを十分理解しておかなくてはならない。

各セメスター開始前には、2泊3日のRA合宿を行いRAのトレーニングを行っている（表5-2）。この合宿においてRAは基本業務の確認を行い、セメスターにおける業務目標の設定をする。

しかし、現在の2泊3日の合宿ではRAが必要とする知識

表5-2 2005年9月 APU RA合宿の内容

| 日付 | 内容 |
|---|---|
| 9月6日 | 学生部長挨拶／RAの役割について／RAプロジェクトについて／スポーツコミュニケーション |
| 9月7日 | 日常業務確認／RAプロジェクト目標設定／新寮生受入について |
| 9月8日 | 修了式 |

や能力をRAが身につけることはできない。現実には、RA間のコミュニケーションを図り、当面の業務内容を把握することが精一杯である。率直にいえば、OJTがRAトレーニングの中心になってしまっており、RAがその活動の基礎にすべき知識や能力が不十分なまま、経験的に活動しているのが実態といえる。

## 6. APハウスの新たな展開とRA力量向上の必要性
### (1) APハウス3建設と寮生1292名体制

　APUは2006年4月より5つのクロスオーバーアドバンスドプログラム(CAP)をスタートし、学部入学定員を現在の1.5倍にする教学改革「ニューチャレンジ」に取り組んでいる。これによって、これまで留学生新入生定員は400名であったものが600名になり、これまでの1.5倍の新入留学生がAPハウスに居住するようになる。

　一方、現在のAPハウスの規模では毎年600名の新入留学生とその他の入寮希望学生を全て受け入れることはできない。そのため、APUでは新たにAPハウス3を建設し、収容人数を360人増加させる計画を進行させている。APハウス3が建設されると、約1,300名が居住する巨大な学生寮がキャンパス内に出現することになる。約1,300名の学生に対する管理や指導を徹底するためにはRA組織の拡大はもちろん必要であるが、これまで以上に個々のRAが高い能力を持つことが求められている。

### (2) 本格的国際教育寮へ

　ニューチャレンジの展開の中で、APハウスは単に規模を拡大するだけではない。その性格を根本的に変えることを求められている。2005年9月20日、立命館アジア太平洋大学の大学運営会議は、「APハウス3（仮称）建設構想について」という文書において、APハウスの基本的性格を厚生寮から教育寮へ転換することを決定した。そこで、APハウスの理念は以下のように再定義されている。

　　APハウスにおける生活と教室での学習は分離されるのではなく統

合されるべきである。教室での教育と教室外での学び、そして寮生活における体験や実践が、アジア太平洋地域におけるリーダーを育成することを目標とするAPUにおける教育では不可分である。我々はAPハウスを第2の教室と位置づけ、APハウス内で教育プログラムを実施する。教室を生活の場まで広げるのである。授業で得た知識と寮での活動を統合することで、学生はリーダーシップの能力や、アジア太平洋地域を構成する市民として活動する規範や能力を得ることができるのである。

APハウスが単なる住居から本格的国際教育寮へと展開するためには、APハウス内での交流の中心的役割を果たすべきRAは、大きくその能力を向上させる必要がある。そのため、現在のAPハウスにおける寮生交流実態とRAの力量を検証するとともに、これまでのRA養成プログラムを見直し、新たなRA養成プログラムを提起する必要がある。

## II. 研究の目的と方法

### 1. 研究の目的

立命館アジア太平洋大学は、2000年4月に大分県別府市に開学した大学である。その特徴は、授業を日英2言語で行うこと、そして毎年の入学者のうち約4割(約600名)の学生が国際学生であるということである。APUには、これら毎年入学してくる国際学生が日本での生活を安心して始めるための施設としてAPハウスと呼ばれる学生寮が設置されている。

2000年の開学以来、APハウスは日本における生活基盤を確立する場としての学生寮本来の機能を十分に果たしてきている。国際学生の多くは日本で生活すること自体が初めての体験であるため、APハウスのような大学寮に居住できるということは、彼らの学生生活を安定させるためには必要なことであった。いわば、APハウスは、安心して生活をする場「厚生寮」としての位置づけをされた施設であった。

一方、海外の大学における大学寮はどのような役割を持っているのだろ

うか。オックスフォード大学やケンブリッジ大学のようなイギリスの名門といわれる大学における大学寮は単なる生活の場として存在しているのではなく、学生の学びと成長を支援するための役割を持っていることは有名である。ハウスマスターと呼ばれる寮を統括する教員が配置され、学生生活上や学問上の指導を寮内で行うことなどは寮における教育を重視していることの一例である。

また、アメリカの大学では、学習の場である教室と生活の場である寮は分離されるのではなく、統合されるべきであるという考えが強く存在しており、その考えはリビング・ラーニング (Living Learning) という言葉で端的に表現されている。学部や学年によって居住できる寮が決定されることや、その寮に居住するレジデント・アシスタント (RA) と呼ばれる学生達が寮内において教育プログラムを実践することなどがリビング・ラーニングの具体的な実践例として有名である。

本研究を始めたきっかけは、これらの英米の大学寮を一つの先行事例として捉えたときに生まれた「APハウスは大学寮としての機能を十分に発揮していないのではないか」という疑問である。APハウスは本当に教育的機能を持っていないのか、持っているとすればどのような教育的効果があるのか、ということは、これからのAPハウスの展開を検討する上で明らかにする必要がある。また、APハウスにはイギリスの大学のようなハウスマスター制度はないが、アメリカの大学と同様にRA制度はある。そのため、APハウスを「厚生寮」から発展させるためには、まず寮内で核となる人間としてRAを育成することが必要であると考えた。そのため、本研究はAPハウスの教育的効果を明らかにしつつ、APハウスの教育プログラムの運営を担うRAを養成することを目的とした。

## 2. 研究の方法

　APハウスの教育的効果を明らかにするためには、寮生とRAの意識や行動がAPハウスに居住することでどのように変化しているかを捉えることが必要であると考えた。また、それらを質的調査と量的調査の両面からアプローチすることで、彼らの意識や行動がより具体的に明らかになると考

えた。また、具体的に RA 養成プログラムを検討するためには、他大学との比較をすることは欠かせないと考えた。それらの考えに基づいて、以下の研究方法を採用した。

1. 寮生対象のアンケートを実施し、AP ハウスにおける寮生の異文化交流実態や日本の市民社会適応実態、寮生間や寮生と RA との交流実態を明らかにする。
2. 元 RA にヒアリングを実施し、彼らが成長したと考える能力を分析し、RA に必要な能力を解明する。
3. 現役 RA に対して、RA に求められる能力についてアンケートを実施する。
4. アメリカのタフツ大学で行われている RA 養成プログラムを分析する。

## III. 寮生実態と AP ハウスにおける教育的意義

### 1. 寮生アンケートに見る寮生実態

#### (1) 調査の概要・回収状況

本研究にかかわり、AP ハウス寮生の多文化への理解、友人関係、日本の市民生活状況、生活実態、RA との交流実態について明らかにするために、全寮生564名（2005年7月1日時点）対象のアンケートを実施した。アンケートは無記名方式で質問項目は日英二言語併記で作成した。2005年7月11日にアンケートを実施し、295通を回収している。回収率は52%であるが、アンケート回答者の属性と全寮生の属性を、性別、回生、国籍別に比較したが大きな偏りはみられない。よって、このアンケートは寮生の傾向を正確に表しているといえる。AP ハウスにおける教育的意義や交流実態を明確にするために、日本人学生と留学生別に第1セメスター生、第2セメスター生そして全体数を抽出し、その差異を分析した。

#### (2) 異文化交流が進んでいるかを測る設問

Q1： 他の国・地域出身の人と夕食を一緒に食べることがありますか。

Q2： AP ハウスに悩み事を相談できる他の国・地域出身の友達はいま

　　　　Q3： APハウスに住むことによって、多文化への理解が深まりましたか。

　他の国出身の学生と夕食をすることがある比率は全体の78％、悩み事を相談できる他の国・地域出身の友達がいると回答した寮生は全体の77％、APハウスに住むことによって多文化への理解が深まったと考えている寮生は全体の81％である。いずれの設問に対しても約80％の寮生は肯定的に回答をしていることからも、APハウスにおける異文化交流が進んでいる。

(3) 市民社会生活への適応能力を測る設問
　　　　Q4： 別府のゴミの処理方法を理解しましたか。

　別府市のゴミ処理方法を理解したと考えている寮生が全体で85％いるが、日本人・留学生とも第2セメスター生のほうが「はい」と回答する率が高く、それぞれ90％を超えている。RAが1年間かけてゴミ分別の指導を行っている結果、ゴミ分別の理解が進んできている。

(4) APハウスにおける生活に関する設問
　　　　Q6： 夕食の準備は何人ですることが多いですか。
　　　　Q7： 何人で夕食を食べることが多いですか。

　これらの設問に対する回答から、APハウスに夕食時における交流の実態が明らかになっている。また、全体の34％の寮生が食事の準備を1人で行い、全体の32％の寮生が1人で食べている実態が明らかになった。特に、日本人学生の第1セメスター生の43％が「孤食化」していることが明らかになった。寮内各フロアに設置されている共同キッチンで、料理というその国の文化を表すものを通じて交流を促すことはRAの具体的業務のひとつである。食事を通じた交流を促進するためにも、更なるRAの活躍が求められる。

(5) RAと寮生の交流に関する設問
　　　　Q8： RAに悩み事は話しやすいですか。

フロアにおけるリーダーであるべき「RAに悩み事を相談しやすいですか」という設問に対して「はい」と答える寮生は、全体の56％いる。一方、全体で44％の寮生は「いいえ」もしくは「どちらでもない」と回答しており、フロア内で多数の信頼を得るまでには至っていない。

## 2. 元RAヒアリング調査にみるRAの成長と求められる能力

寮生アンケート結果から、APハウス内における寮生の交流は進んでいるが、生活実態やRAとの信頼関係については改善すべき点がある。では、そのAPハウス内において活動しているRAはどのようなことを達成したと考え、またどのようなことに困難さを感じているのか、また、RA活動を実践するために必要な知識や能力とはどのようなものであると考えているのかを調査するために元RAへのヒアリングを行った。

対象は、2005年8月に1年間の任期を終了した元RA10名である。任期を終了したばかりのRAに対象を絞った理由は、現役RAに比べてRA時代を冷静に振り返ることができること、記憶が新しいこと、1年のRA経験を持っていることからRAが必要とする知識や能力について一定の見識を持つと考えられるためである。

ヒアリングの結果、RAに必要な能力として元RAが認識しているものを5点挙げたい。

### (1) リーダーシップ能力

すべてのRAが必要と考える能力である。RAには留学生RAも日本人RAも存在するのであるが、もしすべてのRAが日本人であったら活動を行いやすいかとRA組織のリーダーをしていた元RA（日本・男性）に質問したところ「RA全員が日本人の場合と、半分が留学生の場合を比べても、どちらかがやりやすいということはない」との回答であった。この発言は、多文化環境におけるリーダーとして十分な力を身につけている証左である。

### (2) コミュニケーション能力

すべてのRAが挙げる能力がコミュニケーション能力である。「どんな場

面でも無意識のうちに笑顔で接することができるようになった」というRA（日本・女性）や、「相手の正直さを聞く能力が身についた」と表現したRA（日本・女性）の言葉に表されるように、全員がコミュニケーションを図るために工夫や努力をしており、その能力が伸びたことと考えている。

しかし、それと同時に、寮生とのコミュニケーションにおいて、十分できたと考えているRAとそうでないRAに二分されることもわかった。

十分できたと考えているRAは、寮生からの信頼を得るためにフロアの寮生の性格や特徴を把握しており、時間のあるときは必ず共同キッチンにいるよう心がけていた。

一方、自信を持っていないRAに共通しているのは、寮生に対してRAと接していいのか、同じ寮生として接すべきか悩んでいることである。自分のポジションを確立できていないために、寮生に対するコミュニケーションの方法に迷いが生じている。

また、寮生とのコミュニケーションには問題がなかったが、パートナーのRAとのコミュニケーションがうまく行かないことを悩んでいる元RAもいた。コミュニケーション能力が高い学生の集まりであると考えていたRAが、意外にもRA間のコミュニケーションで悩んでいることが判明した。

### (3) 異文化理解能力

すべてのRAが、この能力が重要であると考え、この点において大きく成長したと考えていた。特徴的であるのは、成長を実感しているポイントが日本人RAと留学生RAで異なることである。

日本人RAは、留学生を理解する能力が大切であると考えている。元RA（日本・女性）は、「異なる点を知ることを通じてではなく、同じ点を知ることを通じて相手を理解する能力を身につけることができた」と考え、別の元RA（日本・女性）は「国籍で人を見るのではなく、隣に住んでいる人という視点で相手を理解することができるようになった」と考えていた。

一方、留学生RAは、「RAという組織に所属し活動することで、日本人の考え方を学ぶことができた」（韓国・男性）と考えている。彼らは、週1回開催されるRAミーティングの議事進行の仕方やRAという組織の意思決

定の仕方がきわめて日本的であると考えていた。彼らの考える日本的とは、「時間をかけ」「独断的ではなく」「調整型の意思決定をする」ことである。すべての留学生 RA が、この点を理解するまでは、RA 組織の中で活動することにストレスを感じることが多かったと答えている。

### (4) 組織で活動する能力

RA 時代を振り返ってもらう中で共通に見られた傾向が、フロアにおける RA 活動よりも RA 組織内部での活動を中心に回答する点である。これは RA 組織で活動することに起因する葛藤が多かったためである。フロアのリーダーとしてよりも、RA 組織の一員として活動することを RA に必要な能力として考えている元 RA が多い。元 RA（日本人・男性）は、「RA になった当初はとにかくガンガン行く」ことが多かったが、途中から「組織を全体に見たときに自分はどういうプレーヤーであるかを見ることができるようになった」とコメントした。

RA は自分の担当フロアにおいてはリーダーであるが、RA 組織の中ではリーダーとフォロアーの関係で活動する。RA 組織の中における自分の役割や組織のあり方について適切な理解をすることが、RA 活動を円滑に進める上で重要である。

### (5) タイムマネジメント能力

多くの RA が自分には不足していたと考えている能力である。RA 活動は、アルバイトと異なり、明確な勤務時間というものがない。また、寮内の活動において自主自律性も高く、RA 自らが活動内容の目標設定をし、それに到達するためのプロセスを考える必要がある。一方、一人の学生として学習する時間は他の学生と同じように確保しなければならない。

インタビューをすることで、RA としての活動と正課をいかに両立させるかについて悩んだと回答する元 RA が多いことが判明した。彼らは、RA 活動と正課を両立させることは難しいと考え、元 RA（日本人・女性）は「正課を優先した生活を送った時期があり、そのことに対して罪悪感がある」とコメントをしている。

RAは重要な活動であるが、学生である以上は正課を優先させることが当然である。RAは、RA活動と正課を両立するためのタイムマネジメント能力を身につける必要がある。

### (6) 総 括

元RA10名へのインタビューを実施することによって、RAに必要な5つの能力が浮かびあがってきた。また、その程度や満足度に差はあるが、すべてのRAがRA活動を遂行するために必要な能力が向上したと考えていた。また、5つの能力すべてが自分に備わっていると考える元RAはおらず、いずれかの点においては不十分であることを認める内容であった。

このインタビューはRAに必要な知識と能力を明らかにするために実施した。留学生固有の問題（ビザ・健康保険・食事等）に関する知識の不足をあげる元RAが多いのではないか想定していたが、そのような回答をするものは少なかった。元RAにそのような「知識」が不足していると考えることはないかと質問したところ、そのような質問に対しては「わからない」と素直に答えるか、大学に聞くよう促すという対応をするという回答であった。

この対応が間違っているわけではないが、留学生の生活指導を行い日本の市民社会への適応を支援する存在であるRAは、留学生固有の問題について十分理解をしておく必要がある。また、そのような問題について十分理解していない状態では、留学生に対する適切な支援というものは行えないはずである。そのため、RA養成プログラムを検討する際には、RAとして必要な「知識」と「能力」について整理した上で、プログラム開発をする必要がある。

## 3. 現役RAに対するアンケート調査に見るRAの意識

寮生を対象とした寮生アンケートと元RAへのインタビューの結果と、現役RAの意識を比較するために、2005年11月に現役RAを対象としたアンケートを実施した。現役RAが、RAにはどのような「知識」と「能力」が必要であると考えているのか、また自分達の知識や能力がどの程度である

と考えているかを明らかにするためである。

　対象は、2005年11月時点でRAとして活動している43名のRA全員である。有効回答数は43件、100％の回答である。

　現役RAアンケートの分析結果として以下の通りである。

### 能　力
(1) コミュニケーション能力、リーダーシップ能力、言語能力がRAとして必要な能力と考えている。
(2) コミュニケーション能力が重要と答えたRA37名（全体の86％）おり、その中で34名（91％）が「十分ある」「ある程度ある」と回答している。現役RAは自分のコミュニケーション能力を高く評価していることがわかる。
(3) 寮生アンケート「RAに悩み事は話しやすいですか」との質問に対して43％の寮生は「いいえ」「どちらでもない」という回答をしている。RAのコミュニケーション能力に対する意識と寮生の意識には明確な差がある。

### 知　識
(1) APUもしくはAPハウスに関する知識、文化や宗教に関する知識、応急処置の方法などの医学的知識をRAとして必要な知識と考えている。
(2) RA39名（全体の90％）がAPUやAPハウスの知識が重要と答えており、その中で「十分ある」「ある程度ある」と考えているRAは36名（83％）いる。しかし、彼らの考える「知識」は、学生として経験した範囲内の知識であり、APUの各オフィスや研究機関、APハウス内の管理運営体制について十分な理解ではないと考えられる。

## IV. 米国の大学におけるRA養成プログラム

　ここまでAPハウスの教育的効果とRAの実態について検証を行ってきたが、ここで米国の大学寮で働くRAはどのようなトレーニングを受け

ているのか、APハウスの実態を明らかにする上で比較する。2005年8月に実施した米国マサチューセッツ州ボストンにあるタフツ大学のOffice of Residential Educationへの訪問調査結果を整理した。

　RA養成プログラムの事例研究としてタフツ大学を取り上げた理由は、①学部学生を対象としていること、②教職員が寮内に常駐していない、という点がAPハウスと共通であるためである。

## 1. タフツ大学におけるRA養成プログラムとRAマニュアル

　タフツ大学ではRA養成プログラムを、各年度が始まる直前の10日間に実施している。また、プログラム実施前には、全68ページのRAマニュアルを配布し、それを予習しておくことを求めている。タフツ大学のRA養成プログラムの特徴を、以下5点に整理した。

(1) RAのチーム作りに重点を置いている。
　　RA相互にコミュニケーションを図るため、1泊2日の合宿を最初に行う。
(2) RAに求められる役割や業務内容をマニュアル化した上で説明する。
　　全68ページのRAマニュアルを作成し、RAの業務内容を細かく説明している。
(3) フロアコミュニティ作りや寮内教育プログラム作成方法を説明する。
　　フロアコミュニティを作るため必要な活動、例えば「食事をするときには必ず同じフロアの寮生に声をかける」、といったことまで指導する。また、教育的プログラム（大学内の教職員を寮に招待して時事問題についてディスカッションを行うなど）を企画・実施するための、アポイントの取り方や、当日の行動、礼状を出すことなどを指導している。
(4) 寮生が必要としているサービスに対する的確な知識を教える。
　　キャンパスツアーを行い、各オフィスや健康管理センターやカウンセリングルーム、研究機関などの説明を行う。
(5) 危機管理（酒、ドラッグ、差別、学生処分手続き）
　　酒やドラッグが原因となった問題が生じたときに、どのような対応

をすべきか具体的に説明している。そのような事件に関する報告書の作成方法から、学生処分プロセスがどのように進み、どのようにRA作成の報告書が利用されるかを説明する。

表5-3 タフツ大学のRA養成プログラム

| | |
|---|---|
| 1日目 | Welcome BBQ, Welcome Meeting, Meet with 3rd Year RAs, Team Meeting |
| 2日目 | RA Camp |
| 3日目 | RA Camp |
| | Building Preparation (Room Condition Cards, Problem Reports, Work Requests) |
| 4日目 | Welcome-Dean of Students Office, RA Job Description & Staff Manual Review, Ethics & Role Modeling, Communication / Mediation, Building Community, Programming |
| 5日目 | New Staff: Campus Resources Tour (Health Center, Counseling Center, Culture Centers, Student Activities Office, Student Services Desk) |
| | Returners: Round table topics, What it means to be a returner RA? Programmmig to the next level. Applying the FISH principles |
| | Counseling Center Session, Alcohol and Drug education, Introduction to Health Center |
| 6日目 | Judicial Review, Prepare for BCD |
| 7日目 | BCD |
| 8日目 | Start shift work for early arrivals, Dinner with Campus Police and Duty Liaison Officers |
| 9日目 | Bias training, Bias Intervention Team |
| 10日目 | Opening Logistics/Q&A, Review Orientation Schedule, "Closing of Training and Opening the Halls" Banquet |

タフツ大学のRA養成プログラムは、APUのRA養成プログラムに比べ、体系的にまとまっている。特に、危機管理について一定の時間を割いている点が特徴的である。しかし、元RAへのインタビューや現役RAへのインタビューで浮かび上がってきているRAとして必要な「能力」を磨くものではなく、「知識」を与えることを主眼とするプログラムである。

## V．まとめ——政策提起

以上の研究結果から、RA養成プログラムの創設とRA活動の単位認定を提案する。

## 1. RA養成プログラムの創設
### (1) APUの理念を具現化する存在としてのRA

　ここまでAPハウスにおける教育的効果とRAに必要な知識と能力について調査し、他大学におけるRA養成プログラムを分析してきたが、APUにおけるRAとはどのような存在であるかを整理したい。

　APUは「国際相互理解」や「アジア太平洋の人材育成」を理念とする大学である。そのとき、アジア太平洋の人材とは具体的にはどのような人物であろうか。

　タイ国にある日本人商工会議所を訪問した際に、商工会議所事務局長は次のようにいわれた。「タイには約3000社の日系企業が活動しているといわれています。そのような企業の中で、日本語が操れるタイ人、もしくはタイ語が使える日本人というのはある程度います。しかし、日本人やタイ人や他の国々の人々から構成されるチームにおいて、リーダーシップをとり、その異質な集団をマネジメントし、業務を遂行できる能力のある人物は実は少ないのです。」

　そのような人物が「アジア太平洋地域で求められている人材」とするならば、多様な文化的背景を持った寮生が住んでいるAPハウスにおいてリーダーとして活動しているRAは、まさに求められている人材そのものである。言い換えれば、RAとはAPUの理想とする「アジア太平洋地域で活躍をする」ための十分な経験を蓄積している層であり、RA養成とはAPUのトップ学生層育成と同義である。

### (2) RA養成プログラムが目指すもの

　これまでの調査の結果、RAにはリーダーシップ、コミュニケーション、異文化理解、組織活動の理解、タイムマネジメントなどの能力とAPUやAPハウスに関する知識、フロアコミュニティを作るための知識、危機管理に関する知識などが必要である。RAが、体系的なRA養成プログラムを受講することで、これらの能力や知識をRA活動という実践の中で会得し、RAがAPUを代表する多文化環境におけるリーダーたる能力を持つ学生として成長できることを目的とし、**表5-4**のプログラムをRA任期開始期であ

る各セメスター開始前（3月・9月）に実施することを提案する。

表5-4　RA養成プログラム

| | 内容 | 内容詳細 | 担当者 |
|---|---|---|---|
| 1 知識 | RAチームビルディング | RA同士が相互にお互いを知り、コミュニケーションを深め、組織として機能できるようゲームを行いながらチームビルディングを行う。 | 学生部職員 |
| 2 知識 | RA論 | APハウスの理念、APハウスで生活する意義とRAの役割について学ぶ。 | 学生部長 |
| 3 知識 | APU・APハウスを知る | APU・APハウスにある施設や設備を確認する。また、各オフィスやカウンセリングルーム、ヘルスクリニックを訪問する。 | 学生部職員 |
| 4 知識 | フロアビルディング | フロアで交流を活発にするための方法を考える。フロアで行ってきた事例の紹介と新しいプログラムの作成を行う。 | 学生部職員 |
| 5 知識 | カウンセリング入門 | カウンセリングの基本を学ぶ。また、危険な兆候を如何にして把握し、インテーカーとしてカウンセラーに引き継ぐかを学ぶ。 | APUカウンセラー |
| 6 知識 | カルチャーショックと異文化適応 | カルチャーショックがどのように引き起こされるか、また適応のプロセスについて学ぶ。また、不適応のシグナルについて学ぶ。 | APUカウンセラー |
| 7 知識 | 救命救急講座 | 急患や事故が発生したときに必要となる応急処置について学ぶ。 | 外部講師 |
| 8 知識 | 法律から見た留学生の位置 | 在留資格（ビザ）と資格外活動許可制度について学ぶ。国際運転免許証を利用する際の条件や日本の交通ルールについて学ぶ。また、法令違反があった場合の処分内容も学ぶ。 | 学生部職員 外部講師 |
| 9 知識 | 危機管理 | 事件事故が発生したときに、RAとして求められる対応について学ぶ。具体的なケースに即して考える。 | 学生部職員 |
| 10 能力 | リーダーシップとRA組織 | RAのリーダーシップのあり方について、RA相互に考える。また、フロアにおいてはリーダーであるが、RAという組織全体から見れば、ほぼ全てのRAはフォロアーである。RA組織におけるリーダーとフォロアーの役割について考える。 | 学生部職員 |
| 11 能力 | 異文化理解と異文化間コミュニケーション | 言語と非言語のコミュニケーションの違い、非言語コミュニケーションの重要性について学ぶ。文化差に基づく行動様式について考える。具体的に、APハウスで起きている事例をもとに考える。 | 学生部職員 APU教員 |
| 12 能力 | タイムマネジメント | 正課とRA活動のバランスを保つためには、タイムマネジメント能力が必要である。時間管理の手法について考える。 | 学生部職員 外部講師 |
| 13 | RAとしての活動目標 | RAとしての活動目標を文章化し、発表する。 | 学生部職員 |

## (3) RAの成長と職員の役割

　体験学習理論（Theory of Experiential Learning）を構築した心理学者のコルブ（David A. Kolb）によれば、体験学習は経験（Concrete Experience）、省察（Reflective Observation）、概念化（Abstract Conceptualization）、実践（Active Experimentation）の4つの過程から構成されると整理しており、この過程を繰り返すなかで人は成長するとしている。この理論をRA養成に適用し、RAの成長と職員の役割を図5-1のようにまとめてみた。

　ここでいう「実践」とはRA活動そのものであり、「経験」とは業務上の成果・RA自身の達成感や不満・寮生からの反応等である。RAが成長するためには、その「経験」を「省察（言語化）」し、「概念化」することで、より高い水準の「実践」へ向かうことが可能となる。特に「省察」の段階では、ただ漠然と考える、振り返るだけでは十分ではないと考える。それを言語化することで、その振り返りを客観化し、自らの考えを整理することが肝要である。

　RAが業務上生じた課題や蓄積してきた「経験」を「省察」するためにセメスターに2回の業務レポートの提出を義務づける。そして、そのレポートに基づいた個人面談を行い、問題点の整理とRAとして求められる行動の確認を行う。それに加え、毎週行われるRAミーティングにおいてレポートで報告された具体的課題を提示し、問題解決や対応方法の一般化を行う。

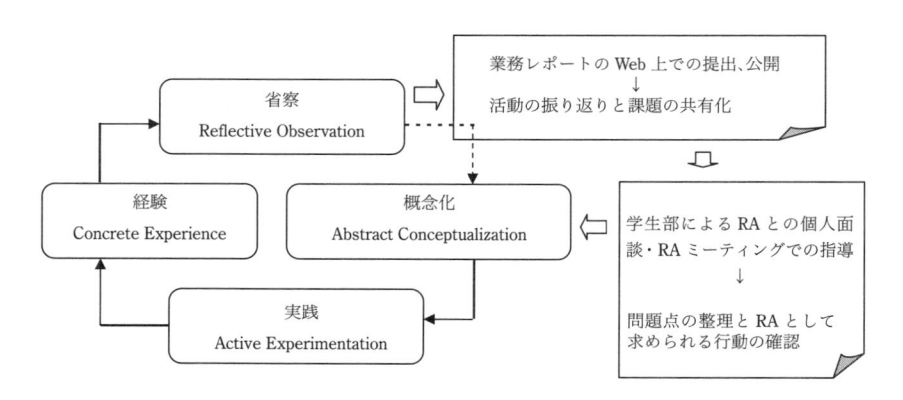

**図5-1　RAの成長サイクルと職員の支援**

また、業務レポートはWeb上で公開することで、一定水準以上のレポートを書くための動機づけ、共通する問題点の把握、またRA相互の経験の共有化をも図るものである。

ここで注意をしなければいけないのは、他の人も見ることを前提に書くため、自分がつらくなるようなことは書かなくていもよいという指示をすることである。そして、書けない部分については、面談の中で個々人の状況に応じて補うことができるからである。

## 2. RA活動の単位認定
### (1) RAの位置づけの変化とRA活動の評価としての単位認定

RA活動の単位認定を考える際に、教育寮政策におけるRAの位置づけを整理したい。大学は、RAを寮の管理運営上必要な組織として位置づけ、その活動を支援するためにRA奨学金（月額1万円）を支給している。一方、RAはRA活動を有償ボランティアとして考えている傾向が強い。ボランティアとして考えているため、自分の余暇の範囲内でRA活動に取り組めば良いと考えているRAも散見される。

しかし、教育寮としてAPハウスを位置づけた場合、RAが持つ意味はこれまでと決定的に異なる。RAは寮生に対する教育的役割と責任を明確に持つ組織となるのである。

これまで、RA組織はボランティア的性格の強い組織であったため、その教育的成果に対する責任やRAの業務評価や対価といったものは具体的に存在していない。しかし、RAの位置づけが変化する中において、RA活動がボランティアではないということを理解させ、それを評価・フィードバックし、RAの活動を高度化していかなければ、教育寮としての高い機能をAPハウスが発揮することはできない。そのため、彼らの成長を具体的に支援するために、RA活動を単位認定し、その枠組みの中で指導・支援・評価する制度を整えることが求められる。

### (2) アクティブ・ラーニング

APUで準備を進めている教学改革「ニューチャレンジ」の中にアクティ

ブ・ラーニングという取り組みがある。2005年10月26日APU合同教授会文書「アクティブラーニングの展開について」において、アクティブ・ラーニングの基本となる考えは以下のように整理されている。

> 本学は、学びの基本要素として「知識」「経験」「交流」の3つが重要であるとの考えに立っている。いわゆる座学は、「知識」の習得にとっては有効であるが、学生によりいっそうの成長を促すには、「経験」や「交流」の機会を与える必要がある。そこで、座学に傾斜していた従来の「教える仕組み」「学ぶ仕組み」を学生のモビリティを高める方向に転換すべく、国内外でのフィールドワーク、社会的・国際的連携によるコーオプ教育、またはインターンシップといった実践的学習や体験を重視したプログラムを設計し、これを「グローバル・アクティブ・ラーニング」として展開する。

これまでの調査で、RAは、リーダーシップやコミュニケーション能力などをRA活動を通じて獲得したことが明らかになっている。これらの力は、座学ではなくRAとしての「経験」や「交流」の中で会得したものである。RA活動の単位認定は、アクティブ・ラーニングの観点とまったく一致しているといえる。

(3) RA活動単位認定の実施方法

これまでのRA活動単位認定に関する提案内容をシラバスの形でまとめると、表5-5のとおりである。RA活動の単位認定に対する大学の考えを具体的に学生に示すためにはシラバスで内容を明らかにすることは重要である。また、RAの任期は1年間あるが、RAになって最初のセメスターを単位認定の対象にしている。それは、RAとして十分な能力を身につけ、成長するための支援としては最初のセメスターが適していると考えられるためである。また、単位認定はRAとしている期間は必ず受けられるというものではなく、1度のみであることを明確にするためでもある。

表5-5 RA活動単位認定用シラバス

| 開講年度 | 2007 |
|---|---|
| 開講時期 | セメスター |
| 科目分野 | 基礎教育科目 |
| 科目名・クラス名 | 特殊講義 |
| 担当教員 | 学生部長 |
| 配当回生 | 1回生以上 |
| 単位数 | 2単位（RA採用後、最初のセメスターに登録） |
| 履修条件 | 現在RAであること |
| 授業のねらい | RA活動を通じて、多文化環境におけるリーダーシップについて学ぶ。多文化環境におけるリーダーに必要な能力であるコミュニケーション能力、異文化理解能力、組織活動力、タイムマネジメント能力をRA活動の中で身につける。如何に仲間と協力して目標を達成することができるのか、人を動かすには如何に行動すべきかを学ぶ。 |
| 到達目標 | 異なる文化的背景を持つ人たちと付き合い、交渉し、統率し、一つの目標を達成することができる能力を得ることを目標とする。 |
| 成績評価 | 合格（Pass）/ 不合格（Fail） |
| 成績配分と評価基準 | ① RA養成プログラム・RAミーティング・面談・中間講義の出席：20%<br>② 業務レポート：20%<br>③ 日常業務：20%（RAによる相互評価）<br>④ 最終レポート：40%<br>・RA養成プログラムで学んだ視点を利用すること<br>・RAとしての実体験に基づく内容であること<br>・その体験を通じて、何を学んだのか、どう成長したかを明らかにすること |

## （4）単位認定のプロセス

図5-2は、RA活動の単位認定プロセスである。この活動の利点は、RA

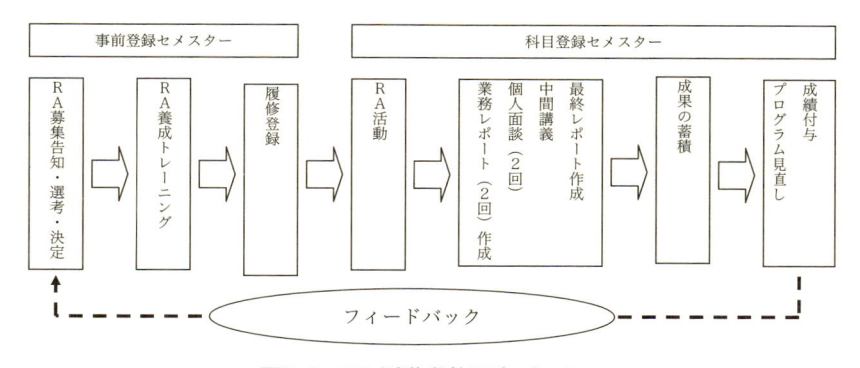

図5-2 RA活動単位認定プロセス

としてこれまで個人にしか蓄積されていなかった経験知というものを最終レポートとして具体化し、その経験知をレポートという形で蓄積することが可能な点である。そして、それらを通じて、次のRAの養成プログラムやAPハウスにおける教育プログラムの実施へフィードバックが可能になる点である。

※提案したプログラムは、2006年2月から2006年5月まで立命館アジア太平洋大学APハウス教育プログラム等検討委員会にて議論に付された後、2007年1月に立命館アジア太平洋大学教学部会議に提案された。当初の提案では学生部長を授業担当者にしていたことなどが修正された後、同教学部会議にて承認され、2007年春セメスターから「フィールドスタディ10」として開講された。

## VI. 残された課題

### 1. RAのモチベーションと単位制授業料制度

前述したように、RA間においても、RA活動に対する責任感やモチベーションには差がある。さらに、単位認定した場合には、この差が別の形になって現れる可能性がある。特に、APUの授業料は登録単位数によって決定される単位制授業料制度であるため、RA活動を単位認定した場合、単位登録するRAとそうでないRAが現れる可能性があり、純粋にRA活動に当たっているRAは、他のRAを単位目的であるとみなす恐れがある。

この問題を解決するために、以下の改善策を検討する必要がある。

・RA全員に単位登録を義務づける。
・RA間で相互評価を行い、同僚RAの視点を評価に加える。相互評価は複数回行い、その都度評価者・被評価者を変える。
・授業料については、授業料相当額を奨学金として全RAに支給し、実質的なRA負担はなしとする。

この改善策において最大の課題は、授業料相当額（RA43名体制の場合、年間約160万円）の奨学金原資をいかに捻出するかである。この財政上の課題は、今後の寮費政策等を検討する中で解決をはかる。

### 2. APハウスにおける教育プログラムの開発

「APハウス3（仮称）建設構想について」という文書の中で、立命館アジア太平洋大学大学運営会議はAPハウスの基本的性格を厚生寮から教育寮へ転換し、APハウスにおける教育プログラムを実施するとしている。そこに検討課題として記載されているプログラムの一部は以下の通りであるが内容詳細ははぶく。

・RA養成プログラム
・新入寮生教育プログラム
・共同学習プログラム
・地域コミュニティ支援プログラム
・コミュニケーション&学習点検プログラム

今回の研究では、RA養成プログラムのみを提案しているが、今後はそれ以外のプログラムについても調査研究を深め、可能なものから実施することとしたい。

### [参考文献]

1) 立命館アジア太平洋大学運営会議「APハウス3（仮称）建設構想について」2005年
2) RA STAFF MANUAL 2004-2005 TUFTS UNIVERSITY
3) David A Kolb Experiential Learning Prentice Hall, Inc. 1984
4) 溝上慎一『学生の学びを支援する大学教育』2004年
5) 立命館アジア太平洋大学合同教授会文書「アクティブラーニングの展開について」2005年

# 6 「学生との関わり」により養成される職員力量の考察と立命館職員のキャリアパスの検討

辻井　英吾

## I．研究の背景

　多様な人材を育成し、確かな学力を持ち、個性豊かな人材を社会に輩出することは、私立大学に課せられた重要な役割である。各大学では、教育・研究に関わる様々な取組みを通して多様な人材育成を実践している。そのような状況にあって、大学職員の役割や責任は、新たな領域もまきこんで、さらに高いレベルの意識と力量が求められている。すなわち、これまで伝統的に職員の仕事とされてきた「支援」「裏方」という、陰で学生の成長を支えるいわば「縁の下の力持ち」的な役割を大きく超え、学生の成長のために主体的に行動することがその一つである。

　本学では学生の「学びと成長」に職員が積極的に関わることを重視し、業務の中で実践してきた。その結果、進路就職、課外活動、国際交流などの分野では職員の業務が高いレベルの成果をあげている。あらゆる場面で教員と職員が一致して学生に高い「学びと成長」を身につけさせることは、大学を発展させる原動力にもなる。職員は学生と関わるあらゆる場面で、教職協働で学生の「学びと成長」を促進させる力量を育むことが求められる。

## II．研究の目的と意義

### 1．研究のねらい

　大学職員が学生と接することは、きわめて重要なことである。大学職員

として学生と接する中で学生から「学ぶ」とともに、「学生を成長させる」ことを実感し、その実感が業務に対する強い意欲あるいはモチベーションとなり、職員の「働き甲斐」となる。学生と接する中で、その実態を把握し、問題を発見し、学生のニーズに沿った支援政策を確立することは、職員が担う重要な役割であり、積極的にこの役割を果たすことにより大学職員として成長する。

　本研究では、学生と関わることをさらに絞り込み、「業務や活動を通じて『学生の中に入って学生の目標達成にこだわる』ことができる役割・立場」（単に窓口対応・援助・指導ではないもの）として、①「学生と関わることにより養成される職員の能力、力量」を明確にし、②職員の「能力、力量」を育成するキャリアパスの仕組みを構築することを目的とする。

## 2. 職員と学生との関わりの重要性

　職員が学生と関わる中で成長し、「働き甲斐」を自覚し、それが業務の意欲やモチベーションとなることから、本学では若手職員を直接学生と接する職場に配属するケースが多い。大学職員として早い時期に学生と関わることを経験しておくことは業務を深める上で重要なことである。

　また、本学は学生支援に関わる制度を確立する際に、そこで果たすべき職員の役割とその業務上の効果について明確にしてきた（表6-1）。指名された職員は、その役割を担うことにより、職員として必要な力を育んできたと考えられる。

　さらに、本学には業務という位置づけ以外で、課外活動支援の一環として体育会の副部長制度、学術学芸サークルの顧問制度があり、主には学生の学習支援、キャリア支援に職員が携わっている。各クラブ、各人によって関わり方は様々であるが、このような学生との関わりの中でも職員は成長し、力量を形成しているはずである。

　こうした、職員にとってきわめて重要な要素となる学生との関わりが持つ職員力量の育成機能を明確にし、キャリアパスの仕組みを構築することは、本学の職員人事政策として重要な意味を有するものと考える。同時に、このような学生との関わりの中から育成される力を持って学生と関わるこ

表6-1　大学の政策文書にみる職員と学生との関わりの役割・効果

| 業務名 | 役割と効果 | 必要とされる「能力、力量」 |
|---|---|---|
| 学生スタッフ支援業務(「学生スタッフの活用」2003年9月4日、部次長会議) | ・業務を通じた学生への教育<br>・学生実態の把握<br>・学生の興味関心、問題意識の把握<br>・学生スタッフを活用する「仕事を創り出す力量」<br>・学生スタッフが活躍できる「仕事を組み上げる力量」<br>・学生スタッフへの業務・人事マネジメントの力量<br>・業務への熱意と深く広い業務知識 | 教育力の向上<br>学生実態把握<br>マネジメント<br>専門力量 |
| 異文化理解セミナー引率(「海外セミナー引率者の役割について」) | ・参加学生の状況把握<br>・ホスト校の状況把握<br>・冷静で的確な判断力とリーダーシップ<br>・トラブル対応<br>・学生の自主性を尊重しながらの学生指導<br>・学生の健康管理　・危機管理(現地における最終判断者)<br>・ツアー・ディレクター<br>・イベント・クリエーター | 学生実態把握<br>リーダーシップ<br>情報収集と判断力<br>学生指導 |
| 課外活動の顧問・副部長(「課外活動団体の顧問・副部長制度の整備について」1993年12月15日) | ・学生と接する機会を拡大し、自らの教育力量を高める<br>・常に学生を視野においた政策立案を行ううえで大きなプラスになる | 教育力の向上<br>学生実態把握<br>コミュニケーション |
| プレスメントリーダー支援業務(1995年10月5、日常任理事会) | ・学生の状況をリアルに把握<br>・的確な援助を行うシステムの確立<br>・リーダー学生との日常的なコンタクト<br>・プレスメントの活動全体の把握 | 学生実態把握<br>コミュニケーション |

とは、学生の「学びと成長」をより促進し豊かにすることにつながると考える。

## III. 研究の方法

研究は、「プレテスト」として次の1・2のヒアリングを行う。
1. 学生と関わる職員へのヒアリングにより、職員の意識と学生と関わる現状の把握。
2. 職員と関わる機会の多い学生へのヒアリングを実施し、学生の意識と職員の関わり方の現状の把握。

2つのヒアリングの結果から、下記3のアンケートを設計し、その集約・分析を通して学生と関わることにより養成される職員の「能力、力量」と

それを養成するキャリアパスの仕組を検討する。
3. 2つのヒアリング結果をもとに、職員の「能力、力量」を絞り込むために全職員に対するアンケートの実施。

## IV. 本学における職員と学生との関わりの現状

### 1. 職員と学生との関わりの現状

学生の「目標」達成を目的とした職員の学生との関わりの現状は、以下の通り、「日常業務を通じた学生との関わり」「全学業務を通じた学生との関わり」「課外活動を通じた学生との関わり」と、大きく3つに分類することができる。

### (1) 日常業務を通じた学生との関わり

日常業務を通じた学生との関わりには、学部事務室における学会学生委員会、自治会活動支援、学生のプロジェクト支援などがある。広報課・図書館サービス課・情報システム課ではそれぞれが持つ学生スタッフ支援[1]がある。また、キャリアセンターではプレスメントリーダー支援[2]、国際部では留学生支援がある。学生部では学生の課外活動に対する支援を行っている。

### (2) 全学で取組む業務の中での学生との関わり

全学で取組む業務の中での学生との関わりには、異文化理解セミナー[3]の引率がある。1986年から海外セミナー(1999年度より異文化理解セミナーとなる)がスタートし、これまで延べ95人の職員が引率している。過去5年間では表6-2の通りであり、31名の職員が引率業務を経験している。

表6-2 異文化理解セミナー引率業務の経験

| | |
|---|---|
| 2001年度 | 5名 |
| 2002年度 | 5名 |
| 2003年度 | 6名 |
| 2004年度 | 6名 |
| 2005年度 | 9名 |

### (3) 課外活動を通じた学生との関わり

課外活動を通じた学生との関わりには、体育会副部長、学術・学芸系サーク

ルの顧問制度がある。本年度の状況（2006年度実績）は表6-3の通りであり、専任職員の約5分の1が配置されている。

表6-3　副部長、顧問の状況

| 中央事業団体 | 顧問 | 8名 |
|---|---|---|
| 学術公認団体 | 顧問 | 8名 |
| 学芸公認団体 | 顧問 | 26名 |
| 体育会 | 副部長 | 66名 |
| 計 | | 108名 |

## 2. 本学の政策文書にみる職員と学生との関わりの役割・効果

　学生との関わりを提起した本学の政策文書にみる職員の役割と効果は、先述の表6-1の通りである。右欄の「必要とされる能力、力量」は筆者が「学生と関わることにより養成される職員の能力、力量」として試案的に整理したものであり、職員はこうした取組みを通じて、必要な「能力、力量」を見につけているものと考えられる。

## 3. ヒアリングから見る職員と学生との関わり――職員ヒアリングの結果から

　職員が学生と関わることにより養成される力量を明確にする「プレテスト」として、職員にヒアリングを行った。ヒアリングは「業務や活動を通じて『学生の中に入って目標達成にこだわる』こと」ができる役割・立場にあると考えられる職員10名を対象に実施した。

### (1) ヒアリング項目

　以下の通り項目を設定し、ヒアリングを実施した。
　「学生と関わる頻度」「自業務の位置づけ」「学生との関わりで意識していること」「学生と関わる中で身についた（と感じる）能力・力量」「どのような時に身についたと感じたか」「どのような場面でそう感じたか」また「実際業務で役立っているか」

### (2) 学生との関わりの特徴点

　ヒアリングにより明確となった学生との関わりの特徴点は以下の通りである。
　①常に学生に考えさせることを重視している。
　②試行錯誤しながら、いかに学生にわかりやすく伝えるかを工夫してい

る。
③「言ったけど学生がやらない」という責任転嫁は学生の援助、指導としては通用しないことを認識し、結果までフォローする取組みを行っている。
④職員が必要以上に「上に立つ」という意識にならないよう、学生が自主的、自立的に意見交換、意思決定できるように運営、接し方を工夫している。
⑤図書館スタッフや情報システムスタッフなど、明確な目的があり、一定のスキルが求められる学生スタッフとの関わりでは、職員は学生のスキル・アップをサポートする役割を担っているとともに、「業務としての目的を達成」させる責務がある。そのためには職員自身の自己啓発が必要であり、それを実践している姿が見られた（学生の成長とのシナジー効果）。
⑥学生の「相談相手」に留まらず、学生の成長を主体的に考え取り組んでいる。学生に主体的、自発的に力を発揮させることを基本とし、「教育的視点」を意識して関わっている。

### (3) 教育的視点の絞り込み

ヒヤリングを整理すると職員は教育的視点をもって学生に対応している。紙幅の関係でヒヤリングの生の声を紹介できないが、上記のヒヤリングの特徴点も含めて、教育的視点は、次のようにまとめることができる。
①学生実態のリアルな把握
②学生の話しを粘り強く聞く（傾聴）
③学生の視点、目線で受けとめて、対応する姿勢
　・学生の考え方
　・学生とのコミュニケーション
　・学生の多様な関心
④学生に「わかった」と実感させる工夫
　・学生に考えさせる
　・学生の力を引き出す工夫、仕掛け

・学生の自主性、主体性、自立性を引き出す工夫
⑤学生に学ばせる仕組みや仕掛けづくり
・刺激、情報の提供
・素材の提供
⑥担当に関わって上記の①〜⑤の学生援助、指導できる当該分野の専門知識

　上記の整理とそれぞれの活動支援に関わる各政策文書において、役割・効果として見えてきた教育的視点は、職員の業務遂行にとって重要な視点であり、また、職員として養わなければならない「能力、力量」のひとつである。この内容については、後述のアンケートでさらに具体的に明らかにする。なお、⑥は個別「分野の専門知識」であるため、本研究では取り扱わない。

## 4. ヒアリングから見る職員と学生との関わり──学生ヒアリングの結果から

　職員を対象としたヒアリングにより整理してきた「教育的視点」の分析を進めるにあたり、学生の意識、動向を理解したうえで進めることが効果的であると考え、①学生が活動を通じてどのように成長したいと感じているか、②学生の成長に影響を与えた人物の役割と関わり方、③顧問、副部長、引率者、業務担当者の存在が学生の満足度、成長にどのような影響を与えているか、を明確にすることを目的として、学生へのヒアリング調査を実施した。

　ヒアリングは各団体の役職者を中心とした6名の学生と、学生時代に団体に所属した経験のある卒業後2年未満の職員3名を対象とした。

### (1) 学生の職員への期待・役割

　ヒアリングから見えてくる学生の職員への期待・役割は、以下の通りである。
①学生は活動を通じて、技術や知識の向上と同時に人間的成長を意識している。

②組織運営、協調性、チームワークは、学生が職員の援助や指導として求めていることでもある。職員はヒアリングの中でもこれらについて意識的に学生にアドバイスしている傾向がある。
③学生は活動のレベルを高めるために「社会性」が必要であるとも感じている。これは、キャリア形成にとっても重要な要素であるが、学生同士では身につけることが困難な要素である。
④学生の自主性を引き出すこと、学生のレベルを超える専門的な知識や指導も職員に求めている。

以上をまとめると、学生は職員に次の援助や指導を求めているといえる。
・組織運営や協調性、チームワークの向上
・社会モラルや目上の人との関わりなどの社会性の指導
・学生の自主性を引き出すこと
・学生の専門力量を高める専門的知識や指導

「組織運営」「社会性」「自主性」「専門力量」については、学生の成長を支援する職員の存在やアドバイスが直接的に影響を与えている場合と、直接学生一人一人に応えるのではなく、組織内の役職と役割を理解させる仕組みをつくるなど、学生同士が学び合う環境をつくりだすといった、間接的に影響を与えている場合の両面がある。これらをどのように使い分けるかは、その問題、課題の性格あるいは職員の力量による。

### (2) ヒアリングから見えてくる職員の教育的視点

学生ヒアリングの結果、職員の学生に対する教育的視点は一方的な想いではなく、学生も望んでいることがわかった。学生は自ら成長のために積極的に活動に取組みながらも、職員の「知識」「経験」に裏づけられたアドバイスを期待している。職員がこの期待に応えることが、学生の「学びと成長」をより促進することにつながる。

## 5. ヒアリング小括

学生との関わりを提起した大学の政策文書、職員および学生へのヒアリ

6 「学生との関わり」により養成される職員力量の考察と立命館職員のキャリアパスの検討   195

ングから見えてきた職員に必要な「能力、力量」を概括し、教育的視点との対応関係をまとめると**図6-1**の通りである。

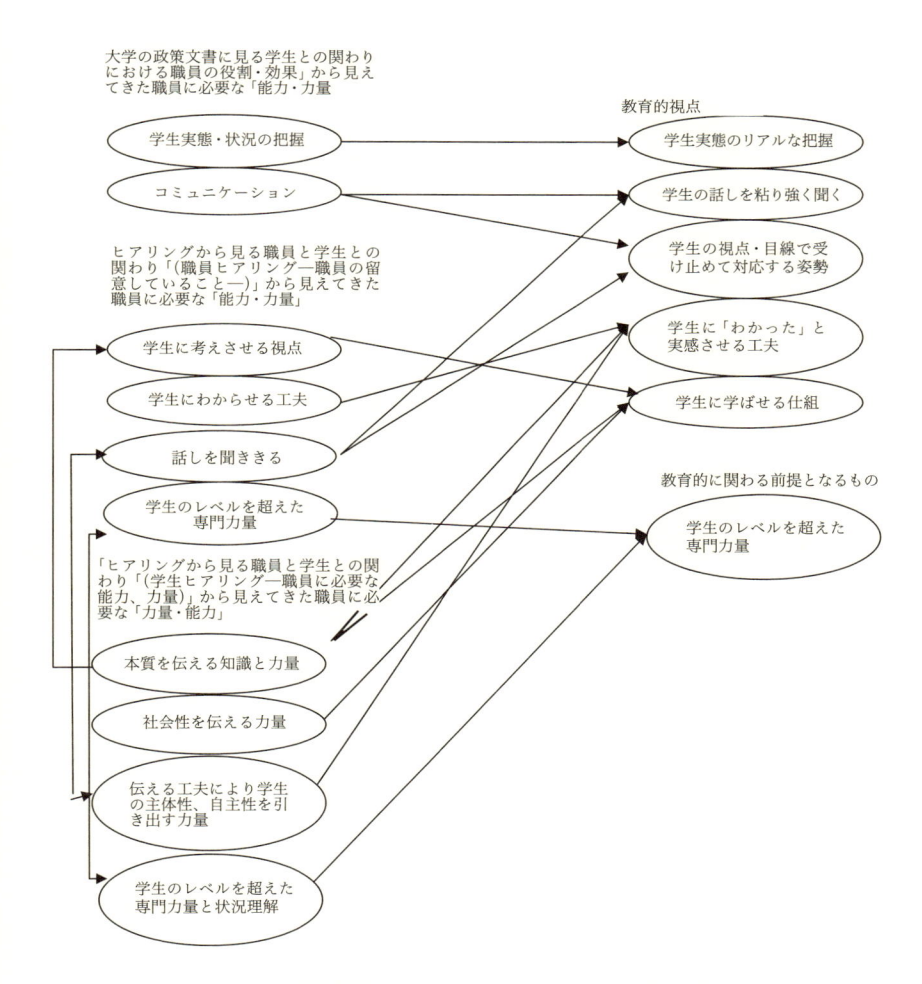

**図6-1 政策文書、職員および学生へのヒアリングから見えてきた職員に必要な「能力、力量」**

## V．職員アンケートの実施とその分析

　ヒアリングの結果を参考にしてアンケートを作成し、職員が学生との関わりにおいて、実際、何に留意し、どのような知識や能力が不足していたと感じ、それをどのように克服しようとし、また、学生との関わりで何を学んだのかなどについて、学校法人立命館専任職員504名を対象にアンケートを実施した。

### 1．アンケートの概要と回答状況
　　アンケートの実施期間　：　2006年7月28日～8月7日
　　アンケートの方法　　　：　無記名方式
　　アンケートの対象　　　：　専任職員504名
　　回答状況　　　　　　　：　166名から回答があった（回答率32.9％）。概ね構成員（職位、職場）を反映したものとなっている。

### 2．アンケートの分析
#### (1) 学生との関わりの分類と学生に関わる際に特に気をつけている点の関係
　　（表6-4）
　学生との関わりの分類と学生に関わる際に特に気をつけている点の関係は、各分類における担当者実数を基礎に、分類ごとの回答項目の上位3位の状況を次の5つのカテゴリーに整理し、分析した。

　　　　A（学生の不足の補填）、B（目的・目標・計画、問題解決）、C（主体性の引き出し）、D（コミュニケーション）、E（モラル他）
　①個別的には、課外活動顧問・副部長は回答分類「C」の主体性の引き出しを意識しており、課外活動監督・コーチは同「B」の目的・目標の設定や計画、問題解決を意識している。同じ活動支援においてもそれぞれの立場による役割分担ができていることがわかる。また、回答分類「B」に高い数値を示しているのは監督・コーチのみであり、他の担当と役割の違いが出ている。学生スタッフ担当、異文化理解セミナー引

表6-4 学生と関わる際に特に気をつけた点（3つを選択）

| | | 友会・オリター・自治会・学会担当 | 学生課外活動支援担当 | プロジェクト担当 | プレスメントリーダー担当 | 学生スタッフ担当 | 異文化理解セミナー引率 | 課外活動顧問・副部長 | 課外活動監督・コーチ | その他 | 計 |
|---|---|---|---|---|---|---|---|---|---|---|---|
| A | 学生に不足している視点を気づかせること | 28% | 32% | 17% | 27% | 45% | 18% | 19% | 47% | 8% | 26% |
| | 学生に不足している知識を授けること | 7% | 0% | 17% | 0% | 9% | 4% | 4% | 0% | 13% | 5% |
| | 学生に不足している情報、知識のありか教授 | 14% | 23% | 17% | 33% | 14% | 18% | 12% | 7% | 25% | 17% |
| B | 目的、目標を具体的に設定させること | 28% | 35% | 33% | 40% | 14% | 25% | 17% | 67% | 21% | 28% |
| | 学生の目標達成のために的確なアドバイスを与えること | 9% | 16% | 8% | 27% | 14% | 21% | 23% | 27% | 13% | 18% |
| | 事実に基づいて問題を解決すること | 5% | 13% | 0% | 7% | 14% | 0% | 4% | 0% | 8% | 4% |
| | 論理的に考えること | 7% | 0% | 0% | 7% | 0% | 0% | 8% | 7% | 13% | 5% |
| | 手段、方法、計画を具体的に考えさせること | 28% | 13% | 25% | 20% | 18% | 4% | 8% | 7% | 4% | 14% |
| | 組織運営や人間関係などのマネジメントの仕方を教えること | 14% | 6% | 17% | 20% | 18% | 11% | 19% | 33% | 13% | 16% |
| C | 学生が自ら問題に気づくように仕向けること | 9% | 10% | 0% | 7% | 18% | 14% | 4% | 13% | 25% | 11% |
| | 学生が自ら取り組むように仕向けること | 14% | 19% | 33% | 33% | 14% | 32% | 21% | 20% | 38% | 23% |
| | 学生の判断を尊重すること | 12% | 13% | 8% | 7% | 5% | 14% | 17% | 0% | 8% | 11% |
| | 学生自らが集団として取り組むようにすること | 28% | 23% | 25% | 20% | 18% | 21% | 23% | 0% | 0% | 19% |
| | 学生が責任を持って任務を遂行すること | 9% | 13% | 25% | 7% | 32% | 18% | 8% | 0% | 13% | 13% |
| | 学生が判断できるように情報、知識を授けること | 9% | 16% | 0% | 0% | 5% | 4% | 12% | 0% | 8% | 8% |
| D | 学生との円滑なコミュニケーションを維持すること | 21% | 26% | 17% | 13% | 27% | 39% | 29% | 13% | 8% | 24% |
| | 学生の話しを引き出し、最後まで聞くこと | 9% | 105 | 17% | 7% | 5% | 0% | 17% | 7% | 21% | 11% |
| | 学生が納得いくまでわかりやすく話すこと | 7% | 6% | 0% | 0% | 5% | 7% | 12% | 0% | 17% | 7% |
| E | 社会のモラル、礼儀など社会人として基礎を教えること | 5% | 6% | 8% | 7% | 23% | 14% | 8% | 27% | 8% | 10% |
| | その他 | 0% | 3% | 0% | 0% | 0% | 0% | 0% | 0% | 4% | 1% |
| | 回答者実数（複数担当有） | 43 | 31 | 12 | 15 | 22 | 28 | 52 | 15 | 24 | 242 |

■は本文の記述に関連した数値

率、課外活動副部長、顧問など学生の集団や組織と関わる場合には、「学生との円滑なコミュニケーションの維持」に特に気をつけている点も役割の特徴が出ている。

② 全体を通して、「特に気をつけている」回答の上位の項目をみると、「目的・目標を具体的に設定させること」(28%)、「学生に不足している視点を気づかせること」(26%)、「学生との円滑なコミュニケーションを維持すること」(24%)、「学生が自ら取り組むように仕向けること」(23%)、「学生自らが集団として取り組むようにすること」(19%)、「学生の目標達成のために的確なアドバイスを与えること」(18%)、「学生に不足している情報、知識のありかを教えること」(17%)、「組織運営や人間関係などのマネジメントの仕方を教えること」(16%) などが上位を占めている。

③ 学生と関わる職員は、学生との円滑なコミュニケーションを図りながら、学生に不足している視点を補い、目的や目標を具体的に設定させ、目標達成のための的確なアドバイスを与え、また、組織運営や人間関係のマネジメントの方法を教え、あるいは不足している情報や知識のありかを教え、学生が個人的にも、集団としても、自らの力で取り組むように仕向けている「コーチ」であり、「メンター」であるという像が浮かび上がる。これはまさに「教える」というより「学ばせる」ことに重点を置いた「教育」活動であり、そのためには相当の専門的な知識と能力が必要である。

④ このアンケートの回答は、職員ヒアリング内容をより具体的なレベルで明らかにするものであり、ヒアリングの教育的視点の具体化でもある。そして、アンケートの回答は、学生ヒアリングのまとめで、学生からの社会性の指導が職員に期待されていた点を除くと、学生の職員への期待と一致していることが明らかになった。

(2) 学生との関わりの中で不足を感じた知識、能力とその克服の方法 (表6-5)

① 学生との関わりの中で不足を感じた知識、能力と学生との関わりの分類における特徴は次の通りであり、それぞれ分類における担当の任務・

**表6-5　学生との関わりの中でどのような知識、能力が不足していると感じたか（該当項目をすべて回答）**

| | | 学友会・オリター・自治会・学会担当 | 学生課外活動支援担当 | プロジェクト担当 | プレスメントリーダー担当 | 学生スタッフ担当 | 異文化理解セミナー引率 | 課外活動顧問・副部長 | 課外活動監督・コーチ | その他 | 計 |
|---|---|---|---|---|---|---|---|---|---|---|---|
| A | 学生の気分や感情などを含む実態についての知識 | 28% | 35% | 33% | 40% | 32% | **46%** | 29% | 20% | 38% | **33%** |
| | 組織運営や人間関係のマネジメント力（知識） | 23% | 23% | 17% | 13% | 32% | 4% | 12% | 7% | 13% | 16% |
| | 学生の活動についての知識 | **33%** | 13% | 17% | 13% | 27% | 7% | **40%** | 7% | 29% | **24%** |
| B | 問題の本質を探り当てる力 | 7% | 13% | 0% | 7% | 9% | 11% | 6% | 0% | 4% | 7% |
| C | 問題解決力 | 14% | 23% | 8% | 0% | 0% | 7% | 4% | 13% | 13% | 10% |
| | 答を与えるのではなく学生が自主的に問題を考え解決するヒント与える力 | 30% | 35% | 33% | 47% | 23% | 21% | 21% | **33%** | 25% | **28%** |
| D | 学生とのコミュニケーション力 | 26% | 29% | 25% | 13% | 23% | 18% | 17% | 27% | 25% | 22% |
| | 学生からの真の問題を聞きだす力 | 28% | 39% | 8% | 47% | 23% | 18% | 19% | 13% | 42% | 26% |
| | 集団として学生を束ねる力 | 16% | 0% | **33%** | 7% | 18% | **36%** | 21% | 7% | 4% | **16%** |
| E | 学生に最後まで責任を持ってやらせる指導力 | 19% | 23% | 17% | 20% | 23% | 25% | 19% | **33%** | 25% | 22% |
| | その他 | 5% | 16% | 17% | 7% | 9% | 11% | 13% | 20% | 21% | 12% |
| | 回答者実数 | 43 | 31 | 12 | 15 | 22 | 28 | 52 | 15 | 24 | 242 |

■は本文の記述に関連した数値
A知識　B問題解決力　C主体性　Dコミュニケーション力　E完遂指導力

役割の性格を反映している。

　監督・コーチは学生が自主的に問題を解決するようにヒントを与えることと、学生に妥協せず最後まで責任を持ってやらせる指導力が不足していると感じている。

　また、そのつど、政策や方針を持って取り組み、活動を組織する学友会・オリター・自治会・学会担当と、「素人」が担当することの多い課外活動の顧問・副部長が、学生の活動についての知識が不足していると感じている。

　目的に向かって組織し集団として計画的に進める必要のあるプロジェクト担当と、学生集団を海外で引率し、生活・学習指導する異文

化理解セミナーの担当が、集団として学生を束ねることの能力の不足をあげている。

② 全体的には、「学生の気分や感情などを含む実態についての知識」(33%)、「答えを与えるのでなく、学生が自主的に問題を考え解決するヒントを与える力」(28%)、「学生から真の問題を聞きだす力」(26%)、「学生の活動についての知識」(24%) などの能力、力量の不足があげられている。回答分類別に見ると「A」の知識と「D」のコミュニケーション力に不足を感じていることがわかる。

③ 「(1)」の学生に関わる際に特に気をつけている点においては、学生の主体性や自主性を引き出し学生の成長を図ろうとする職員の姿が、教育的視点の具体化として明らかになった。ここでは、そのために、その前提となる学生の実態や活動状況をさらに具体的に把握する必要があるとともに、学生から真の問題を聞きだす力、真の問題を学生が自主的に解決できるようにヒントを与える力、問題解決に向けて学生が試行錯誤しながらも最後までやりきらせる指導力など、総じて「教える」ではなく「学ばせる」ための知識と能力の不足を学生との関わりの中で感じていることが明らかになった。

(3) 不足している知識、能力の克服（表6-6）

表6-6　不足している知識、能力をどのように克服しようとしたか
（該当項目をすべて選択）

|  | 回答数 | 回答者実数に対する% |
|---|---|---|
| 学生との関わりの経験の中で学んでいった | 162 | 67% |
| 同僚、先輩などに相談し示唆を得た、あるいは教えてえてもらった | 121 | 50% |
| 仕事の中で学んだことが役立ち解決できた | 78 | 32% |
| 職場の上司に相談し示唆を得た、あるいは教えてもらった | 60 | 25% |
| 関連する文献などで学習した | 44 | 18% |
| セミナーに参加した | 26 | 11% |
| 専門の先生に相談し示唆を得た、あるいは教えてもらった | 24 | 10% |
| その他 | 18 | 7% |
| 他大学の方に相談し示唆を得た、あるいは教えてもらった | 15 | 6% |

■は本文の記述に関連した数値

不足している知識、能力の克服は、67％が学生との関わりの中で経験として学んでいる。学生との関わりがもつ職員への教育機能は明らかである。また、半数が同僚、先輩との相談や示唆によって克服している。仕事での経験や学んだことが役立ったとしている職員も32％いる。

これらの回答は、この日常業務の中で学び克服していった経験の「暗黙知」をいかに共有するかが課題であり、実践交流やケーススタディの取組みが重要である。特に「具体の問題を、具体に解明し、具体に（政策的に）解決する」ためには、学生の実態や活動状況の具体的な把握の共有と分析の集団的な検討・討議が重要である。

**(4)「学生との関わりの中で学んだ（得た）こと」と、仕事で「役立っていること」・「気をつけていること」（表6-7）**

①年代別に職員が学生との関わりの中で学んだ（得た）ことの上位3つをみると、次のようになっている。

**表6-7 あなたが重要だと思っていることで学生との関わりから学んだこと、得たこと（上位3つを選択）**

|  | 〜25歳 | 26〜30 | 31〜35 | 36〜40 | 41〜45 | 46〜50 | 51〜 | 計 |
|---|---|---|---|---|---|---|---|---|
| 今日の学生に不足している視点、知識を知りえたこと |  | 8% | 4% | 6% | 9% | 8% | 5% | 6% |
| 学生のリアルな実態を把握すること | 13% | 12% | 10% | 17% | 13% | 13% | 5% | 12% |
| 自ら問題に気づき、取り組むこと |  | 2% | 8% | 3% | 6% |  |  | 3% |
| 目的、目標を具体的に設定すること | 10% | 12% | 6% | 4% | 4% |  | 13% | 7% |
| 事実に基づいて問題を解決すること | 3% | 3% | 2% | 3% | 4% | 8% | 11% | 5% |
| 論理的に考えること | 7% | 2% | 2% | 1% | 6% |  | 2% | 3% |
| 手段、方法、計画を具体的に考えること | 3% | 7% | 6% | 7% |  | 4% | 9% | 6% |
| 責任を持って任務を遂行すること |  | 8% |  | 7% | 8% | 4% | 4% |  |
| すべての情報がそろわなくても、適時に適切な判断をすること | 3% | 7% | 6% | 6% | 4% | 13% | 4% | 6% |
| 組織運営や人間関係などのマネジメントの仕方 | 7% | 5% | 4% | 7% | 11% | 4% | 13% | 8% |
| 個々のあるいは集団としての力を引き出すこと | 7% | 8% | 6% | 13% | 8% | 13% | 7% | 9% |
| 円滑なコミュニケーションを維持すること | 3% | 7% | 8% | 8% |  |  | 9% | 7% |
| 話を引き出し、最後まで聞くこと | 10% | 10% | 18% | 7% | 8% | 13% | 9% | 10% |
| 相手にわかりやすく話すこと | 13% | 7% | 14% | 8% | 13% | 13% | 11% | 10% |
| 社会のモラル、礼儀など社会人として基礎の大切さ | 10% | 2% | 2% | 4% | 8% | 8% |  | 4% |
| 総計 | 30 | 59 | 51 | 71 | 53 | 24 | 56 | 344 |

■は本文の記述に関連した数値

| | |
|---|---|
| 20歳代前半 | 「リアルな実態把握」「わかりやすく話すこと」 |
| 20歳代後半 | 「リアルな実態把握」「目的・目標を具体的に設定すること」 |
| 30歳代前半 | 「話を引き出し最後まで聞くこと」「わかりやすく話すこと」 |
| 30歳代後半 | 「リアルな実態把握」「個々・集団の力を引き出すこと」 |
| 40歳代前半 | 「リアルな実態把握」「マネジメントの仕方」 |
| 40歳代後半 | 「リアルな実態把握」「適時的確な判断」「個々・集団の力を引き出すこと」「話を引き出し最後まで聞くこと」「わかりやすく話すこと」 |
| 50歳代 | 「目的・目標を具体的に設定すること」「マネジメントの仕方」 |

　まとめると、20歳代では学生のリアルな実態把握（分析）と（問題発見）と目的・目標の具体的な設定、30歳代前半はメンター的役割、30歳代後半以降は、実態把握（分析）と目的・目標を前提に学生の力を引き出すマネジメントとなる。これは学生との関わりにおける職員の成長やキャリアパスを考える上で、重要な手がかりになるものと考えられる。

②全体的には「学生のリアルな実態を把握すること」「話しを引き出し、最後まで聞くこと」「相手にわかりやすく話すこと」「個々あるいは集団としての力を引き出すこと」「組織運営や人間関係などのマネジメントの仕方」などの知識が学生から学んだこと、得たこととしてあげられている。

　同じ回答項目で、特に仕事で役立っていることと、特に仕事の上で気をつけていることを各一つ選択する設問を設けた（**表6-8**）。回答の違いは、「役立っている」と認識されていることは、学生の実態把握やマネジメントという「学ぶ」ことのできる知識やスキルのハード系であり、「気をつけている」ことは、話しを最後まで十分に聞き、わかりやすく話すコミュニケーションという「身につける」ソフト系の力量である。

表6-8 学生との関わりにより得たもの、役立っていること、気をつけていること

| | 得たもの | 役立っている | 気をつけている |
|---|---|---|---|
| 今日の学生に不足している視点、知識を知りえたこと | 6% | 5% | 2% |
| 学生のリアルな実態を把握すること | 12% | 11% | 11% |
| 自ら問題に気づき、取り組むこと | 3% | 1% | 5% |
| 目的、目標を具体的に設定すること | 7% | 9% | 9% |
| 事実に基づいて問題を解決すること | 5% | 5% | 4% |
| 論理的に考えること | 3% | 3% | 3% |
| 手段、方法、計画を具体的に考えること | 6% | 8% | 5% |
| 責任を持って任務を遂行すること | 6% | 6% | 2% |
| すべての情報がそろわなくても、適時に適切な判断をすること | 6% | 6% | 6% |
| 組織運営や人間関係などのマネジメントの仕方 | 8% | 12% | 4% |
| 個々のあるいは集団としての力を引き出すこと | 9% | 8% | 5% |
| 円滑なコミュニケーションを維持すること | 7% | 8% | 9% |
| 話を引き出し、最後まで聞くこと | 10% | 11% | 15% |
| 相手にわかりやすく話すこと | 10% | 4% | 16% |
| 社会のモラル、礼儀など社会人として基礎の大切さ | 4% | 2% | 5% |

■は本文の記述に関連した数値

## 3. アンケートまとめ

　ヒアリングにより整理した学生に対する教育的視点を、更に掘り下げることを目的として、様々な視点からアンケートを実施し、分析した結果、職員が学生と関わることにより、得た知識、不足していると感じた力量、気をつけている点などを明確にすることができた。得たこと、気をつけていることの分析結果より、学生との関わりにより養成される職員の「能力、力量」はコミュニケーション力、目的・目標設定と問題解決力、マネジメント力、リアルな学生実態把握であることがわかる。表6-9にこれまでの分析を教育的視点の項目にそって大きくまとめたものである。

　併せて、職員が学んだこと・得たこと、気をつけている点をさらに深め、また不足していると感じている能力、力量を補うことを目的とし、右欄に政策提案として考えている項目を示した。

表6-9 アンケートにより見えてきた「能力、力量」のまとめ

| 教育的視点 | 学んだこと・得たこと | 不足していること | 気をつけている点 | 政策提案 |
|---|---|---|---|---|
| 学生実態の把握 | 学生のリアルな実態把握 | 学生の気分、感情や活動など実態についての知識 |  | 実践交流 ケーススタディ |
| 学生の話しを聞ききる | 話しを引き出し、最後まで聞くこと。わかりやすく話すこと。 | 学生から真の問題を聞きだす力。学生とのコミュニケーション力。 | 円滑なコミュニケーションの維持 | カウンセリングマインド研修 |
| 学生の視点・目線 | 目的、目標の設定。力の引き出し。組織や人間関係のマネジメントの仕方。 | 集団として学生を束ねる力。 | 目的・目標の具体的な設定 | ヒューマンスキルの強化 |
| 学生にわからせる工夫 | 組織や人間関係のマネジメントの仕方。 |  | 不足視点の気づき | マネジメントとりわけ問題発見・課題解決力の向上、メンター制度の導入 |
| 学生に学ばせる仕組み |  | 学生が自主的に問題を考え解決するヒントを与える力。学生に最後まで責任をもってやらせる指導力。 | 学生自ら（集団として）の取り組みへの仕向け |  |

## VI. 政策提案──キャリアパスの仕組み

### 1. 学生実態の把握と問題発見、課題解決力量の向上を目的とした実践交流とケーススタディ

　学生実態をリアルに把握するために、実践交流、ケーススタディの機会を研修プログラムに組み入れる。階層別研修として実施している二年目研修、三年目研修、管理職研修など部課の枠組みを超えた研修において、各部課の学生実態を持ち寄り、常に学生を意識し、実態把握できる機会を設ける。また単なる実態把握にとどまらず、さらに掘り下げ「学生の視点・目線」に焦点をあて、日常業務を遂行する中で直面する疑問、問題意識をテーマに、実践交流、ケーススタディを通じて「問題発見」「課題解決」の共有化を図る。これは「Ⅴ-2-(3)」で明らかになった、実践の中で学び、克服していった経験の「暗黙知」を共有することにもつながる。

## 2. カウンセリングマインド研修の充実

「学生の話しを聞ききる」という教育的視点をさらに深めるために、学生とのコミュニケーション力量の向上を目的とし、カウンセリングマインド研修の充実を図る。現在、職員経験年数5〜10年の中堅職員を対象に、階層別研修として実施しているが、年代の幅を広げ、能力の向上を図る。例えば採用後経験年数の短い職員であれば、学生相談の基礎として「学生相談とは何か」「学生とのコミュニケーションのとり方」などを学び、一定の経験を積んだ中堅職員であれば「キャリアカウンセリング」「インテーク」を学ぶなど、それぞれの役割やレベルに応じたプログラムを設定する。当然コミュニケーション能力は「学生との関わり」にとどまらず、職員として必要とされる力量である。

## 3. ヒューマンスキル研修の強化

組織や集団での取組みを重視し、学生にアドバイスを与える一方で、「集団を束ねる力量」に不足を感じている職員の実態が明らかになった。これには職員自らが組織の重要性、協調性を身につける必要がある。これは学生との関わりだけにとどまらず、学園職員として働くうえで重要なスキルである。新人研修において対人関係、自己洞察力、バイタリティ、リーダーシップなどのヒューマンスキルの基本を身につけることを目的とした研修を実施する。研修ではグループワークなどコミュニケーションをはかる機会を多く設定し、また集団生活を経験するなどを通じて、組織の重要性を理解させる。

## 4. マネジメント力量の向上

### (1) マネジメント力量向上研修の実施

職員が学んだこと、気をつけたこととしている「問題発見・問題解決」力量のさらなる向上を目指し、マネジメント力量の獲得を目指した研修を実施する。ここでもカウンセリングマインド研修同様、経験年数が短い職員には、問題発見と解決の方法など基礎的な力量の向上を目的とし、一定の経験を積んだ中堅職員には計画化、組織化、調整、実行など具体的に業務

を進める上で必要となる力量の向上を目的とするなど、カウンセリングマインド研修同様、各年代に応じた内容を用意し、継続的にマネジメントを学ぶ機会を設定する。

(2) 実践におけるマネジメント力量の向上

　学生との関わりにより身についた「マネジメント力量」をさらに向上させる仕組みとして、業務、業務外の両面において「メンター制度」を設置する。日常業務においては学生支援を含めた職員としての基礎的力量の向上に対する指導、援助を行う。また業務外（ここでは課外活動の顧問、副部長）においても、クラブ、サークルにキャリア経験の違う複数の職員を配置することにより、「学生との関わり」を通じて、先輩職員が後輩職員を育成することに責任を負うことは、人を成長させることへの動機づけにつながり、また、職員の成長を受け継いでいくサイクルをつくり出すこともできる。

## 5. 異動、配属

　業務遂行において「学生」の存在を中心にすえる習慣をつけるため、20歳代前半は学部事務室など学生と日常的に関わる分野への配属を基本とする。この時期に学生への教育的視点を学ぶことは、職員のキャリアアップにとって重要であり、単に学生対応にとどまらない学生との関わりと、不十分な点を援助するという職制の役割を明確にする。

　日常的に学生と関わりを持たない分野に配属になった場合は、なるべく早い段階で課外活動の顧問、副部長の役割を与え、業務における学生との関わりと同様の効果を求める。

　さらに一定の経験を積んだ後、異文化理解セミナーへ学生を引率するなど、別の分野で学生と関わることもキャリアプランの中に位置づける。

　早い段階で「教育的視点」「コミュニケーションスキル」を養成することは、「マネジメント」することへの動機づけにつながり、この時期に身につけた知識や能力はその後の学生支援を含めたすべての業務に役立つ。

## Ⅶ. 残された課題（本研究結果とキャリアパスとの関わり）

　本研究で学生への教育的な関わりの中で職員が「コミュニケーション力」「目的・目標設定と問題解決力」「マネジメント力」「リアルな学生実態把握」を意識し、「能力、力量」が養成されていることが明確となった。これらは職員に必要とされる総合的力量の根幹である。引き続きこれらを立体的に捉え、それぞれの年代に必要とされる能力、力量を分析する中で職員のキャリアパスを検討する必要がある。本研究ではキャリアパスの精緻な制度を提起するには至らなかったが、明確となった能力、力量を今後の人事政策を進めるうえで中核的な要素と位置づけ、さらなる職員のキャリアアップをめざす。

## おわりに

　本研究において明確となった「学生との関わりにより養成される能力、力量」は、学生と関わる環境を与えるだけで身につくものではない。常に学生への教育的視点を意識し、振り返り、確認しながら業務を遂行し、不十分と感じる点を克服する業務スタイルを確立することが重要である。このスタイルを繰り返し実践することが、職員の能力、力量を向上させ、ひいては高いレベルの学生支援を実現することにつながる。

【注】
1　広報、図書館、情報分野などの分野において学生が専門力量を活かして業務に携わる制度で、アルバイトとインターンシップ、課外活動の要素を有している。
2　学生のキャリア形成支援の一環として各団体より選出された学生に対してキャリア形成支援を行い、それを各団体に広めさせ、組織的にキャリア形成支援を進めることを目的とする仕組み。
3　学生の海外短期留学（アメリカ、オーストラリア、ニュージーランド、イギリス、フランス、スペイン、メキシコ、中国、台湾、韓国）を職員が引率する制度。2006年度も10名が引率の任に就くことになっている。

【参考文献】
1) 大久保幸夫　『キャリアデザイン入門Ⅰ（基礎力編）』　日経文庫、2006年
2) 本間正人　松瀬理保　『コーチング入門』　日経文庫、2006年
3) 奈須正裕　『やる気はどこから来るのか』　北大路書房、2002年
4) 日本生産性本部　『新入社員教育のすすめ方』　生産性出版、1987年

# 7 立命館大学における施設管理運営の高度化施策に関する研究

竹田　佳正

## I．研究の背景

　現在、高等教育は変革の渦中にある。大学経営破綻が現実に直面する課題となり、定員割れを生じる大学・短大が増加するなど、各大学は生き残りをかけた厳しい情勢に直面している。また文部科学省は、国立大学を国立大学法人化し、非公務員による組織体制の再構築を目指す傍ら、中央教育審議会答申『我が国の高等教育の将来像』に見られる大学の機能別分化と、競争的資金の重点配分による大学選抜の動向等、教育研究分野を問わず国公私立大学を巻き込んだ新たな大学再編に向けて動いている。

　そうした状況において、教育力、研究力の強化や個性・特色の発揮とあわせて、財政基盤の安定化が各大学にとって重要な課題となっている。18歳人口が減少する中で、補助金や寄付金を獲得し、学費のみに依存しない財政構造の見直しが進められている。とりわけ支出において人件費と並んで施設関連経費の削減・適正化が重要視されている。

　立命館では、これまでアウトソーシングを主とする外部委託を積極的に活用し、組織のスリム化と経費の削減をすすめてきた。その一方で、施設経費においては、教育研究にかかわる新たな施設整備やキャンパスアメニティの向上、また老朽化する建築物の更新など、施設やその環境を維持し改善するための経費も必要となっている。そのため施設に係わる経費について、教育・研究課題を汲みつつ、経営的観点に基づいた計画執行をすることがこれまで以上に求められている。

　このような情勢を踏まえて、筆者が採用後8年間、管理課（旧施設課）で

学園施設の建設・改修・運営を担当してきた経験をもとに、学園施設における現状と立命館の将来における施設面での課題を調査・分析した上で、今後必要となる施策を提案する。

## II. 研究の目的と方法

本研究では、学園施設の管理運営を高度化するための施策を探る。

学園施設の評価とそれに基づく施設戦略の立案機能を確立し、将来予測される施設老朽化問題やその対策について提言を行うことを目的とする。

研究の方法は次の通りである。
1. 立命館が保有する建設について、建物別に建設コストから保守・清掃警備にかかる費用を建設ライフサイクルコストを推計し、分析する。
   ライフサイクルコストは物価指数を考慮して全体コストと項目別の支出を算出する。
2. 上記ライフサイクルコストの算出を元に、立命館の施設について将来における改修予想時期とその費用を推計する。
3. 国公立私立他大学における施設管理の実態を、文献より調査する。

## III. 立命館における施設整備の到達点と現状の課題

立命館は、これまで教学改革の一翼を担う様々な施設拡充・整備を行ってきた。

表7-1 学園施設の変化

| 項　目 | 1993年度 | 2004年度 | 増加率 |
|---|---|---|---|
| 建物延床面積 | 179,644㎡ | 504,831㎡ | 281% |
| 土地面積 | 680,607㎡ | 2,051,481㎡ | 301% |
| 学生数 | 26,607人 | 41,979人 | 158% |
| 水光熱費 | 493,106千円 | 1,171,183千円 | 238% |
| キャンパス管理費 | ＊387,007千円 | 1,626,027千円 | 420% |
| 帰属収入 | 33,146,000千円 | 62,224,000千円 | 188% |

＊キャンパス管理費は、1994年実績（BKC分を除いている）

特に1990年以降、びわこ・くさつキャンパス（以下、「BKC」という）開設、立命館アジア太平洋大学（以下「APU」という）開学や付属校の移転事業等、短期間に集中して施設整備が進められ、全国有数の施設規模を持つ大規模総合大学に至っている。現在も、立命館小学校（京都市北区北大路）、朱雀キャンパス（京都市二条駅東南）の建設や立命館守山高等学校・中学校設置（滋賀県守山市）をはじめとして学園施設は拡大を続けている。

## 1. 財政支出における課題

　学園施設が拡大するのに伴い、キャンパス管理経費（清掃・警備・設備保守・光熱水費）も増加している。また衣笠キャンパスなど従来からある施設においては、耐震補強やバリアフリー整備等の社会的要請への対応をはじめ、教学条件改善や建物老朽化対策のための新たな施設整備も必須となっており、これら施設に係わる支出について科学的見地に基づいた適正化を図らなければならない。

## 2. 施設整備に関する課題

　立命館における施設整備では、教学課題に対応した新増築の整備に主眼をおいてきた。建設候補地やその規模は、その計画時点における条件により決定され、キャンパスにおけるゾーニングや動線計画並びにインフラ整備、さらに将来ビジョンやライフサイクルに基づいた施設配置まで踏み込むことができなかった。これらにより施設増加に合わせてキャンパスの敷地条件が制限され、新たな建設計画時には、「空き地探し」的な手法に陥ってしまっている。

　平面計画においても、施設利用者の面積確保が優先される傾向にある。利用実態に応じた適切なスペース配分が行われていないために、廊下・共用スペースが十分に確保できず、過度に狭隘化している状況も見られる。さらに建物そのものの品格や、共用エリア、屋外環境の充実への関心も後回しにされることがある。

　建物管理においても、清掃、警備、設備保守の維持管理が目的となっており、各室の運用は各部課や教員に任されている。特に研究施設等におい

ては、前例主義傾向が強く、研究室が「既得権」となってしまい有効活用できているかの検証ができていない。

## IV. 立命館の施設におけるコスト評価

### 1. 衣笠キャンパスにおける建物ライフサイクルコストの分析

衣笠キャンパス「学部基本棟」(以学館、恒心館、存心館、清心館、洋洋館)および2号館・3号館(2001年度解体)におけるライフサイクルコストを算出した(**表7-2**)。

**表7-2 衣笠キャンパス建設物におけるライフサイクルコスト一覧(推計)**

| 建物名 | 竣工年度 | 築年数 | 延床面積 | ライフサイクルコスト |
|---|---|---|---|---|
| 2号館 | 1955年 | 45年(解体) | 2,045㎡ | 約 7.9億円 |
| 3号館 | 1953年 | 47年(解体) | 1,344㎡ | 約 4.8億円 |
| 恒心館 | 1965年 | 40年 | 6,899㎡ | 約37.3億円 |
| 以学館 | 1965年 | 40年 | 14,270㎡ | 約81.6億円 |
| 清心館 | 1977年 | 28年 | 7,669㎡ | 約30.1億円 |
| 存心館 | 1980年 | 25年 | 9,860㎡ | 約35.2億円 |
| 洋洋館 | 1987年 | 18年 | 9,250㎡ | 約29.3億円 |

ここでは、①建設費、②改修費、③光熱水費、④維持管理費(設備保守・清掃)について、建物建設時から2005年時点(もしくは解体)に至る累計額を推計した。

以学館(1965年竣工)の事例として**図7-1**を参照いただきたい。1965年建設から2005年度までに施設の建設、維持、利用、改修に要した費用を算出した。なお、建設費、改修費については、年度に応じて建設物価が異なるため、それぞれ2004年度の建設物価に補正している。以学館においては、2004年度の物価基準で80億円に相当する投資がされている。

また、1965年の建設費及び2000年の大規模改修費が突出している。恒心館(1965年竣工)でも同様の傾向を示しているが、大規模改修費は、建設費と同額かそれを上回る投資が必要となることが読み取れる。さらに学校会計上の建物寿命は50年であるが、建物竣工から30年を経過する時点で、

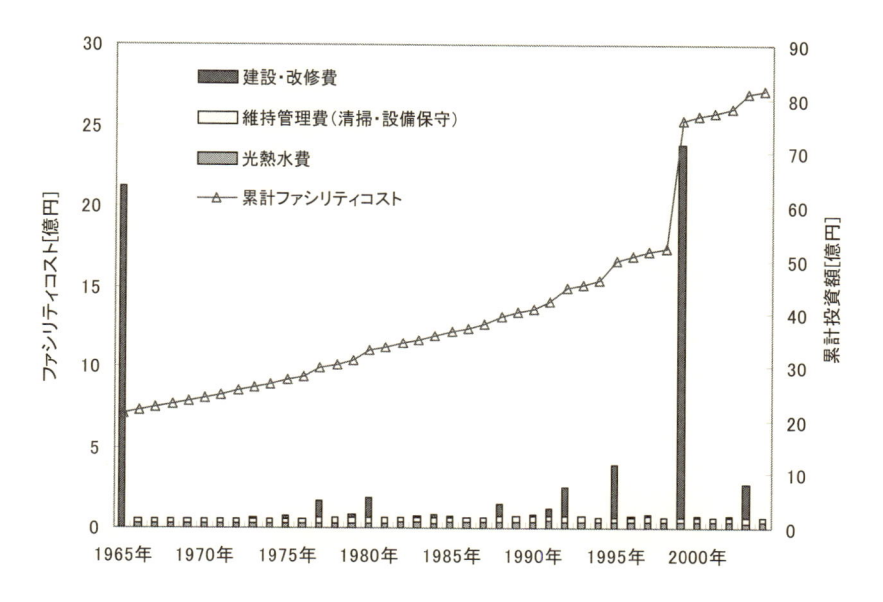

図7-1　以学館におけるライフサイクルコストの推移
(立命館の過去資料より作成)

<各費目について>
建設費：建物建設に要した費用。※2004年度物価基準に補正
改修費：建物改修費(資産対象)※2004年度物価基準に補正
光熱水費：追跡可能な年度まで反映。それ以前は、追跡可能年度と同額の単価を採用
維持管理費：清掃、年間保守費を対象。日常修繕費は含めていない。

建物老朽化に対応するための大規模改修が必要になるという点でも一致が見られる。

　大規模改修費が建設費と同額あるいはそれを上回る要因としては、社会情勢が変化し、竣工時点よりも建物に求められる法的基準、基本条件が高くなっていることが挙げられる。例えば、耐震補強などの構造面だけではなく、エレベータ(防煙対策含む)やスロープ、階段手摺りの設置などのバリアフリー対策や室内照度向上や空調改善のための改修費がその主な理由

表7-3　以学館における施設経費の推移と累計投資額等

| ファシリティデータⅠ | |
|---|---|
| 建物名 | 以学館 |
| 竣工年度 | 1965年（築40年） |
| 建築面積 | 3,553.75㎡ |
| 延床面積 | 14,270㎡ |
| 構造 | 鉄筋コンクリート造<br>（一部鉄骨鉄筋コンクリート造）<br>地下1階、地上4階 |
| 主な改修 | 2000年：産社移転改修 |
| 年平均投資額 | ≒204,000千円 |
| ㎡コスト（平均） | ≒14,000円（／年・㎡） |

LCC（ライフサイクルコスト）
- 維持管理費 15%
- 建設費 26%
- 光熱水費 16%
- 改修費 43%

に該当すると考えられる。

また、**表7-3**の円グラフからは、光熱水費、維持管理費（清掃・設備保守）についてライフサイクルコストにおいて大きなウェイトを示していることが読み取れる。以学館の事例では、竣工後40年を経過するが維持管理費、光熱水費の合計が建設費を上回っている。

新棟建設において、中長期的な展望に基づいた財政計画、利用計画を立案することが必要不可欠である。

## 2. 立命館2018年問題

以学館ライフサイクルコスト事例（表7-3）及び衣笠学部基本棟ライフサイクルコスト試算をもとに、今後の立命館学園における施設投資を表7-4・5および「検討条件」のもとに推計した（図7-2）。

試算では、2000年から2050年にかけて、建物の経年劣化に伴う大規模改修や、建物寿命に伴う解体工事等を想定し、その対象となる延床面積と改修費を推計した。

この施設投資予測で注目すべきは、2018年以降、施設投資額が急激に伸びている点である。これはBKC竣工から25年を経過する2018年を契機として大規模改修、用途変更に伴う施設投資が急激に増加すると予測されるためである。とりわけ1990年代は、BKC移転をはじめ立命館慶祥中高、立命館宇治中高、APU開設等の新規プロジェクトが短期間に集中しているため、それらの改修時期も重複している（**表7-4**）。以学館、恒学館での改修

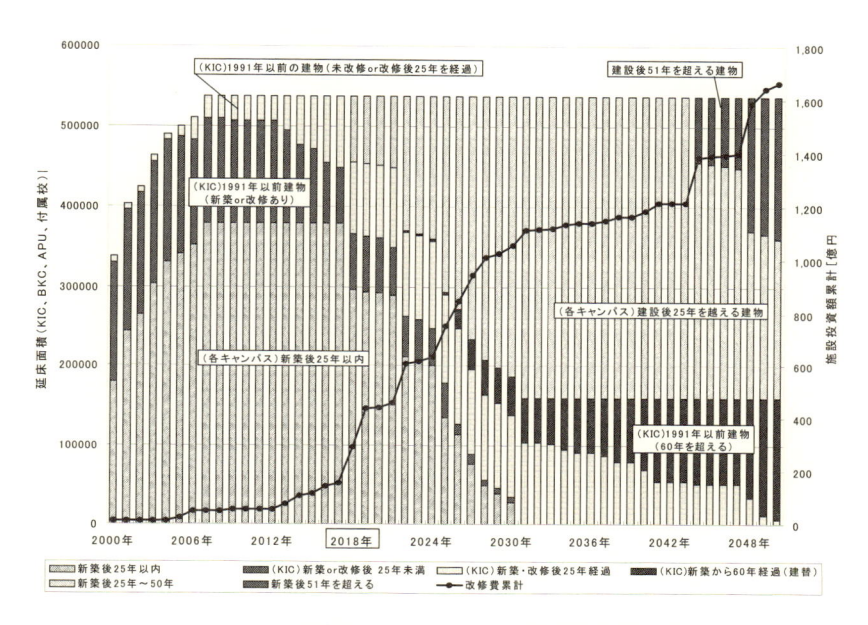

図7-2　2000年から2050年における施設投資予測

表7-4　立命館における主要施設の改修想定時期（予想）

| 年　度 | 想定建物 |
| --- | --- |
| ～2017年度 | 衣笠キャンパス（1991年以前に竣工建物）<br>啓明館、修学館、図書館、第一体育館、学而館、学生会館、志学館、清心館、存心館、洋洋館、尽心館、アカデメイア立命21、深草キャンパスなど |
| 2018年度 | BKC（第1期）<br>コアステーション、プリズムハウス、フォレストハウス、ウエストウイング、イーストウイング、エクセル1、2、3、メディアセンター、ユニオンスクエア、BKCジムなど |
| 2019～2021年度 | テクノコンプレクス（BKC）、深草増築棟など |
| 2022年度 | BKC（新展開）<br>アクロスウイング、アドセミナリオ、コラーニングハウス他、慶祥高校（1997年）など |
| 2023～2024年度 | アートリサーチセンター、学術フロンティア、立命館ローム記念館、慶祥中学校など |
| 2025年度 | 立命館アジア太平洋大学、創思館（衣笠） |
| 2026年～2030年度 | 敬学館（衣笠）、エポック立命21、マイクロシステムセンター、APハウス2、インターナショナルハウス2、コラーニングハウス2、クリエーションコア、セントラルアーク、防災SRC（BKC）、大学院棟（APU）、宇治新校舎、立命館小学校 |
| 2031年度以降 | 朱雀キャンパス、守山高等学校 |

### 表7-5　時間軸で見る建物の変化対応力

| 変化項目 | 想定周期 | 原因 |
|---|---|---|
| 用途変更 | 30年～ | 社会の変化・立地の変化・事情の変化 |
| 大規模改修 | 25～35年 | 内外装の劣化・老朽化 |
| 付帯設備更新 | 10～30年 | 劣化・寿命・機能更新・技術更新 |
| 機能更新 | 5～20年 | 技術の進歩・使い方のニーズの変化 |
| 使い勝手の交代 | 3～10年 | 同一用途での担当部課の移動など |
| 使い方の変更 | 1～3年 | レイアウト変更等、ニーズの変化 |

出典:「総解説ファシリティマネジメント」(FM推進連絡協議会)

―検討条件―
(1) 衣笠、BKC、APU、付属校における主要建物の大規模改修、解体、建て直しを試算した。間における物価上昇率は考慮していない(2004年度の価値基準に基づく)。
(2) 2006年以降、新たな施設建設はないものとした(現状施設の維持を前提としている)。
　＊現在建設中の立命館小学校、朱雀キャンパスは試算に含めている。
(3) 1991年以前の衣笠・深草の施設は、建設60年後に解体・建て直しをするものとした。
(4) 1991年以降の施設は、建設後25年目と50年経過時点で大規模改修工事を行うものとした。
(5) 試算期
(6) 試算対象には、清掃費、保守費、警備費等は含めていない。
(7) 2000年から2005年においては、試算値を採用している(実績は反映していない)。

　実績や**表7-5**に挙げる建物変化対応力から推測すると、2018年から2030年にかけて大規模改修・更新等にかかる費用の総額は1,000億円に上ると想定される。本論文ではこれを全学課題として共通認識したいため、「**立命館2018年問題**」と命名した。
　立命館は、将来確実にやってくる施設老朽化問題を認識し、これらの合理的な対応方針の策定を急がねばならない。

## V. 国立大学等における施設運営管理の現状

　国立大学においても、施設管理体制の見直しが始まっている。文部科学省では、「今後の国立大学等施設の整備充実に関する調査研究協力者会議」を設置し、施設の管理運営に関する方策を検討するための審議を行っている。その中で、2003年7月の答申「知の拠点――国立大学施設の充実につ

いて」では、国立大学法人における施設マネジメントの実施を提起している。大学のトップマネジメントの一環として、長期的なキャンパス計画のもと、経営的視点に立って施設マネジメントに取り組むことや施設整備に当たって既存の組織の枠組みを越えた全学的見地から施設の有効活用や管理運営を検討する必要があるとしている。

また、2003年度には国立・私立大学を対象とした大学施設のマネジメントについて実態調査を行っている。ここでは、施設運営管理に係わる箇所を抜粋する。

## 1. 施設管理組織の実態

主要キャンパスを複数有する大学を対象に施設管理組織の実態をグラフ化したのが図7-3である。私立大学では「同一部署が全学の業務（施設）を所掌する（以下、「統括管理型」という）」「団地ごとの担当部署がすべての業務を所掌する」とする回答が多いが、国立大学では部局や学部単位が施設を管理する（以下、「分権型」という）と回答する大学も多く見受けられる（図

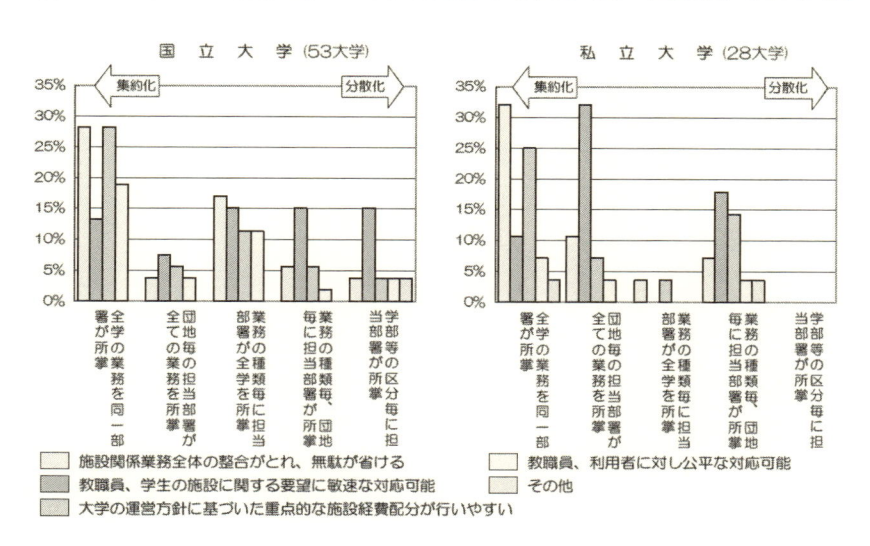

**図7-3 統括管理型と分散型のメリット比較**

(出典：大学の活力ある発展と施設運営コストの最適化)

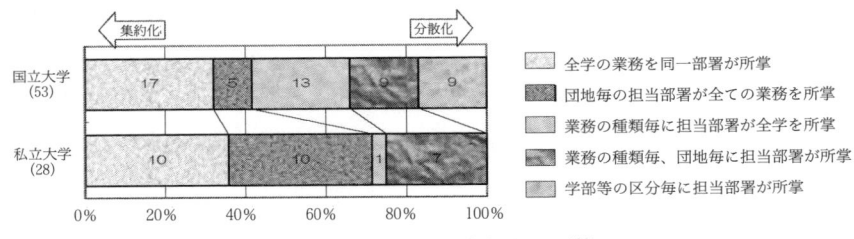

```
        ⟨集約化⟩                    ⟨分散化⟩
国立大学    17      5   13      5   9        ▨ 全学の業務を同一部署が所掌
 (53)                                        ▨ 団地毎の担当部署が全ての業務を所掌
私立大学    10        10      1  7          ▨ 業務の種類毎に担当部署が全学を所掌
 (28)                                        ▨ 業務の種類毎、団地毎に担当部署が所掌
       0%   20%  40%  60%  80%  100%         ▨ 学部等の区分毎に担当部署が所掌
```

図7-4　施設業務担当部署の形態

(出典：大学の活力ある発展と施設運営コストの最適化)

7-4)。

調査では、統括管理型と分散型におけるそれぞれのメリットに関する質問も行っている。

統括管理型に関しては、国立大学、私立大学とも施設関連業務全体の整合がとれ無駄が省ける点や全学方針に基づく重点的経費配分を指摘する意見が多い。また私立大学においてキャンパスごとに施設管理組織を配置している大学では、そのメリットに利用者の要望に迅速に対応できることを理由に挙げている。

一方、国立大学は分散傾向が強いが、利用者の要望に敏速に対応できる点を挙げる傾向は見られない。むしろ部局ごとの縦割り構造によって分散化し、全体把握ができていない実態があるように推察する。

## 2.　国立大学法人における施設整備

現在、国立大学では、建物の老朽化対策が主要な課題になっている。

文部科学省は、2001年度に「国立大学等施設緊急整備5か年計画」を策定している。これは国立大学等の施設における老朽化・狭隘化を解消し、世界水準の教育研究成果の確保を目指して、施設の重点的・計画的整備を図るとするものである。計画では、①大学院施設、②卓越した研究拠点、③先端医療を行う大学付属病院、④1970年以前に建てられた老朽化施設を優先目標として取り組みを進めている。

さらに、2005年7月の中間答申『知の拠点——今後の国立大学等施設整備の在り方について（中間まとめ）』では、今後の国立大学等の施設整備関

### 国立大学等施設の老朽化の再生
──今後15年を目途に老朽施設（経年25年の未改修施設）の
再生を図るためには、年間90万㎡の再生整備が必要──

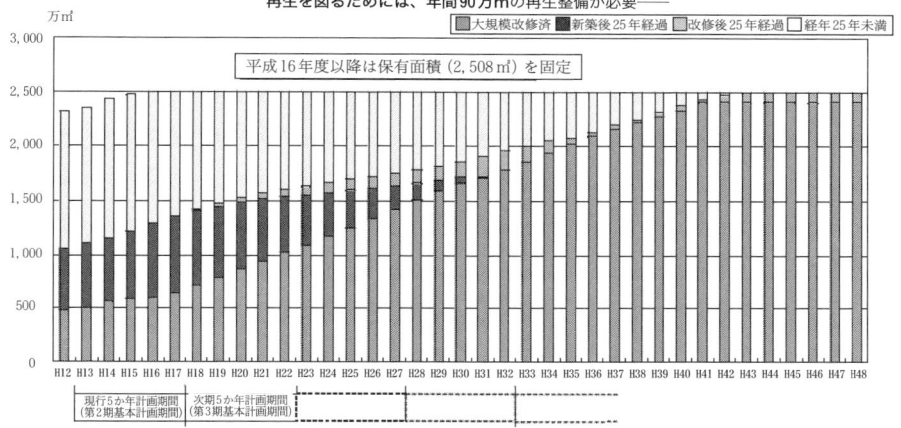

※1　平成16年度以前は、各年度の国立大学法人等施設実態調査（毎年度5月1日現在）の数値
※2　平成18年度以降は、次期5か年計画で年間90万㎡（5年で450万㎡）を整備するものとし、それが継続するものと仮定した数値
※3　平成18年度以降は、改修後25年で再び改修すると仮定して算出。

**図7-5　国立大学における長期的な整備計画の検討例**

出典：知の拠点─今後の国立大学等施設整備の在り方について（中間まとめ）（2005年7月）

して、老朽施設等の改善を要する施設を多く抱えている大学や設置後間もなく新しい建物で構成されている大学など、承継された施設状況は大学ごとに大きく異なり、個々の状況を勘案し整備を行う必要があるとしながらも、引き続き現代の教育研究ニーズに対応した施設へ再生し、安定的な施設の維持管理・運営を実現可能にすることを長期的な整備目標としている（図7-5）。

## VI. 立命館の施設管理運営高度化施策の提言

### 1. 管理運営の現状と21世紀における管理運営の目指すべき方向性

　1990年代から整備してきた施設の多くは、新規事業・建設事業への対応に手一杯となり、学園は、本来必要とされるライフサイクル計画をはじめとする、経営と結びついた施設整備ができていなかったのではないだろうか。特に、建築補助のある立命館大学ローム記念館などの補助金事業は、建設計画から申請、行政折衝、工事着手から竣工までを単年度内で実施し

表7-6　20世紀から21世紀における社会変革

|  | 20世紀 | 21世紀 |
|---|---|---|
| 政治<br>(高等教育政策) | ・18歳人口の推移に適応する大学規模政策<br>・大きな政府(補助金バラマキ) | ・大学の機能別分化<br>・小さな政府(競争的獲得資金) |
| 経済 | ・高度経済成長(右肩上がり)<br>・輸出型産業(モノづくり) | ・低成長時代の到来<br>・知的創造産業へのシフト<br>・消費税増税 |
| 人口 | 増加 | 減少 |

なければならず、中長期的な展望に基づいて行うことはほとんど不可能であった。

2018年を契機として施設老朽化やその改修が立命館における重要な政策課題になる「立命館2018年問題」が到来すると予想される。現在、国立大学において施設老朽化が切実な問題となっているが、まさに立命館も同じ問題を抱えている。今後、立命館が、2018年前後から施設改修に要する支出(推定額1,000億円)は、立命館の存続にもかかわる重大な問題である。全学がこの危機認識を共有し、早期に対策を検討する必要がある。

21世紀に入り、政治・経済・大学は変革期に突入している(**表7-6**)。教育研究においてもスクラップ＆ビルドによる新たな教学再編を迫られているように、施設管理運営においても新規建設を主体とする体制から、施設の長期活用を念頭におきつつ新たな施設ニーズに対応できる管理運営体制へ移行する必要があると考える。すなわち、大学経営視点に基づいたライフサイクル計画策定や、利用者へのサービスと快適な環境を提供する管理運営が、今後の施設管理運営におけるコア業務になろうとしている。

さらには、学園施設やキャンパス環境を"固定資産"から"経営資源"へと発想転換し、遊休施設の売却や転用も含めた施設有効についても業務の柱に置かなければならない。

## 2. 立命館におけるファシリティマネジメント手法の確立と2つの基本施策の提案

立命館が、キャンパスにおいて、安全や環境への取組、学生への憩いや地域の防災拠点としての場の提供など21世紀における多様な社会ニーズに対応したキャンパスを実現するとともに、財政面においても、中長期的な

視点から最適な支出を実現する管理運営の確立が必須です。

この課題に応えるため施設管理業務にファシリティマネジメント（Facility Management．以下、「FM」という。本論文ではキャンパスアメニティを含む施設をファシリティと定義する。）手法を取り入れることを提言する。

---

基本施策
1. 学園施設を総括的に管理する統括管理型 FM の実施
2. 組織的 PDCA サイクルを実現する FM に基づく業務サイクルの構築

---

## VII．基本施策1：「学園施設を総括的に管理する統括管理型FMの実施」

2006年度以降、立命館が保有するキャンパスは、9キャンパス（朱雀、衣笠、BKC、APU、深草、宇治、慶祥、守山、小学校）に及ぶ。これら多キャンパ

表7-7　学園本部と各キャンパスの位置づけについて（イメージ）

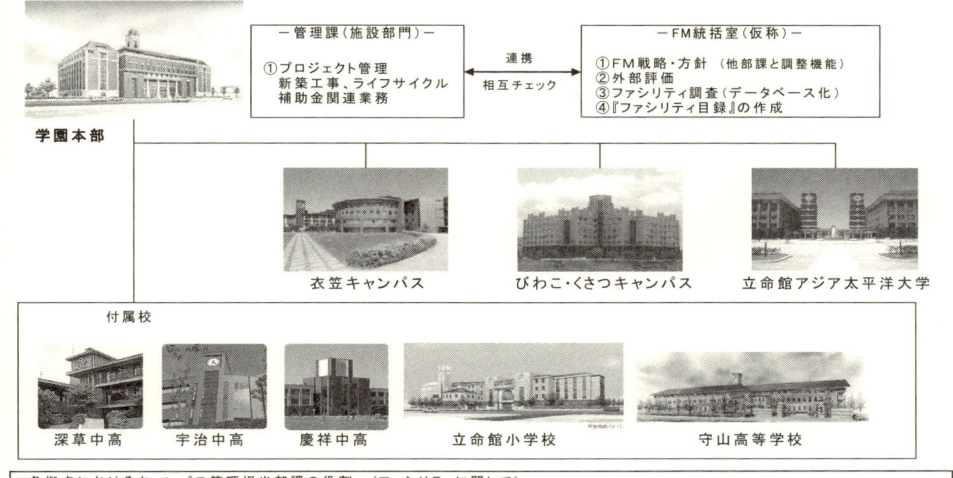

―管理課（施設部門）―
①プロジェクト管理
新築工事、ライフサイクル
補助金関連業務

連携
相互チェック

―FM統括室（仮称）―
①FM戦略・方針（他部課と調整機能）
②外部評価
③ファシリティ調査（データベース化）
④『ファシリティ目録』の作成

学園本部

衣笠キャンパス　　びわこ・くさつキャンパス　　立命館アジア太平洋大学

付属校
深草中高　宇治中高　慶祥中高　立命館小学校　守山高等学校

―各拠点におけるキャンパス管理担当部課の役割―（ファシリティに関して）
①運営管理（キャンパス管理部門とクレオテック）
　⇒ファシリティに関しては権限委譲を行い、原則キャンパス完結を基本とする。
　⇒ファシリティ業務について、各キャンパスと本部機能の役割をルール化し、
　**届出（軽微な工事に関する事後報告）**と**申請（補助金や一定予算額を超える案件の事前相談）**による本部への集約を図る。

スにおける施設は、学園として施設の品格や仕様、教学条件を合わせつつ各キャンパスにおける施設要望に迅速に対応できる運営を両立しなければならない(**表7-7**)。

そのためは、各キャンパスに施設運営に関する役割と権限委譲を明確にし、キャンパス完結型による運営管理の実現を図りつつ、学園本部が、すべての施設を把握し、また運営方針を決定する統括管理型FM体制を構築する。

## Ⅷ. 基本施策2:「組織的PDCAサイクルを実現するFM手法に基づく業務サイクルの構築」── 新組織体制とそれぞれの役割

FMに基づいた新たな業務の考え方と組織体制イメージを、**図7-6**に示す。

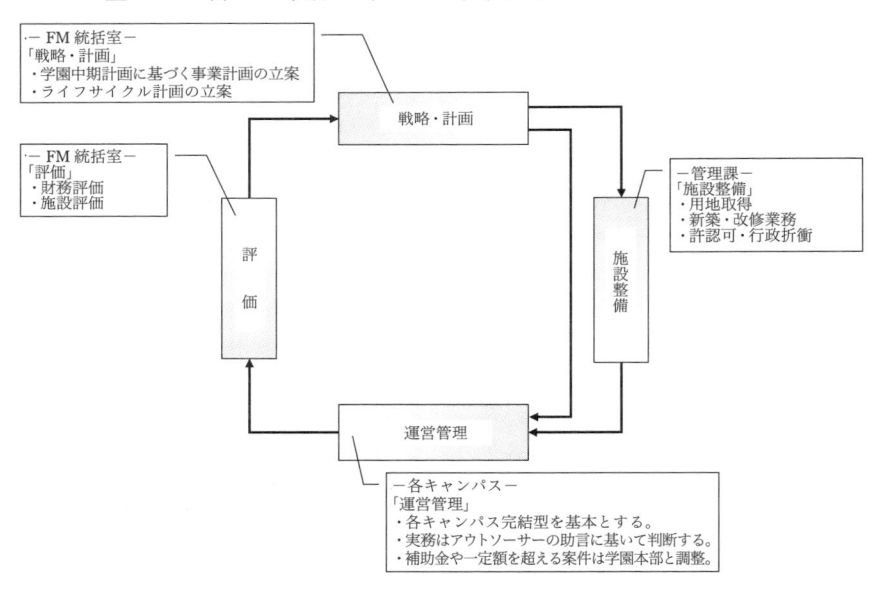

```
―FM統括室―
「戦略・計画」
・学園中期計画に基づく事業計画の立案
・ライフサイクル計画の立案
                          → 戦略・計画 →
―FM統括室―                              ―管理課―
「評価」                                   「施設整備」
・財務評価                                 ・用地取得
・施設評価                                 ・新築・改修業務
    → 評価            施設整備 ←          ・許認可・行政折衝
             ← 運営管理 ←
                ―各キャンパス―
                「運営管理」
                ・各キャンパス完結型を基本とする。
                ・実務はアウトソーサーの助言に基いて判断する。
                ・補助金や一定額を超える案件は学園本部と調整。
```

**図7-6 FM業務サイクルに基づく組織体制(イメージ)**

### 1.「戦略・計画」「評価」── FM統括室(仮称)の創設(FM機能の確立)

**(1) 設置理由**

立命館の多キャンパス化と全国展開により、学園本部が管理すべき施設

は広範囲に及ぶ。また建設を専門とする職員は、10名（契約・嘱託職員含む。次長、課長職は除く。）が在籍しているが、うち半数が50歳以上で構成されており、まさに世代交代が進められている状況にある。

これまで技術職員は、異動がほとんどない中で施設関連業務に専念をしてきた。一方、社会構造が変化し、大学競争時代に突入している情勢において、これから先、学園施設を担う職員には、建築にかかわるスキルだけではなく、他部門へも異動し、教学に精通することや、その経験を元に施設管理運営を向上することが期待されている。

そうした中で、現在の管理課体制は、施設に精通する職員数が少ないという条件の下、学園全施設を包括的に把握し、人事異動を含めた中長期的な施設運営を遂行することは困難となっている。そのため、施設を専門としない職員による施設戦略立案も念頭においた学園施設の中枢を担う新部門（仮称：FM統括室）創設を提言する。

FM統括室は、管理課から独立した組織として、学園全施設を一元的に管理する部門に位置づける。業務の柱に学園全施設の評価とデータベース化をおく。

FM統括室のありようとして、全学的な施設戦略・中長期計画の立案と、施設整備や各キャンパス運営管理に関する財務面・品質面の評価がある。特に評価では、客観的かつ適正な執行管理（適正価格と品質の追求）の実現を目指す。

なお、私案では3～5名程度（職制、事務職員、嘱託）の少人数体制で考えている。また、FM統括室は、学園が保有するすべての施設に精通し、全学的視点で施設戦略を担当できる大学職員を育成する部門としての役割も担いたいと考える。ただし、ここでは部門創設の提起にとどめ、具体的な体制や業務、また新部門設立によるコスト評価については、提起の評価を受けた上で、改めて議論する必要があると考える。

(2) FM統括室における当面の課題
① 立命館型ファシリティ目録作成（施設中長期計画の策定と実施）
FM統括室が、最初に着手すべき課題は、立命館型ファシリティ目録作

成（データベース化）である。これは、①財務面、②施設面の2つの側面から作成する。

　財務面の指標は、以学館事例やライフサイクルコスト分析を基に精緻化する。ファシリティ経費を経年的に明らかにして、中長期計画での大規模改修時期の決定や、短期的な課題における施設投資の判断基準づくりを目指す。

　施設面の指標として、サンプル事例を図7-7に掲載した。主要建物を対象に安全性（アスベスト、シックハウス、避難計画）、耐久性（耐震性能、耐用年数）、快適性（採光、換気空調）、利便性（動線計画、空間デザイン）など、大学施設に適した項目に基づいて現状評価を行い、その分析結果の公開と建物毎のライフサイクルプランを策定する。

　これらは立命館型ファシリティ目録として、できる限り数値化・グラフ化を行う。

　なお、これら評価分析では外部への委託も選択肢とするが、委託先はゼ

| 分析結果 | | 件　名： | 例題（老朽化建物） | | | | | |
|---|---|---|---|---|---|---|---|---|
| 耐久性 | | 安全性 | | 快適性 | | 使用性 | | |
| 分類 | 採点 | 分類 | 採点 | 分類 | 採点 | 分類 | 採点 | |
| 周辺環境 | 93 | 地震安全 | ！65 | 苦情障害 | 86 | 電気設備 | ！58 | |
| 建物躯体 | ！72 | 避難安全 | ！72 | 美粧劣化 | ！56 | 衛生設備 | ！70 | |
| 建物外部 | ！62 | 火災安全 | ！67 | 不適合化 | ！63 | 空調設備 | 85 | |
| 建物内部 | ！66 | 傷害安全 | ！56 | | | 防災設備 | ！67 | |
| 要　注　意　事　項 | | | | | | | | |
| 塩害 | | 外装材の劣化 | ** | 地震時の振動性状 | * | 可燃物 | * | |
| 凍結融解 | | 外装材の損傷 | * | 耐震不適格 | *** | 専有面積 | * | |
| 車の排気ガス | * | 建具の老朽化 | * | 通路障害物 | * | 開口寸法 | | |
| 日照時間 | * | 防水層の劣化 | * | 標識類 | * | 弱電設備 | ** | |
| 有感振動レベル | | 外階段の劣化 | * | 二方向避難 | * | 受変電設備 | * | |
| 躯体の損傷歴 | | 工作物等の老朽化 | * | 防火区画 | * | 給水設備 | * | |
| 新旧とり合い部 | * | 金属類のさび | * | 消火設備 | * | 排水設備 | * | |
| コンクリートのきれつ | ** | 床仕上の損傷 | * | 漏水 | * | 設備機器の騒音 | | |
| 鉄筋（鉄骨）の腐食 | * | 内装材の劣化 | ** | 遮音性 | * | 設備故障の多発 | * | |
| 梁・床のたわみ | | 地震時の立地条件 | | 結露 | | | | |
| 床剛性 | | 地震時の地盤条件 | | 冷暖房 | | | | |
| 不同沈下 | | 建物形状不整の影響 | | 日常の手入れ | * | | | |

【注】！印：より詳しい診断が望ましい
【注】要注意事項の見方は次の通り　　***：最重視事項　　**：重視事項　　*：留意事項　　無印：まずは問題ない事項

**図7-7　施設評価シート案（1）**

（出典：ISCA Diagnosis System）

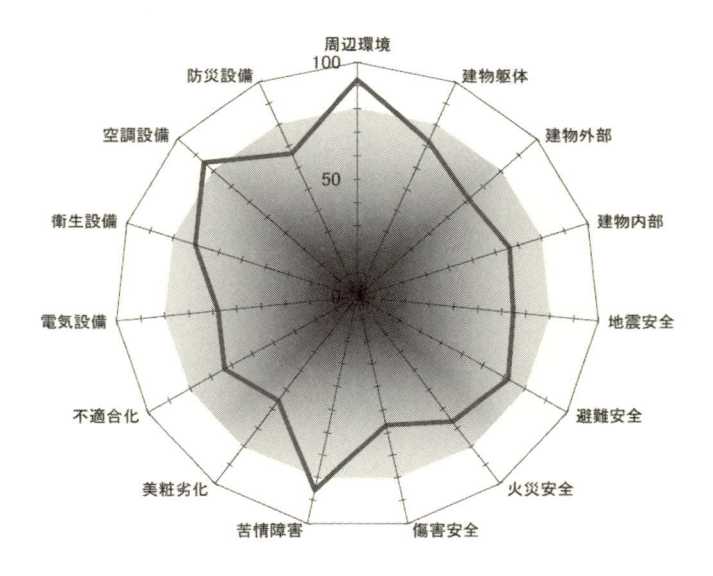

**図7-7 施設評価シート案（2）**
(出典：ISCA Diagnosis System)

### ② 全学課題としての施設コストの管理向上

FM統括室の役割の一つに、施設コストの管理向上が挙げられる。大学では、学部、研究組織、事務室などの単位で施設コストを管理しておらず、また各組織も施設コストの意識が高いとは言いがたい。実際、事務室や研究室単位での施設コストを測定し、課題発見や改善につなげる活動はほとんど行われていなかった。

今後、施設コストの詳細を明らかにする取り組みを実施し、学部、研究組織、事務室などの組織単位での施設コストの開示と個別管理の強化を実現することも業務課題として位置づけられる。

### ③ 施設改修費平準化（計画的な執行計画の策定）

既存施設における施設改修費の予測推移と、各年度に平準化した場合の推移を図7-8のグラフにした。それぞれトータルに要する支出額は変わらないが、年次計画的に施設改修を実施し、単年度における支出超過を軽減することは、財政執行の計画的運用にもつながる。

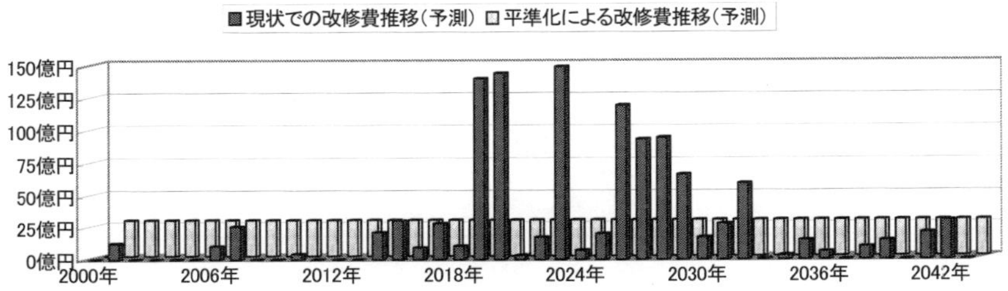

図7-8　現状改修費の予測と平準化モデル（案）

施設改修に必要な費用を明らかにして、改修資金の計画的準備や改修時期の分散化による財政負担の一極集中是正を行う。

## 2.「施設整備」
### (1) 学園本部における管理課業務

施設整備は、管理課（建設部門）の所管とする。用地取得、新棟建設、大規模改修など全学的課題に位置づけられる業務を対象としている。なお、これらの業務は原則として一定期間内に完了する業務（プロジェクト）である。

現状は、教学課題に付随して施設整備が行われている。新たな教学課題が打ち出され、それに対処する体制で業務を遂行しているのが実情である。今後は、管理課コア業務への集中を行い、学園中長期政策や事業計画に基づいた計画的なプロジェクトを執行管理する体制へと移行しなければならない。

さらに施設整備では、利用者が学び・働き・活動する環境について、法的基準に基づいた性能確保だけでなく、長期的視点に基づいた安全性能やユニバーサルデザイン、人間工学に基づいたプランニングの実現が求められる。さらに知的創造活動を促進する機能として設備、情報において将来の需要を想定した設計をする必要がある。

また、建物の陳腐化や老朽化が進めば建て替えればよいという考え方ではなく、地球環境保全の観点や文化としての価値観をもち、長期に使用していくことを考えなくてはならない。今後の整備では、こうした点にも配

慮しながら、構造、設備、内装の基本計画、設計、実施管理を行うことが求められる。

### (2) ビルド＆スクラップへ

現在、衣笠キャンパスにおける図書館、修学館をはじめ老朽化の指摘される建物が多数存在する。これら稼働率が高い、利用者が多い建物の改修においては、施設利用をしながらの大規模改修は非常に困難である。

むしろ代替となる施設（仮設を含む）の建設・移転を先行して実施し、移転（仮移転）後に、立ち退いた施設改修を行うことが最適であると判断する。すなわち、スクラップ＆ビルドから、ビルド＆スクラップへの転換が必要である。

それを実現するためには、施設中長期政策となるキャンパス全体計画を作成し、これに基づいた事業計画としての代替用地の選定や動線計画の立案、老朽化施設改修（用途転換）等を進めなければならない。

## 3.「運営管理」
### (1) 各キャンパスにおける施設の運営管理方針

運営管理は、各キャンパスで完結することを基本とする。定型業務（清掃・警備・設備保守等）、非定型業務（キャンパス固有課題、日常維持管理等）を含め、衣笠総合管理センター（仮称）、BKC総合管理センター、立命館アジア太平洋大学アドミニストレーションオフィス、各付属校事務室が運営管理における責任部課となる。

また、各キャンパスにおける工事についても範囲と金額を整理し権限委譲する。各キャンパスは独自の施設課題に迅速に対応し、改修工事を実施した際には、学園本部へ事後報告（届出）することにより、本部は、改修履歴を一元管理する。

なお、補助金に関する建設案件や行政折衝の伴う施設整備、一定の発注金額を超える工事については、学園本部に事前相談（申請）するものとし、全学に関わるプロジェクトとして、管理課が主管課として実施する。

## (2) アウトソーサーに関する学内規程整備と競争原理の導入

　運営管理を高度化するために、立命館とアウトソーサーの関係を学内規程に明文化する。その上で、アウトソーサーへの権限委譲を軸とした施設管理の現場に応じた迅速な判断・対応が可能となる環境を整備する。

　また、アウトソーシング業務においてもできる限り競争原理を導入し、透明性の高い価格を追求していく。さらにアウトソーサーについても FM 統括室による評価（監査）対象とする。

## IX. 結び――大学施設を担う職員の人材育成について

　立命館のファシリティは、キャンパス拡大と新旧施設の混在、また耐震補強、アスベスト問題やバリアフリー、利用者ニーズの多様化に見られる法的・社会的要請の変化など、これまでにない厳しい管理運営が求められている。また、建物において、その用途を転換しなければならない状況も生じているが、設立当時の地域・近隣との約束事など運用面でも配慮しなければならない課題も抱えている。

　2006年度には学園本部が竣工し、今後は朱雀キャンパスを本部として、多キャンパス化する施設を統括的に管理していかなければならない。一方、諸課題を内在する各施設を総括的に把握し、適切に管理していくためには、学園施設の中核を担う大学職員を組織的に育成し、業務を継承していくことが不可欠である。

　施設を専門とする職員が減員していくなか、これからは大学職員業務としてファシリティマネジメントを遂行していかなければならないが、その際、施設担当者が短期間で交代し、施設の全般的・長期的な視点での管理が失われることは避けなければならない。施設組織の弱体化は、立命館2018年問題をはじめとする施設長期課題に対応することが困難となる。

　今後は大学施設のマネジメントを学園における重要な業務と位置付けし、それを担う人材育成を組織的に取り組む必要があると考える。

[参考文献]
1)「総解説 ファシリティマネジメント」FM推進連絡協議会、2003年
2)「知の拠点－今後の国立大学等施設整備の在り方について―世界一流の人材を養成する教育研究環境への再生（仮称）―中間まとめ」今後の国立大学等施設の整備充実に関する調査研究協力者会議、2005年
3)「平成15年度公共・公益系団体におけるファシリティ・マネジメントの普及状況調査事業報告書」社団法人 日本機械工業連合会 社団法人 日本ファシリティマネジメント推進協会、2005年
4) 花井等・若松篤『論文の書き方マニュアル ステップ式リサーチ戦略のすすめ』有斐閣アルマ、1997年

# 8 職員におけるブランド価値調査とブランド発信政策の研究

細野由紀子

## I. 研究の背景

### 1. 大学ブランドが重視される時代

　国公私立の大学間競争がこれまでにないスピードで進展するなか、「受験生が大学を選ぶ」時代が到来している。このような状況のなかで、「選ばれる大学」になるためには、特色を「ブランド」として明確に打ち出す必要がある[1]。打ち出しの中心となる「ブランド価値」を明確に規定し、改革の取組みと成果を「ブランド価値」に沿って社会に発信し続けることで、その大学ならではの価値を社会に浸透させていくことは、これからの大学経営にとってきわめて重要な課題となる。

　大学ブランドとは、社会から高い評価と信頼を得た、教育・研究の「特色・優位性」に対する社会的イメージが集まったものである。ブランド戦略とは他との差異化戦略であり、「○○大学らしさ」を積み重ねて「他と比べた優位を確立」し、「社会的存在を際立たせる」ことを目的とする。

### (1) 各大学におけるブランドをめぐる取組み

　国立大学の法人化等を機に、外部の専門力量を活用し、ブランド構築に取り組む大学が国公私立を問わず増えている。体制面だけを見ても、広報担当の副学長や理事の設置、広告代理店への職員派遣、専門家の招聘、専門家をパートナーにしたブランド・プロジェクト設置などの事例が見られる。

## (2) 私立大学におけるブランド戦略

　1998年の大学審議会答申の副題である「競争的環境の中で個性が輝く大学」における「個性」の提起、そして、2005年の中央教育審議会答申「我が国の高等教育の将来像」の「大学の機能別分化」の提起は、ブランド戦略の提起として読み替えることができる。

　現在の国公私の大学間競争は、好むと好まざるとにかかわらず、差異化競争であり、ブランドの形成・育成の競争でもある。とくに私立大学は独自性としてブランドを明確にしなければ、大学間競争の大波の中に飲み込まれる。

　ブランドを明確に打ち出し、育成するのがブランド戦略である。厳しさを増す環境の中では、その時々の情勢や他大学の取組みをにらみながら、戦略を持たずにそのつど差異化に取り組むことは、大学として社会に発信する情報のまとまりに欠け、評価を社会に定着させることにつながらない。戦略に基づき、他大学との差異を一貫性を持って継続的に打ち出すことによって、ブランドを社会に定着させることが必要である。

## 2. 立命館における「ブランド」と社会的評価

　立命館はこれまでいわゆる「ブランド戦略」を持ってこなかったため、「立命館ブランド」の価値は明確に規定されていない。この間、改革の実行に精力が傾注され、改革の成果を社会に問い評価を形づくるというブランドの形成まで学園戦略が総合化されたものとなっていなかった。よって現在の「ブランド」は、ブランドの確立それ自体を目的に取り組んできた結果ではなく、学園・教学創造の継続的な取組みが、結果として情報発信の一貫性と継続性をもたらし、「ブランド」や評判（例：「改革のフロントランナー」など）が社会的に定着してきたと考えることができる。

　1980年代後半以降、立命館大学は社会の要請に応える改革を進め、「改革のフロントランナー」としての評価を確立してきた。連続した改革は社会の関心をあつめ、次に見るように、各種マスコミのランキングにおいても、新しい課題への挑戦の取組みが一定の評価を得てきた。

　ランキング調査の特徴点を概観すると、総合的には一定の評価を得てお

## マスコミのランキング調査の特徴点

◇教育関係者からの評価（朝日新聞社 大学ランキング2007）
　　学長からの評価　教育分野2位、研究分野3位、キャリア支援1位
　　高校からの評価　総合3位、生徒に進めたい9位、進学した先でのびのびと学んでいる5位、広報活動が熱心1位
◇受験生からの評価（朝日新聞社 大学ランキング2007）
　　ブランド力（関西・地名度）1位（受験生へのヒアリング）
◇企業からの評価（週刊ダイヤモンド「2005年度版 役に立つ大学」
　　就職支援に積極的な大学ランキング　立命館大学（文系）1位（理系）2位
　　就職支援では評価を得ているものの、教育活動に対するイメージが高くないため（文系15位、理系16位）、総合評価では文系11位、理系32位に。
◇産学連携体制　企業からの評価1位　産業界から見た産学連携相手としての「質」に関する調査（経済産業省「技術移転を巡る現状と今後の取組について」調査）(2005.6)
◇経営面での評価（東洋経済新報社「本当に強い大学2006」）
　　総合評価　18位（財務力、教育力、就職力の総合評価）
　　＊　2004、2005年度までは私学のみの評価で1位
　　（経営革新力3位、財務力21位、教育力3位、研究力5位の総合評価）

り、「改革に熱心」「就職支援に熱心」「産学連携体制」等の分野においては、高い評価を継続して得ている。一方で、「教育活動」「教育力」に関する評価が十分に得られていないことがわかる。

　一方でこの間、法人化を機に、旧帝国大学を中心とした国立大学法人がこれまでとは質的に異なる広報活動を展開し、そうした動きに刺激された私立大学もよりいっそう広報活動を強化している。こうした状況のなか、マスコミ等へのヒアリングによれば、立命館大学の広報活動には下記のような課題が生まれつつある。

## 立命館のイメージ（広報活動の課題）

・他大学が広報活動を強化するなか、改革の動き、成果が見えにくくなっている
・教育・研究の中身が伝わっていない
・各学部・研究科それぞれの個性が見えにくい

　つまり、厳しい競争的環境の中、どの大学も改革に取り組む時代になり、

立命館の改革の動きは、社会から見えにくくなっていると言える。

また、社会的な関心はすでに「改革」自体にはなくなってきており、むしろその成果である教育・研究内容、学生・卒業生の活躍に移ってきているとも考えられる。

以上から立命館大学の広報活動には、改革の具体的な姿を示し、存在感と信頼を獲得していくことが求められているといえる。現状にとどまれば、現下の国公私の大学間競争のもとでは「後退」が起こることは必然である。

## 3. ブランド構築の必要性──職員が語るブランド

他大学との差異化をはかりながら優位性を発揮するためには、広報活動にはこれまでとは抜本的に異なる新機軸が求められている。学園が、一段高いステージへと飛躍するためには、他に対する圧倒的優位を確立するためのブランディングに取り組むことが必要である。具体的には、改革の成果である教育・研究の取組みと、次なる改革の方向性とその意義を具体的に社会に発信し、信頼感を獲得していくブランドづくりである。

ブランドをステークホルダーに伝えるためには、ブランドを組織の構成員全員が語ることができなければならない。立命館には500名を超える専任職員がいる。職員全員が改革の意義、各職場における取組みを、「ブランド」としてステークホルダーに発信していけば、500名の「広報マン」による広報活動を行うことができる。教職員全体に広がれば2000人、卒業生に浸透すれば30万人を超える「広報マン」が、立命館を語り、社会の理解につなげることができる。

## II. 研究の目的

国公私の大学間競争の中で、社会的支持・支援を得るためには、大学の安定した「評価」が必要であり、この典型が大学ブランドである。

大学ブランド構築のための広報における重点課題は、

①改革の取組みと成果を社会に発信して、「信頼できる大学」としての評価を高めていくこと

②学内における「ブランド」の浸透と構成員によるステークホルダーへの一貫したメッセージの発信

の2点であると考えられる。

本研究では、この2点を解決していくためのひとつの切り口として、職員を核としてインターナルブランディングにより外部にブランドを発信していく、大学ブランド構築のプロセスを提案する。なお、本研究においてインターナルブランディングとは、組織の構成員に対してブランドを浸透させ、さらに彼らをブランド価値向上の担い手としてその行動にも反映させるプロセスをさす。

## III. 研究の方法

職員の意識実態調査（アンケート）により、次に述べるインターナルブランディングの現状分析として、職員の考える「立命館のブランド」とその業務の取組み方を調査する。あわせて、ブランディングに取り組む他大学や企業の事例を調査し、職員を核としたブランド構築のための政策を提起する。

## IV. インターナルブランディングの重要性

### 1. インターナルブランディングが重視される理由

多くの企業が、企業価値を高めることを目的に、ブランドの確立に取り組んでいる。

ブランドをつくるには大きく6つの活動領域があるといわれているが、中でも重要なのが、ブランド価値規定（ブランドの存在意義や目標像を規定するもの。「誰になにを約束するのか」を明確にしたブランドが実現する理想の姿）とインターナルブランディングであると考えられている[2]。

### (1) インターナルブランディングの担い手としての従業員

ブランディングの成否は、従業員一人ひとりのブランド価値の正確な

理解と実践、ステークホルダーの関心・共感を得られるようなインターナルブランディングの取組みにかかっている。従業員が外部のステークホルダーに対して一貫したメッセージを繰り返し伝えることで、ステークホルダーの頭の中にブランドに対する一定の認識、連想（ブランドイメージ）が形成される。そのイメージが強固なブランドとなるのである。

このことから、従業員に対して自社のブランドを理解、認知、浸透させ、ブランド価値向上の担い手として、その行動にも反映させるインターナルブランディングは、先進的にブランディングに取り組む企業の中でも、特に重視されている[3]。インターナルブランディングと、ブランド価値をステークホルダーに伝達する外部へのブランディングのバランスがうまく噛み合ったとき、ブランド価値は結果として最大化するということができる。

## 2. 大学におけるインターナルブランディング――職員業務における「ブランド感覚」と大学ブランド

ブランド確立のプロセスは大学においても同様である。ブランドの向上に貢献するのは誰よりも、ステークホルダーに直接に接する教職員である。教職員の行動と振舞いは、その教職員と接触するあらゆる人に影響を与える。

ブランドを育てるサイクルを、「ブランド価値規定」「教職員の理解にもとづく『取組みと成果』の発信」「ステークホルダーの共感と信頼」とおけば（**図8-1**）、このサイクルを加速させる重点は、教職員の行動と情報発信に置くことが適当であると考えられる。

大学ブランドの構築には、
① 大学がどのような大学ブランドを作り、育てたいかというブランド価値規定
② 大学の内部に「ブランド価値」を浸透させるプロセス

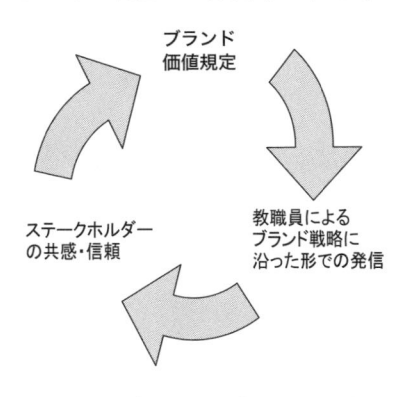

**図8-1　ブランドを育てるサイクル**

③大学が発信する「取組みと成果（コンテンツ）」の創出
④「取組みと成果」のブランド戦略に沿った形での発信

の4つの要素が必要となる。

　本研究では、立命館大学においては「ブランド価値」が明確に規定されていないことから「①」については、これまでの大学の基本政策や重点政策のねらいを「ブランド価値」として読み替えることを前提とする。

　「②・③・④」はブランド政策としてみると、ブランドを組織内部からつくっていくプロセスである「インターナルブランディング」として位置づけることができる。

　本研究ではこれらを職員の問題として検討する。職員は、「③」の取組みと成果の創り出しを業務とし、日常業務の中でステークホルダーとの多種多様な関わりを直接・間接に有しているからである。本研究では、特に「②・④」にかかわって、職員の実態を明らかにし、「取組みと成果」をブランド戦略に沿った形で発信する政策を提起する。

　大学におけるインターナルブランディングを考えるにあたっては、教員や学生をも対象とすることが適当であるが、本研究は職員組織のインターナルブランディングを最優先課題として進める。それは、ビジョンを浸透させるにはまず職員組織を対象とすることが効果的であり、職員がブランディングの担い手として業務を行うことが即効的であると考えるからである。また、発信する情報の一貫性と組織性を組織的に担保するのが、職員を核とした取組みであるからである。さらに、教員や学生を対象とするブランド戦略は、職員の取組みの上に展開する必要があるからである。

## 3. インターナルブランディングがもたらす効果——先進事例から見るインターナルブランディングの必要性

　一般的にインターナルブランディングは、ブランドを内部に浸透させるとともに、個々の従業員による外部への発信にもつながるブランド力強化の仕組みとして取り組まれている。加えて、組織内での求心力を高め、組織の活性化につながる活動としても位置づけられている。

　表8-1に特長的な事例としてJICA[4]、NISSAN[5]の取組みを紹介する。

**表8-1 インターナルブランディングの特長的な事例**

| ケース1<br>独立行政法人<br>国際協力機構<br>「JICA有名化計画」 | ブランディングプロセスの一つひとつに職員を参加させることで、ブランドを浸透させ、ブランドづくりへの参画意識、当事者意識を高めた例 | 独立行政法人への移行を契機に、国民からの信頼や事業への理解を得るために職員の広報意識を高める様々なキャンペーンを展開（ポスター掲示、具体的な行動を促すリーフレット配布、職員セミナーの開催など）。並行して、外部への広報も推進し、職員に法人化に向けて自身の意識改革が求められていることを印象づけた。 |
|---|---|---|
| ケース2<br>日産自動車におけるブランド・マネジメント活動「日産リバイバルプラン」 | ビジョンにもとづいた統一したメッセージの発信、ブランディングプロセスの明確化、各組織への浸透に成功した例 | プランに取り組む前の日産においては統一された明確な共通ビジョンが欠けており、部門ごとに外部のステークホルダーに対するメッセージの方向性や内容に一貫性を欠いていた。ブランド再構築プロセスにおける最重点をすべての社員が常にブランドを意識し、ブランドに基づいた仕事をすることと設定。この基本姿勢を徹底することで、一貫性をもったブランドメッセージを顧客に発信している。 |

　また、大学においてもインターナルブランディングと考えられる事例をみることができる。

　例えば、金沢工業大学は教育に手厚い大学として知られている。教職員の意識改革によって学生一人ひとりをサポートするシステムをつくりあげ、取組みの成果を積み上げてきた。その取組みを具体的に外部に見せて信頼を得てきたことが、現在の評価につながっていると考えられる。

　明治学院大学では、新しいシンボルマークを設定し、UI活動の実行を契機にブランド形成につなげる取組みを始めている。マークを作成し学内に浸透させる過程での、教職員はもちろん、学生への徹底したインタビューやグッズ開発にあたっての生協職員との協同など、ブランドを広げてくれる内部と一体となった取組みとして参考にすることができる。

## V．職員意識実態調査

　職員におけるブランドに関する意識を調査するため、立命館学園の職員への意識実態アンケートを行い、次のことを調査した。
　①職員の意識している「立命館ブランド」の価値
　②どのような大学ブランドを作り、育てたいかという職員の考える「ブランド価値」

③職員業務における発信スタイルと職員の「ブランド感覚」の実態

なお、この調査の意味は下記のようにまとめられる。

(1) 「ブランド価値」（これまでの基本政策や重点政策のねらい）の内容の理解度、浸透度の調査により、インターナルブランディングの出発点を導き出すことができる。
(2) 立命館のブランド価値とは何かというキーワードを抽出し、職員が共通して考える「立命館らしさ」を導き出し、それを軸とするブランド価値を検討することができる。
(3) 業務における発信スタイルと職員の「ブランド感覚」の調査により、インターナルブランディングの重点を検討することができる。

## VI. 職員への意識調査の分析結果の概略

学校法人立命館職員の「ブランド」に関わる意識と業務スタイルについてアンケート調査を行い、下記のような結果を得た。

アンケートは、2006年7月31日〜8月9日、学校法人立命館の専任職員（立命館アジア太平洋大学を含む）569名を対象に実施した。有効回答数は149名で回収率は26.2％。

### 1. 職員が理解・意識している「立命館ブランド」の価値

「ブランド価値」と読み替えられる（「Ⅳの2」の①参照）学園の基本政策や課題について、職員がどの程度理解し、業務の中でその実現を図ろうとしているかを調べた。

職員の業務スタイルについて調べるために、「ブランド価値」としての学園課題全体についての理解度を訊ねた結果が表8-2である。

「ほぼ理解している」までを含めると84％が学園課題全体について理解している。

次に、2005年度以降の学園の基本政策について、個々の理解度を訊ねた結果が図8-2である。最も理解度が低いものでも半数の職員が理解していると答えている。職員における学園課題全体や学園政策の理解度の全体的

表8-2　学園課題全体の理解

| | 回答数 | | |
|---|---|---|---|
| 背景や意義を含めて理解し部や課の課題として具体化している | 59 | 40% | |
| 背景や意義を含めて理解している（業務課題として具体化するには至らない） | 21 | 14% | 84% |
| ほぼ理解している | 44 | 30% | |
| 理解が不足している | 25 | 17% | |
| 総計 | 149 | 100% | |

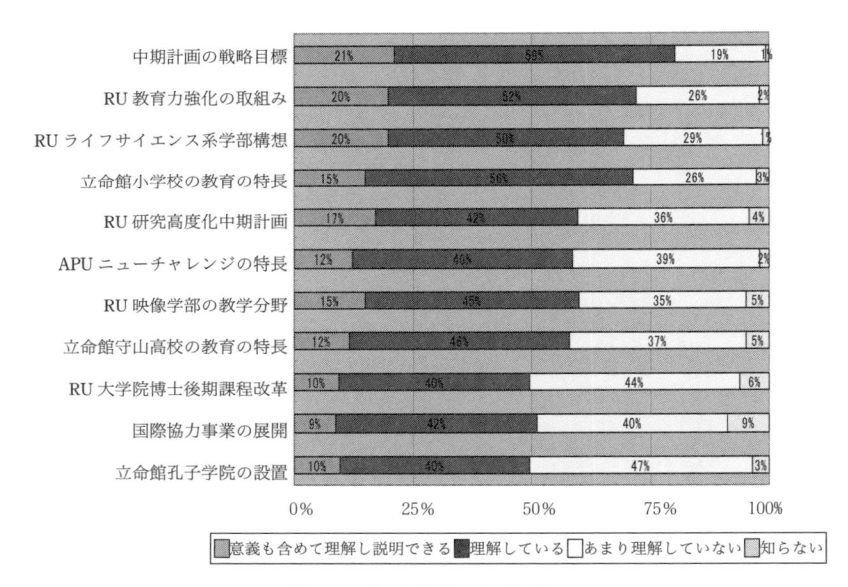

| 政策 | 意義も含めて理解し説明できる | 理解している | あまり理解していない | 知らない |
|---|---|---|---|---|
| 中期計画の戦略目標 | 21% | 59% | 19% | 1% |
| RU 教育力強化の取組み | 20% | 52% | 26% | 2% |
| RU ライフサイエンス系学部構想 | 20% | 50% | 29% | 1% |
| 立命館小学校の教育の特長 | 15% | 56% | 26% | 3% |
| RU 研究高度化中期計画 | 17% | 42% | 36% | 4% |
| APU ニューチャレンジの特長 | 12% | 46% | 39% | 2% |
| RU 映像学部の教学分野 | 15% | 45% | 35% | 5% |
| 立命館守山高校の教育の特長 | 12% | 46% | 37% | 5% |
| RU 大学院博士後期課程改革 | 10% | 40% | 44% | 6% |
| 国際協力事業の展開 | 9% | 42% | 40% | 9% |
| 立命館孔子学院の設置 | 10% | 40% | 47% | 3% |

図8-2　学園政策の理解度

な高さが、この間の学園における改革を支えてきた基本的な力である。

また、この結果からは、政策によって理解度に差があることがわかる。「中期計画の戦略目標」(80%)、「教育力強化の取組み」(72%)など、全学討議を重ねた課題は理解度が高くなっている。

## 2. 職員が考える「ブランド戦略」(価値規定) の重点

次に、「どのようなブランドを作り、育てたいか」という、職員の考える「ブランド価値」についての回答結果を見てみる。職員の意識から、キーワー

ドを抽出し、職員が共通して今後育てていきたいと考える「立命館らしさ」を導き出す。

### (1) 職員の考える「立命館大学のイメージ」

はじめに、職員の持つ「立命館大学のイメージ」について訪ねた結果が**表8-3**である。これは、「立命館大学について社会で定着していると思われるイメージ」と考えるものについて複数回答（上位3つ）を得た結果である。

このアンケート項目は、「リクルート『募集ブランド力調査』2005」調査（関西地域：高校生が持つイメージ）と項目をあわせており、同調査の結果を右欄に記した。職員の回答の上位3項目については、高校生が持つイメージと

表8-3　社会で定着しているイメージ

|  | 度数 | ％ | 大学イメージ順位* |
|---|---|---|---|
| 活気がある感じがする | 85 | 22.2% | 2 |
| 学生の面倒をよく見てくれる | 74 | 19.3% | 5 |
| 学校が発展していく可能性がある | 62 | 16.2% | 1 |
| 伝統や実績がある | 32 | 8.4% | 5 |
| 就職に有利である | 27 | 7.0% | 9 |
| 学生生活が楽しめる | 16 | 4.2% | 3 |
| 奨学金等のサポート制度が充実している | 14 | 3.7% | 8 |
| 資格取得に有利である | 11 | 2.9% | ― |
| 自分の興味や可能性を広げてくれる | 11 | 2.9% | 15 |
| 社会で役立つ力が身につく | 8 | 2.1% | 14 |
| 学生・卒業生に魅力がある | 8 | 2.1% | 4 |
| 校風や雰囲気がよい | 6 | 1.6% | 3 |
| キャンパスがきれいである | 6 | 1.6% | 2 |
| 学習設備や環境が整備されている | 5 | 1.3% | 3 |
| 将来の選択肢が増える | 4 | 1.0% | 8 |
| 教授・講師陣に魅力的な人がいる | 4 | 1.0% | 8 |
| 卒業後に社会で活躍できる | 3 | 0.8% | 11 |
| 国際的なセンスが身につく | 3 | 0.8% | 8 |
| 教育方針が魅力的である | 3 | 0.8% | 4 |
| 専門分野を深く学べる | 1 | 0.3% | ― |
| 教養が身につく | 0 | 0.0% | 13 |
| 学生の学力が高い | 0 | 0.0% | 8 |
| 教育内容のレベルが高い | 0 | 0.0% | 7 |
|  | 383 | 100.0% |  |

＊リクルート「募集ブランド力調査」2005

ほぼ一致している。

　注目すべきは、「教養が身につく」「学生の学力が高い」「教育内容のレベルが高い」等の教育内容に関する項目について、職員の回答がゼロであった点である。これらは高校生からの評価も相対的に低く、成果のつくり出しとその発信が課題である。

　　＊リクルートの調査は高校生にあてはまるものをすべて答えさせるものであるが、今回の職員の調査は上位3つを選んだため、回答の広がりで差がつくものとなっている。

### (2) 職員の考える「立命館らしさ」

　立命館が誇れる「ブランド」（「立命館らしさ」）について3つまで訊ねたところ、図8-3のような結果となった。

　「活発な改革を続けている」(14.7%)、「就職支援に熱心である」(14.3%)など、学外でも評価されている項目が職員の意識においても上位に位置している。職員がその意義と成果を実感し、社会的な発信を行っていること

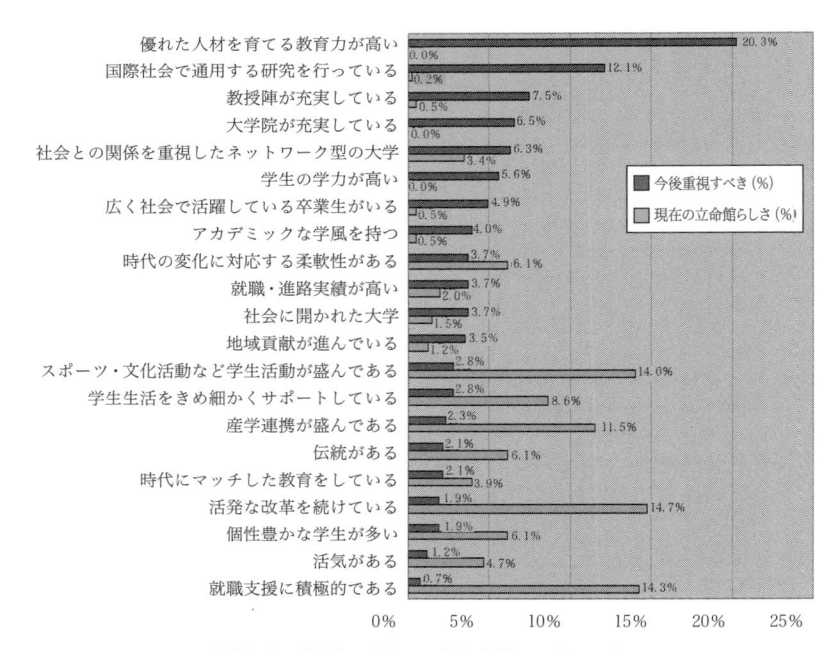

| 項目 | 今後重視すべき(%) | 現在の立命館らしさ(%) |
|---|---|---|
| 優れた人材を育てる教育力が高い | 20.3% | 0.0% |
| 国際社会で通用する研究を行っている | 12.1% | 0.2% |
| 教授陣が充実している | 7.5% | 0.5% |
| 大学院が充実している | 6.5% | |
| 社会との関係を重視したネットワーク型の大学 | 6.3% | 3.4% |
| 学生の学力が高い | 5.6% | 0.0% |
| 広く社会で活躍している卒業生がいる | 4.9% | 0.5% |
| アカデミックな学風を持つ | 4.0% | 0.5% |
| 時代の変化に対応する柔軟性がある | 6.1% | 3.7% |
| 就職・進路実績が高い | 3.7% | 2.0% |
| 社会に開かれた大学 | 3.7% | 1.5% |
| 地域貢献が進んでいる | 3.5% | 1.2% |
| スポーツ・文化活動など学生活動が盛んである | 14.0% | 2.8% |
| 学生生活をきめ細かくサポートしている | 8.6% | 2.8% |
| 産学連携が盛んである | 11.5% | 2.3% |
| 伝統がある | 6.1% | 2.1% |
| 時代にマッチした教育をしている | 3.9% | 2.1% |
| 活発な改革を続けている | 14.7% | 1.9% |
| 個性豊かな学生が多い | 6.1% | 1.9% |
| 活気がある | 4.7% | 1.2% |
| 就職支援に積極的である | 14.3% | 0.7% |

図8-3　職員の考える「立命館のブランド」

が、マスコミを含めて社会的な評価につながっているといえる。そしてそのマスコミ等での高い評価の結果が職員に確信を与えていると考えることができる。

一方、今後「ブランド」として構築すべき重点については、「優れた人材を育てる教育力が高い」(20.3％)、「国際社会で通用する研究を行っている」(12.1％)等の項目が上位となった。職員は総じて、今後「ブランド」として構築すべき重点は教育・研究そのものにおける高い評価であると考えている。

### (3) 学園課題に関する意識と今後重視すべきブランド

この設問では、「中期計画」から抽出したキーワードに関わって、職員が今後ブランドとすべきと考える項目について調査した（**図8-4**）。

「強化すべき」課題を上位5つまで訊ねたところ、「国際的に活躍する学生を育てる大学」「国際的通用性のある教育を進める大学」等の人材育成と、社会との関わりを重視した大学づくりに関わる項目の回答が多く見られた。職員はこれらをキーワードとした大学づくりをブランド価値として設定し、取組みと成果のつくり出しを行っていこうと考えている。

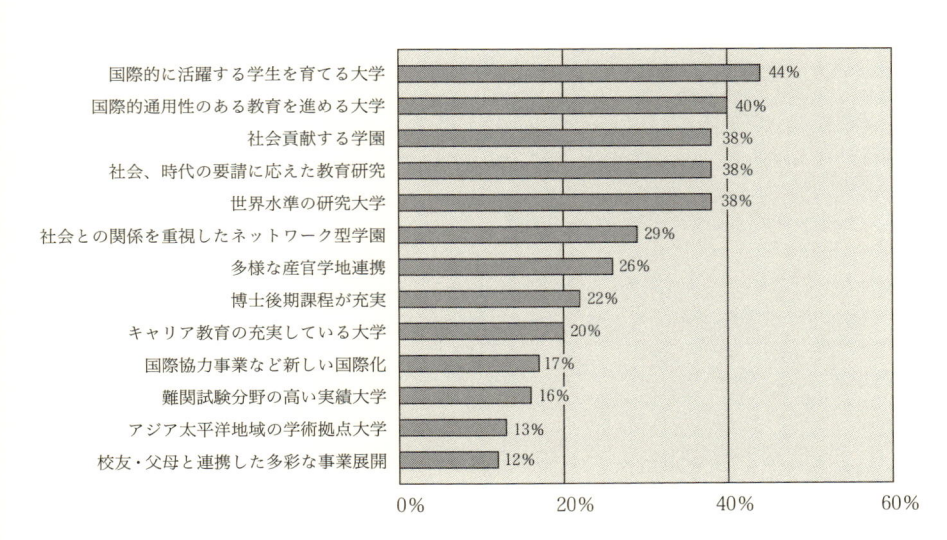

| 項目 | 割合 |
|---|---|
| 国際的に活躍する学生を育てる大学 | 44% |
| 国際的通用性のある教育を進める大学 | 40% |
| 社会貢献する学園 | 38% |
| 社会、時代の要請に応えた教育研究 | 38% |
| 世界水準の研究大学 | 38% |
| 社会との関係を重視したネットワーク型学園 | 29% |
| 多様な産官学地連携 | 26% |
| 博士後期課程が充実 | 22% |
| キャリア教育の充実している大学 | 20% |
| 国際協力事業など新しい国際化 | 17% |
| 難関試験分野の高い実績大学 | 16% |
| アジア太平洋地域の学術拠点大学 | 13% |
| 校友・父母と連携した多彩な事業展開 | 12% |

図8-4　今後ブランドとして強化すべき学園課題

## 3 業務における発信スタイルと職員の「ブランド感覚」

　ブランドを確立するためには、職員が「ブランド価値」を理解したうえで、自らの職場の成果をそのねらいに沿って社会に発信することが重要となる。業務の取組みや成果を、ブランド価値を意識してメッセージとして発信しているかどうか、業務における発信スタイルと職員の「ブランド感覚」を訊ねた。

　学園政策の理解度と発信スタイルとの関係を調査するために、「業務において学外の方と関わる」頻度と学園課題全体の理解との関係について訊ねると、**表8-4**の結果となった。

　「理解し課題として具体化している」「理解している」層の割合が、業務において学外の方と関わることが「ほとんどなし」では23％であったのに対し、「月に数度」で53％、「週1～3日」で65％、「毎日」で61％となった。

　次に「業務において学外の方と関わる」頻度と学園課題全体を意識して業務にあたっているかどうかの関係を訊ねた（**表8-5**）。頻度に関わらず学外の方と関わる機会がある職員では「常に意識している」割合が30％を超

### 表8-4　学園課題全体の理解度／外部と関わる機会

| | ほとんどない | 月に数度 | 週1～3日 | 毎日 |
|---|---|---|---|---|
| 背景や意義を含めて理解し部や課の課題として具体化している | 5 | 21 | 21 | 12 |
| 背景や意義を含めて理解（業務課題として具体化するには至らない） | | 6 | 7 | 8 |
| ほぼ理解している | 8 | 20 | 9 | 7 |
| 理解が不足している | 9 | 4 | 6 | 6 |
| 理解し具体化＋理解 | 23% | 53% | 65% | 61% |

### 表8-5　学園課題全体を意識しながら業務を行っているか／外部と関わる機会

| | ほとんどない | 月に数度 | 週1～3日 | 毎日 |
|---|---|---|---|---|
| 常に意識し業務にいかしている | 2 | 18 | 14 | 10 |
| 意識するように心がけている | 15 | 28 | 28 | 21 |
| あまり意識していない | 4 | 5 | | 2 |
| 意識していない | 1 | | 1 | |
| 常に意識している割合 | 9% | 35% | 33% | 30% |
| 常に意識＋心がけている割合 | 77% | 90% | 98% | 94% |

表8-6

|  | 常に意識し業務にいかしている | 意識するように心がけている | あまり意識していない | 意識していない |
|---|---|---|---|---|
| 背景や意義を含めて理解し部や課の課題として具体化している | 84% | 24% | | |
| 背景や意義を含めて理解している（業務課題として具体化するには至らない） | 9% | 18% | | |
| ほぼ理解している | 7% | 38% | 45% | 50% |
| 理解が不足している | 0% | 20% | 55% | 50% |

え（「ほとんどなし」では9%）、「常に意識している」「意識するよう心がけている」をあわせると、90％以上（「ほとんどなし」では77％）となった。「業務において学外の方と関わる機会がある」、つまり学園課題について外部に説明する機会がある職員においては、学園全体の課題を理解し、それを意識した業務を行っている傾向がある。

最後に、学園課題の理解の度合いと業務にあたって学園課題を意識した業務遂行の関係について集計すると（表8-6）、学園課題の理解が深いほど、業務にあたって意識している割合が高いことが鮮明になった。

## 4. 調査結果からみた立命館大学におけるインターナルブランディングの到達点と課題

以上の調査結果により明らかになった点をあらためてまとめると、下記のようになる。

### (1) ブランド価値の理解度

- 学園課題全体についての理解度は8割強であったが、言い換えれば100％ではないことがわかった。まずは、ブランド価値とも読み替えることのできる基本政策について、正確にかつ業務に反映できる形で、浸透・共有させていくためのインナーコミュニケーションが重要となる。

### (2) ブランド価値規定とブランド戦略の重点

- 多様な学園政策のなかにおいても、職員がブランド価値としてとらえる項目は、社会で評価を得ている項目とほぼ一致している。
- 今後、立命館大学においては、総じて「国際的通用性のある教育・研究」をブランドとして形成しなければならないという職員の意識が明らかになった。このことが今後の広報政策における発信の重点ともなる。

(3) ブランド戦略に沿ったかたちでの外部への発信
- 約9割の職員が、「ブランド価値」である学園課題全体を意識している姿が明らかとなった。これをより強化することで、ブランド発信の担い手を育成することができる。
- 政策への理解が深いほど、また、外部との接点を持ち、外部に大学の政策や業務の成果について説明する機会がある職員ほど、大学の政策とねらいを意識して業務に取り組む度合いも高くなることがわかった。職員業務において外部との接点を持つ機会を意識して増やすことが、「ブランド感覚」の強化につながる。

## Ⅶ. 職員を核としたインターナルブランディング政策

　ブランド構築には、職員一人ひとりが「立命館ブランド」を発信することが必要となる。この取組みを継続するなかで、ブランドの提供価値（外部への約束＝ブランドメッセージ）に共感する外部との新たな関係性が築かれ、ブランド構築につながることとなる。

　先に紹介した企業の事例等から、ブランド構築にはまず、ブランドメッセージを個々の職員の意識にまで落とし込む必要がある。そのためには、各部署が「ブランド戦略」を持ち、成果・実績を積み重ねることが求められる（図8-5）。

　この過程で、個々の職員が常にブランドとの関わりを明確にして業務を行い、成果を創り出すことがインターナルブランディングの鍵となる。さらに、職員一人ひとりが成果をブランドとの関わりで発信することができれば、500人の広報パーソンが誕生することとなる。

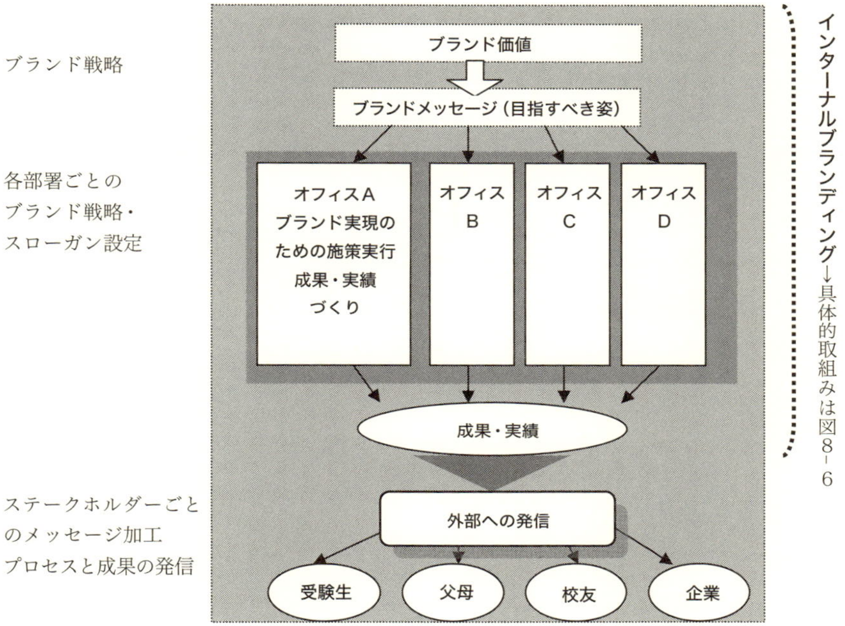

## 8 職員におけるブランド価値調査とブランド発信政策の研究

```
ブランド戦略                          ブランド価値
                                        ↓
                                 ブランドメッセージ（目指すべき姿）

各部署ごとの        オフィスA    オフィス  オフィス  オフィス
ブランド戦略・      ブランド実現の   B       C       D
スローガン設定      ための施策実行
                    成果・実績
                    づくり
                                     成果・実績

ステークホルダーごと
のメッセージ加工                       外部への発信
プロセスと成果の発信
                              受験生  父母  校友  企業
```

（右側縦書き）インターナルブランディング→具体的取組みは図8-6

**図8-5 ブランド浸透と発信のプロセス**

　次に、職員一人ひとりを対象としたインターナルブランディングを考えると、ブランド構築には、次のステップが必要となる。

---
| Step | 浸透→共有→発信（成功体験）→ブランド構築 |
| 理解・浸透 | ―ブランドづくりを担う内部の構成員一人ひとりにブランド価値にもとづくメッセージを浸透させる仕組みをつくる |
| 共有・広報マインド醸成 | ―各部署、全職員が成果をつくりだす活動を推進する |
| 発信 | ―すべてのステークホルダーとの接点で、ブランドにもとづいた文脈に沿って一貫性のあるメッセージを継続して発信する |
---

　このステップを進めるために広報活動の視点から職員を核としたインターナルブランディングの課題を整理すると、3つのカテゴリー（ブランド浸透ツール開発、外部への発信、広報マインド醸成）に分けられる。具体的課題は職員の意識調査の結果も反映している。

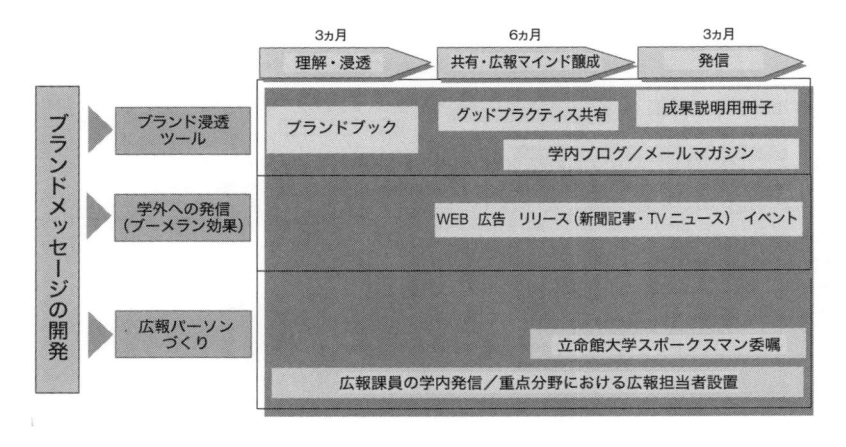

図8-6 職員による「立命館ブランド」発信までの活動

## 1. ブランド浸透ツール開発

ブランドの内部浸透にあたっては、ブランドメッセージの意味、各部署のどのような具体的行動がブランド価値向上に結びつくかを、様々な機会やメディアを通じて、繰り返しわかりやすい言葉で伝達していくことが必要である。

### (1) ブランドブック

ブランドの内容、すなわちステークホルダーに提供し理解・共感を得るブランド価値をわかりやすく解説したブックレット「ブランドブック」を作成する。全職員に配布するとともに、職員研修等でも活用しブランドの理解・浸透・共有をはかる。

〈コンテンツ案〉

立命館大学のブランドメッセージ（誰に何を約束するか）／ブランドの価値を外部に伝えるための職員の行動基準（それぞれの部門はどのようにブランドを表現するか。どのような成果をつくりだすべきか）／事例の紹介（具体的に行動に移すためのヒント）

◇ 成果説明用冊子

職員が、「立命館ブランド」をブランド価値を表現している取組みの成果

とともに外部に説明する際に活用できる冊子を、年4回程度、定期的に発行する。これは職員のブランド価値の理解を促進し、ブランド価値への確信を強めるものともなる。

〈コンテンツ例：活躍する学生・OB紹介〉
ブランドメッセージを体現する学生・OBの活躍を教学内容、教育システム、学生サポートシステムとあわせて紹介する。

◇ 学内ブログ／メールマガジン

ブログやメールマガジン等を活用し、ブランドメッセージに沿った業務の事例を日常的に発信する。職員がブランド価値を意識して業務に取り組むことは、全学の広報マインド醸成にもつながるインターナルブランディングの重要な部分である。

〈コンテンツ例：ブランドづくりに貢献する職員紹介〉
「グッドプラクティス」をとりあげ、取組みの背景にある具体的なエピソード、プロセス、成果を紹介する。

## 2. 外部への発信、外部の評価の内部へのフィードバック

外部に対して実施する広報活動は、同時に内部に対しても影響を与える（ブーメラン効果）[6]。ブランド広告を展開している企業の多くは、広告の効果として外部の顧客に対するのみならず、内部の従業員への効果も期待していると言われている。ブランドを支える内部の意識向上やブランド価値の共有は外部からの評価や期待によってもたらされることは、職員アンケートでも実証されている。

外部へのブランド発信がブーメラン効果として、学内のブランド価値の共有、広報マインド醸成を加速させるよう、ブランドの一貫したメッセージを訴求する広告展開、Webでの発信を重視する。一つひとつの情報を、すべて、「立命館大学らしい」、「△△は立命館大学」というイメージにつなげることで、ステークホルダーに、ブランドメッセージを浸透させるとともに、外部に浸透したイメージがフィードバックされることが期待できる。

## 3. 全学の広報マインド醸成と外部への効果的な発信

広報マインドを醸成し、ブランドの価値を全学に浸透させ外部への発信につなげていくために、ブランディングプロセスに職員を参加させる仕組みを作り出す。そのために、ブランドを体現する成果の収集とブランドに沿った発信を各部門が広報課と一体となって行う体制を整備する。

成果を発信するためには成果を創り出す必要がある。各部署において成果を重視することは、結果として業務の前進と改革につながる。

### (1) 広報課員による学内発信

各部署に広報課員が出向き、あるいは出向・常駐し、ブランドに沿った広報活動の意味とメリット、ノウハウ、手法、発信の仕方を、伝達、提供する。

### (2) 重点分野（学部等）における広報担当者設置

定期的に連絡会議を催し、他学部の先進事例、広報活動の成果を共有するとともに、最新の社会的関心事、他大学の取組みを共有する。

### (3) 「立命館大学スポークスマン」委嘱

ブランドを理解し、取組みと成果を具体的に語れる職員を「スポークスマン」とし、広報課とともに、マスコミ関係者やオピニオンリーダーへのブランド発信の機会を増やす。所属する部門において、広報マインドを高めていく効果も期待でき、ブランド育成の牽引役ともなる。

## Ⅷ. 残された検討課題

本研究においては、ブランド構築の鍵として、職員組織のインターナルブランディングを検討してきた。この取組みを通じ、社会にブランドを浸透させていくことと同時に、以下の戦略・政策の検討と開発も、大学ブランドの確立には重要なポイントとなる。ここでは、次の3つの課題のみを整理する。

## (1) トップによるブランド・マネジメント

　大学ブランドを確立するためには、「何をブランドとするか」の価値規定がまず必要となることはこれまで述べてきたとおりである。社会に一貫したメッセージを送るためには、まずトップがゴールとするブランドの姿を明らかにした上で、教職員に徹底してビジョンを伝えることが求められている。

## (2) ステークホルダー（学外）へのブランド浸透のための広報戦略立案

　ブランドの確立には、インターナルブランディングを通じたステークホルダーへの発信とともに、「立命館ブランド」を外部に発信し効果的に浸透させていく広報戦略が必要である。企業における先進的なケースを研究しながら別途検討していく。

## (3) より広い「インナー」とのコラボレーション

　ブランドの外部への浸透には、外部との接点のすべてで一貫したメッセージを発信することが重要となる。本研究では職員を対象としたが、教員、学生・生徒、父母、そして校友を「インナー」としてブランド確立の担い手とすることが理想である。「ブランドに関わるすべての人」がブランド価値を共有し、発信していくための次の段階の戦略を検討していく。

## IX. おわりに

　最近、各大学トップの発言において「ブランド」の文字を目にすることが増えている。今日の大学経営においてブランドの重要性が高まったのは、差異化競争のなかでの競争力の源として、意識しはじめられたためであろう。

　一部の「伝統校＝（いわゆる）ブランド大学」においては、ブランディングに取り組まずとも、周囲がブランドを支え続けているが、立命館大学が今後、「改革のフロントランナー」を脱して次のステージに飛躍するためには、ブランドを自らの手でつくらなければならない。

ブランドを社会に浸透させるには、ビジョンを語るだけでは効果はない。ブランド価値を具体的に現す成果を、継続して発信していくことが求められている。このことからも、大学ブランドは、職員のインターナルブランディングにおける取組みとその水準、成果をつくりだす業務としてのブランディングのありように規定されていることになる。

ブランド経営に先進的に取り組む企業においては、ブランドがブランド価値を具体的に表現する成果によって育成されることから、その成果を生み出す人材開発の視点、すなわち競争力強化の視点からもインターナルブランディングを重視している。

本研究が、広がりをもった学園における大学ブランドの形成・定着、ひいては業務の高度化にむけて、一つの問題提起となれば幸いである。

[注]
1 ブランド価値を確立し、そのもとで一貫したブランド・マネジメント施策を展開すれば、志願者確保のみならず、優秀な教職員の確保、学生の進路・就職実績の向上、学外からの評価向上など、すべてのステークホルダーからの信頼、評価を得て、さらなる改革を進めるための好循環を生むことが期待できる。
2 このほかの領域には、ブランドと顧客との接点である「コンタクトポイント管理」、ブランドと顧客との間のコミュニケーションを通じ、レピュテーション（評判）を管理する「ブランド・コミュニケーション」「ブランド・モニター」「ブランド戦略の組織と運営」がある（広瀬哲治・岡田浩一「ブランド価値とIMC」、Aoyama Management Review NO.9、青山学院大学大学院国際マネジメント研究科、2006年、pp. 40-46）
3 伊藤邦雄『コーポレートブランド経営』、日本経済新聞社、2000年、p. 88
4 社団法人日本パブリックリレーションズ協会編、『広報の仕掛人たち』、宣伝会議、2006年、p. 120
5 奥田飛功「企業価値を高めるブランド・マネジメント— NISSANの挑戦」、Aoyama Management Review NO.9、青山学院大学大学院国際マネジメント研究科、2006年、pp. 74-80
6 パブリシティ記事を読んだ従業員が企業に対する信頼感を増すなど、社外に向けて発信した情報が社内にも影響を及ぼすこと。

[参考文献]
1) 広瀬哲治・岡田浩一 「ブランド価値とIMC」 Aoyama Management Review NO.9 青山学院大学大学院国際マネジメント研究科、2006年
2) 伊藤邦雄 『コーポレートブランド経営』 日本経済新聞社、2000年
3) 田中洋 『企業を高めるブランド戦略』 講談社、2002年
4) 猪狩誠也他 『コーポレート・コミュニケーション戦略』 同友館、2002年
5) 日経広告手帖別冊「日経ブランディング」2005-WINTER、2005年
6) チャールズ・J・フォンブラン他 『コーポレート・レピュテーション』 東洋経済新報社、2005年
7) 社団法人日本パブリックリレーションズ協会編 『広報の仕掛人たち』 宣伝会議、2006年

# あとがき

　本書は、「はじめに」で述べたように、立命館大学の大学行政研究・研修センターが行っている大学幹部職員養成プログラムの政策立案演習の経験をまとめたものであり、総論と論集で構成している。

　総論は、大学職員が「大学アドミニストレータ」あるいは「プロの職員」として、問題を発見し課題を特定し、それを解決する政策を立案する方法・手続きを、政策立案の「技法」としてまとめたものである。それは、「具体の問題を、具体に解明し、具体に（政策的に）解決する」ための方法・手続きである。

　論集は、その「技法」を使った政策立案の成果である政策論文の中から8篇をまとめたものである。これらの政策論文は、大学職員がどのような問題意識や課題認識を持ち仕事にあたっているか、また、職員が業務においてどのような教育的機能をはたしているか、それらの一端を多くの方々に理解してもらおうという意図をも込めて選択した。

　大学職員の仕事や仕事振りを多くの人々はご存じない。しかし、今日の大学間競争の時代、より正確には大学改革の競争の時代においては、その帰趨は、理事長、総長、学長など大学のトップ・マネジメントのリーダーシップと教員の個々とその組織的な教育研究力量に加えて、職員の組織された集団としての、そして職員一人ひとりの、仕事のあり方と力量が決することになる。政策論文は、この職員の仕事のあり方と力量の一端を示している。所収の政策論文をお読みいただければ、今日の職員の仕事が「事務屋」でないことは察していただけるものと確信している。

　学費に依存している私立大学において、その財政上の制約は教育研究資源の制約となっている。私立大学において大学改革を「賢く」続けるためには、組織そして個々の職員の仕事のあり方と力量がますます重要になってきている。本書は、その重要性に対する大学行政研究・研修センターと

しての一つの「回答」である。

　大学行政研究・研修センターの政策立案演習は、職員が「大学アドミニストレータ」あるいは「プロの職員」として、「具体の問題を、具体に解明し、具体に（政策的に）解決」する政策の立案までを演習として担っている。だが、大学改革の競争の時代には、仕事の成果を積み上げ、学生の「学びと成長」と学園を具体に前進あるいは発展させることが職員にも求められている。この仕事の成果を積み上げるという政策の計画化とその実行の問題は政策立案演習の直接の課題としていない。しかし、この政策を計画化し、それを首尾よく実行できるかどうかの問題は、政策の二つのジッコウセイ（実効性と実行性）にかかっている。そして、ジッコウセイの程度は、問題の所在（本質問題の探索）、構成（問題の仕組み）、論理（問題の発現の仕方）の実証あるいは検証による政策論理の具体性にかかっている。つまるところ、政策の計画化とその実行の問題すなわち成果の積み上げは、政策論理の具体性の問題である。「技法」は、この政策論理の具体性を確保する大学職員とりわけ私立大学職員の仕事を、「具体の問題を、具体に解明し、具体に（政策的に）解決する」という仕事のあり様としてまとめたものである。政策の計画化とその実行の問題は、それらの独自の方法・手続きなどを必要とするが、「具体の問題を、具体に解明し、具体に（政策的に）解決する」ことがしっかりできれば、自ずから途は開けてくるはずである。

　各論考は、論者がそれぞれに「技法」の方法・手続きを活用しながら、学生の「学びと成長」と学園の発展を目指す「今日的」なテーマを、「具体に解明し、具体に（政策的に）解決」しようと悪戦苦闘した痕跡をいたるところで示している。政策論文の主旨は「具体に（政策的に）解決する」ことであり、そのためには「具体に解明」する問題の実証あるいは検証のレベルが問われ、さらに「具体に（政策的に）解決する」問題の特定すなわち問題の絞り込みが問われることになる。各論考が、問題をどれほど具体に絞り込み、その問題の実証あるいは検証にどれほど成功しているかどうかは、読者諸氏のご判断をいただくことになる。とくに問題の実証あるいは検証

は、これまでの立命館における業務の「論理」と到達点、そしてそれぞれの論者のこれまでの業務経験や知識を前提に行われているので、読者諸氏からみて論理の「飛躍」や問題の調査・研究に不十分さを感じられるところもあると推測する。各論考は、このような不十分さを有していても、その政策テーマや持つ意味は他大学においても共有できるものであり、また、「政策フレーム」の提起は他大学の取組みにおいても何らかの参考になるものと考える。各大学と取組みの交流が図られるならば、「大学アドミニストレータ」あるいは「プロの職員」の交流になるものと考える。

　最後に、読者諸氏からご意見、ご批判を切にお願いする次第である。「大学アドミニストレータ」論、「プロの職員」が何であるかは勿論、「大学職員論」「大学職員業務論」さえも整理されていない。読者諸氏からのご意見、ご批判はこの整理の重要な手がかりになり、さらに私立大学職員のみならず国公立大学職員を含めて、大学職員の「大学アドミニストレータ」あるいは「プロの職員」として歩みを加速することにもなると考える。このことは、同時に大学改革をより具体に進めるものであり、学生の「学びと成長」を促進するものとなり、学生の父母そして社会の大学への期待により一層こたえるものとなる。大学職員は、今、このようなレベルの仕事とその成果を創り出さなければならない。本書がその一助となり、議論の端緒となれば望外の喜びである。

2007年9月

伊藤　昇

## 執筆者紹介（執筆順）

伊藤　昇（いとう・のぼる）
　1971年学校法人立命館入職。調査・広報室課長、財務部長、総務部長を経て、2005年4月より大学評価室副室長、大学行政研究・研修センター副センター長。論文・寄稿に「大学業務の多角化と人件費の効率化」『私学経営』NO.333（2002年11月）、「SARS対策に見る国際化時代の危機管理―立命館大学の例」『大学時報』No.292（2003年7月）、「学園における意思決定システムとその機能化の条件」『大学時報』No.295（2004年3月）、「大学職員論」（『大学行政論Ⅰ』東信堂、2006年）、「寄付政策から教育研究ネットワーク政策へ」（『大学行政論Ⅱ』東信堂、2006年）、「立命館大学大学行政研究・研修センターの2年間を振り返って」（『大学行政研究』第2号、2007年3月）がある。

新野　豊（にいの・ゆたか）
　2000年早稲田大学社会科学部卒業。財団法人大学コンソーシアム京都を経て、2004年立命館入職。2005年より教学部教育開発支援課に勤務。論文・寄稿に、「教育力強化の取組みを前進させるための新たな仕組みづくり―教育成果の評価・検証指標の開発に向けて―」（『大学行政研究』第2号、2007年3月）がある。

片岡龍之（かたおか・たつゆき）
　1999年筑波大学国際総合学類（国際関係学主専攻）卒業。同年株式会社東京三菱銀行（現三菱東京UFJ銀行）入行。2001年学校法人立命館入職。2006年国際部国際企画課課長補佐。寄稿・論文に「教養教育についての提案」（筑波大学教育計画室編『新しい教養教育とは』1997年）、「これからの開発援助～多様性のある地球社会の実現をめざして～」（財団法人尾崎行雄記念財団『世界と議会』1998年4月号）、「『大学幹部職員養成プログラム』を修了して」（『国立大学マネジメント』2007年2月号）、「英国大学歴訪」（財団法人大学基準協会『じゅあ』2007年第38号）他。

門内　章（かどうち・あきら）
　1994年立命館大学産業社会学部卒業。1994年大東京火災海上保険株式会社（現あいおい損害保険株式会社）入職。2002年学校法人立命館に入職、2004年立命館アジア太平洋大学メディアセンター課長補佐、2005年アドミニストレーション・オフィス課長補佐。2007年6月退職（死亡）。論文に「教員評価制度を通じたシラバス改善に向けた提言」『大学行政研究』創刊号（2006年3月）がある。

寺本憲昭（てらもと・けんしょう）
　1999年立命館大学経営学部卒業。1999年学校法人立命館入職。学生部衣笠学生オフィス課長補佐を経て、2007年からキャリアオフィスBKC勤務。論文に「学生活動の効果検証―オリター活動（上級生による新入生支援組織）をケースに―」（『大学行政研究』2号、2007年3月）がある。

中村展洋（なかむら・のぶひろ）
　1995年横浜市立大学商学部卒業。1995年森永乳業株式会社入社。2000年学校法人立命館入職。立命館アジア太平洋大学アドミッションズ・オフィス（国際）を経て、2004年よりスチューデントアクティビティーズ・オフィス課長補佐。論文に「立命館アジア太平洋大学における国際学生寮の教育的効果とレジデントアシスタント養成プログラムの開発について」（『大学行政研究』創刊号、2006年3月）がある。

辻井英吾（つじい・えいご）
　1993年立命館大学文学部卒業。1993年学校法人立命館入職、学生部厚生課、学生センターを経て、2007年より総務部人事課課長補佐。論文に「『学生との関わり』により養成される職員力量の考察と立命館職員のキャリアパスの検討」（『大学行政研究』2号、2007年3月）がある。

竹田佳正（たけだ・よしまさ）
　1997年立命館大学理工学部卒業。1997年学校法人立命館入職、財務部施設課、施設課BKC分室、管理課BKC分室、管理課を経て管財課へ。論文に「立命館における施設管理運営の高度化施策に関する研究」（『大学行政研究』創刊号、2006年3月）がある。

細野由紀子（ほその・ゆきこ）
　1994年一橋大学経済学部卒業。1994年日本生命保険相互会社入社。1996年学校法人立命館入職。総務部総務課を経て、2006年より広報課課長。論文に「職員におけるブランド価値調査とブランド発信政策の研究」（『大学行政研究』2号、2007年3月）がある。

## 執筆者分担一覧

| 編著者総論 | | 伊藤　昇 | 立命館大学大学行政研究・研修センター副センター長、大学評価室副室長 |
|---|---|---|---|
| 大学行政政策論集 | 1 | 新野　豊 | 立命館大学教学部教育開発支援課 |
| | 2 | 片岡　龍之 | 立命館大学国際部国際企画課課長補佐 |
| | 3 | 門内　章 | 立命館アジア太平洋大学アドミニストレーション・オフィス課長補佐 |
| | 4 | 寺本　憲昭 | 立命館大学キャリアオフィスBKC |
| | 5 | 中村　展洋 | 立命館アジア太平洋大学スチューデントアクティビティーズ・オフィス課長補佐 |
| | 6 | 辻井　英吾 | 立命館大学総務部人事課課長補佐 |
| | 7 | 竹田　佳正 | 立命館大学財務部管財課 |
| | 8 | 細野由紀子 | 立命館大学総務部広報課課長 |

政策立案の「技法」──職員による大学行政政策論集──　　定価はカバーに表示してあります。

2007年9月30日　　初　版第1刷発行　　　　　　　　　　〔検印省略〕

編著者 ©伊藤昇／発行者 下田勝司　　　　　　　印刷・製本／中央精版印刷

東京都文京区向丘1-20-6　　郵便振替00110-6-37828
〒113-0023　TEL (03) 3818-5521　FAX (03) 3818-5514　　発行所　株式会社 東信堂
Published by TOSHINDO PUBLISHING CO., LTD.
1-20-6, Mukougaoka, Bunkyo-ku, Tokyo, 113-0023, Japan
E-mail : tk203444@fsinet.or.jp　http://www.toshindo-pub.com

ISBN978-4-88713-784-4　　C3037　　Ⓒ Noboru ITO

川本八郎・近森節子編　　Ａ５判・並製・216頁・税込定価2415円

# 大学行政論①

2006年1月刊　ISBN4-88713-651-X　C3037

【主要目次】第1章　「リーダーの条件」（川本八郎）／第2章　立命館ダイナミズムの秘密（佐々木浩二）／第3章　転換期にある教学システム（志磨慶子）／第4章　立命館大学入学政策の特徴と今後の可能性（三上宏平）／第5章　大学と進路・就職支援（近森節子）第6章　産官学連携論（塩田邦成）／第7章　大学職員論（伊藤昇）／第8章　教育と研究を支える財政政策（伊藤昭）

川本八郎・伊藤昇編　　Ａ５判・並製・232頁・税込定価2415円

# 大学行政論②

2006年4月刊　ISBN4-88713-666-8　C3037

【主要目次】第1章　教育・研究の国際戦略とアジア交流（鈴木元）／第2章　初等中等教育と高等教育（高杉巴彦）／第3章　エクステンションセンターと大学教育（安達亮文）／第4章　立命館スポーツの到達点（平井英嗣）／第5章　校友会の組織化（志垣陽）／第6章　寄付政策から教育研究ネットワーク政策へ（伊藤昇）／第7章　立命館アジア太平洋大学（今村正治）／第8章　「大学コンソーシアム京都」の実験（森島朋三）／第9章　学園の改革を支えるクレオテック（国原孝作）／終　章　「大学行政学」の構築をめざして（川本八郎・伊藤昭他）

近森節子編　　Ａ５判・並製・272頁・税込定価2415円

# もうひとつの教養教育
―― 職員による教育プログラムの開発

2007年1月刊　ISBN978-4-88713-722-6　C3037

【主要目次】第1章　ハイブリッド型教養教育をめざした「立命館プログラム」の創設（松井かおり）／第2章　高校生から大学生への転換を支援する「転換教育」プログラムの開発（澤田博昭）／第3章　キャリア教育科目にみる教職協働と産学連携（近森節子）／第4章　教養教育課程における「キャリア形成科目」の位置づけとその効果に関する研究（石野貴史）／第5章　課外活動の教育的役割の検証（中上晶代）／第6章　体育会所属学生のクラブ活動と学業に関する実態調査（吉岡路）／第7章　アメリカン・フットボール部に見るコーチング理論の到達点と職員が担う教育プログラムの開発（池上祐二）／第8章　図書館における教育プログラムの開発とその提供に向けた政策（石井奈穂子）／第9章　立命館大学生の食の現状と課題（木下高志）

東信堂

|  |  |  |
|---|---|---|
| 大学再生への具体像 | 潮木守一 | 二五〇〇円 |
| 大学のイノベーション——経営学と企業改革から学んだこと | 坂本和一 | 二六〇〇円 |
| 30年後を展望する中規模大学——マネジメント・学習支援・連携 | 市川太一 | 二五〇〇円 |
| 大学行政論Ⅰ | 川﨑八郎編／伊藤昇郎編／近森節子編 | 二三〇〇円 |
| 大学行政論Ⅱ | 川﨑八郎編／伊藤昇郎編／近森節子編 | 二三〇〇円 |
| もうひとつの教養教育——職員による教育プログラムの開発 | 近森節子編著 | 二三〇〇円 |
| 政策立案の「技法」——職員による大学行政政策論集 | 伊藤昇編著 | 二五〇〇円 |
| 大学の管理運営改革——日本の行方と諸外国の動向 | 江原武一編著 | 三六〇〇円 |
| 新時代を切り拓く大学評価——日本とイギリス | 杉本均編著 | 三六〇〇円 |
| 校長の資格・養成と大学院の役割 | 秦由美子編著 | 三六〇〇円 |
| 改めて「大学制度とは何か」を問う | 小島弘道編著 | 六八〇〇円 |
| 原点に立ち返っての大学改革 | 舘昭 | 一〇〇〇円 |
| 短大からコミュニティ・カレッジへ——飛躍する世界の短期高等教育と日本の課題 | 舘昭編著 | 二五〇〇円 |
| 現代アメリカのコミュニティ・カレッジ | 舘昭 | 一〇〇〇円 |
| 日本のティーチング・アシスタント制度——その実像と変革の軌跡 | 宇佐見忠雄 | 二三八一円 |
| 大学教育の改善と人的資源の活用 | 北野秋男編著 | 二八〇〇円 |
| アメリカ連邦政府による大学生経済支援政策 | 犬塚典子 | 三八〇〇円 |
| アジア・太平洋高等教育の未来像 | 静岡県総合研究機構 馬越徹監修 | 二五〇〇円 |
| 戦後オーストラリアの高等教育改革研究 | 杉本和弘 | 五八〇〇円 |
| 大学教育とジェンダー | ホーン川嶋瑤子 | 三六〇〇円 |
| ジェンダーはアメリカの大学をどう変革したか | | |
| アメリカの女性大学：危機の構造 | 坂本辰朗 | 二四〇〇円 |
| （講座「21世紀の大学・高等教育を考える」） | | |
| 大学改革の現在〔第1巻〕 | 有本章編著／山本眞一編著 | 三三〇〇円 |
| 大学評価の展開〔第2巻〕 | 山野井敦徳編著／清水一彦編著 | 三三〇〇円 |
| 学士課程教育の改革〔第3巻〕 | 舘昭編著／絹川正吉編著 | 三三〇〇円 |
| 大学院の改革〔第4巻〕 | 馬越徹編著／江原武一編著 | 三三〇〇円 |

〒113-0023 東京都文京区向丘1-20-6
TEL 03-3818-5521 FAX 03-3818-5514 振替 00110-6-37828
Email tk203444@fsinet.or.jp URL:http://www.toshindo-pub.com/

※定価：表示価格（本体）＋税

## 東信堂

|  |  |  |
|---|---|---|
| 大学の自己変革とオートノミー—点検から創造へ | 寺﨑昌男 | 二五〇〇円 |
| 大学教育の創造—歴史・システム・カリキュラム | 寺﨑昌男 | 二五〇〇円 |
| 大学教育の可能性—教養教育・評価・実践 | 寺﨑昌男 | 二五〇〇円 |
| 大学は歴史の思想で変わる—FD・評価・私学 | 寺﨑昌男 | 二八〇〇円 |
| 大学の授業 | 宇佐美寛 | 二五〇〇円 |
| 大学授業の病理—FD批判 | 宇佐美寛 | 二五〇〇円 |
| 授業研究の病理 | 宇佐美寛 | 二五〇〇円 |
| 大学授業入門 | 宇佐美寛 | 一六〇〇円 |
| 作文の論理—〈わかる文章〉の仕組み | 宇佐美寛編著 | 一九〇〇円 |
| 大学教育の思想—学士課程教育のデザイン | 絹川正吉 | 二八〇〇円 |
| あたらしい教養教育をめざして—大学教育学会25年史編纂委員会編 | 大学教育学会25年史編纂委員会編 | 二九〇〇円 |
| 現代大学教育論—学生・授業・実施組織—大学教育学会25年の歩み:未来への提言 | 山内乾史 | 二八〇〇円 |
| 大学授業研究の構想—過去から未来へ | 京都大学高等教育教授システム開発センター編 | 二四〇〇円 |
| ティーチング・ポートフォリオ—授業改善の秘訣 | 土持ゲーリー法一 | 二〇〇〇円 |
| 模索されるeラーニング—事例と調査データにみる大学の未来 | 吉田文 田口真奈 編著 | 三六〇〇円 |
| 一年次（導入）教育の日米比較 | 山田礼子 | 二八〇〇円 |
| 学生の学びを支援する大学教育 | 溝上慎一編 | 二四〇〇円 |
| 大学教授職とFD—アメリカと日本 | 有本章 | 三二〇〇円 |
| 大学教授の職業倫理 | 別府昭郎 | 二三八一円 |
| （シリーズ大学改革ドキュメント・監修寺﨑昌男・絹川正吉）立教大学〈全カリ〉のすべて | 全カリの記録編集委員会編 | 二一〇〇円 |
| ICU〈リベラル・アーツ〉のすべて—リベラル・アーツの再構築 | 絹川正吉編著 | 二三八一円 |

〒113-0023　東京都文京区向丘1-20-6
TEL 03-3818-5521　FAX03-3818-5514　振替 00110-6-37828
Email tk203444@fsinet.or.jp　URL:http://www.toshindo-pub.com/

※定価：表示価格（本体）+税

東信堂

|  |  |  |
|---|---|---|
| 比較教育学——越境のレッスン | 馬越徹 | 三六〇〇円 |
| 比較・国際教育学（補正版） | 石附実編 | 三五〇〇円 |
| 教育における比較と旅 | 馬越徹・石附実編 | 二八〇〇円 |
| 比較教育学の理論と方法 | J・シュリーバー／今井重孝監訳 | 二八〇〇円 |
| 比較教育学——伝統・挑戦・新しいパラダイムを求めて | M・ブレイ編著／馬越徹・大塚豊監訳 | 三八〇〇円 |
| 世界の外国人学校 | 末藤美津子他編著 | 三八〇〇円 |
| 世界の外国語教育政策——日本の外国語教育の再構築にむけて | 馬越徹・大谷泰照編著 | 六五七一円 |
| 市民性教育の研究——日本とタイの比較 | 平田利文編著 | 四二〇〇円 |
| 日本の教育経験——途上国の教育開発を考える | 国際協力機構編著 | 二八〇〇円 |
| アメリカの才能教育——多様なニーズに応える特別支援 | 松村暢隆 | 二五〇〇円 |
| アメリカのバイリンガル教育——新しい社会の構築をめざして | 末藤美津子 | 三二〇〇円 |
| 多様社会カナダの「国語」教育（カナダの教育3） | 関口礼子編著 | 三八〇〇円 |
| ドイツの教育のすべて | マックス・プランク教育研究所研究者グループ編／天野・木戸・長島監訳 | 一〇〇〇〇円 |
| 中国大学入試研究——変貌する国家の人材選抜 | 大塚豊 | 三六〇〇円 |
| 大学財政——世界の経験と中国の選択 | 呂煒著／成瀬龍夫監訳 | 三四〇〇円 |
| 中国の民営高等教育機関——社会ニーズとの対応 | 鮑威 | 四六〇〇円 |
| 「改革・開放」下中国教育の動態 | 阿部洋編著 | 五四〇〇円 |
| 中国の職業教育拡大政策——背景・実現過程・帰結 | 劉文君 | 五〇四八円 |
| 中国の後期中等教育拡大と経済発展パターン——江蘇省と広東省の比較 | 呉琦来 | 三八二七円 |
| 陶行知の芸術教育論——生活教育と芸術との結合 | 李燕 | 三六〇〇円 |
| 東南アジア諸国の国民統合と教育——多民族社会における葛藤 | 村田翼夫編著 | 四四〇〇円 |
| タイにおける教育発展——国民統合・文化・教育協力 | 村田翼夫 | 五六〇〇円 |
| マレーシアにおける国際教育関係——教育へのグローバル・インパクト | 杉本均 | 五七〇〇円 |

〒113-0023 東京都文京区向丘1-20-6　TEL 03-3818-5521　FAX 03-3818-5514　振替 00110-6-37828
Email tk203444@fsinet.or.jp　URL:http://www.toshindo-pub.com/
※定価：表示価格（本体）+税

## 東信堂

|  |  |  |
|---|---|---|
| 教育の平等と正義 | 大桃敏行・中村雅子・後藤武俊訳　K・ハウ著 | 三二〇〇円 |
| 大学教育の改革と教育学 | 小笠原道雄・坂越正樹監訳　K・ノイマン著 | 二六〇〇円 |
| ドイツ教育思想の源流——教育哲学入門 | 平野智美・佐藤直之・上野正道訳　R・ラサーン著 | 二八〇〇円 |
| フェルディナン・ビュイッソンの教育思想——第三共和政初期教育改革史研究の一環として | 尾上雅信 | 三八〇〇円 |
| 経験の意味世界をひらく——教育にとって経験とは何か | 市村・早川・松浦・広石編 | 三八〇〇円 |
| 洞察＝想像力——知の解放とポストモダンの教育 | 市村尚久・早川操監訳　D・スローン著 | 三八〇〇円 |
| 文化変容のなかの子ども——経験・他者・関係性 | 高橋勝 | 二三〇〇円 |
| 教育の共生体へ——近代アメリカのボディ・エデュケーショナルの思想圏 | 田中智志編 | 三五〇〇円 |
| 人格形成概念の誕生——近代アメリカの教育概念史 | 田中智志 | 三六〇〇円 |
| サウンド・バイト：思考と感性が止まるとき | 小田玲子 | 二五〇〇円 |
| 体験的活動の理論と展開——「生きる力」を育む教育実践のために | 林忠幸 | 二三八一円 |
| 学ぶに値すること——複雑な問いで授業を作る | 小田勝己 | 二二〇〇円 |
| 学校発カリキュラム「エッセンシャル・クエスション」の構築——日本版 | 小田勝己編 | 二五〇〇円 |
| 再生産論を読む——ギンティス、ウィリス、ブルデュー、ボルス＝バーンスティン、再生産論をこえて | 橋本健二 | 三二〇〇円 |
| 階級・ジェンダー・再生産——現代資本主義社会の存続メカニズム | 小内透 | 三二〇〇円 |
| 教育と不平等の社会理論 | 小内透 | 三二〇〇円 |
| 情報・メディア・教育の社会学——カルチュラル・スタディーズしてみませんか？ | 井口博充 | 二三〇〇円 |
| オフィシャル・ノレッジ批判 | 野崎・井口・小暮・池田監訳　M・W・アップル著 | 三八〇〇円 |
| 新版 昭和教育史——天皇制と教育の史的展開——保守復権の時代における民主主義教育 | 久保義三 | 一八〇〇〇円 |
| 地上の迷宮と心の楽園〔コメニウス・セレクション〕 | 藤田輝夫訳　J・コメニウス | 三六〇〇円 |

〒113-0023　東京都文京区向丘1-20-6
TEL 03-3818-5521　FAX03-3818-5514　振替 00110-6-37828
Email tk203444@fsinet.or.jp　URL:http://www.toshindo-pub.com/

※定価：表示価格（本体）＋税